David R. Parsons

NOAH, DARWIN UND KI

David R. Parsons

NOAH, DARWIN UND KI

Endzeitliche Zusammenhänge
zwischen biblischen Zeiten und heute

1. Auflage 2019

Titel der amerikanischen Originalausgabe: *Floodgates: Recognize the End-Time Signs to Survive the Coming Wrath*

Aus dem Englischen übersetzt von Lisa Schmid

Bibelzitate wurden folgendermaßen gekennzeichneten Übersetzungen entnommen:

E: Revidierte Elberfelder Bibel (Rev. 26) © 1985/1991/2008 SCM R. Brockhaus, Witten
EÜ: Einheitsübersetzung der Heiligen Schrift © 1980 Katholische Bibelanstalt, Stuttgart
Hfa: Hoffnung für alle © 1983, 1996, 2002, 2015 Biblica, Inc.®, hrsg. von Fontis – Brunnen Basel
L: Die Bibel nach Martin Luthers Übersetzung, revidiert 2017, © 2016 Deutsche Bibelgesellschaft, Stuttgart
M: Menge-Bibel, public domain
NeÜ: Neue evangelistische Übersetzung, © 2018 by Karl-Heinz Vanheiden, www.kh-vanheiden.de
NL: Neues Leben. Die Bibel © 2002 und 2006 SCM R. Brockhaus, Witten
S: Schlachter © 2000 Genfer Bibelgesellschaft
Z: Zürcher Bibel (Ausgabe 2007), © Verlag der Zürcher Bibel beim Theologischen Verlag Zürich

Umschlaggestaltung: Fontis Media, René Graf

Satz: Fontis Media, René Graf

Druck: Finidr, CZ

Printed in the EU

ISBN 978-3-95459-036-0

Bestellnummer 148036

Für kostenlose Informationen über unser umfangreiches Lieferprogramm
an christlicher Literatur, Musik und vielem mehr wenden Sie sich bitte an:

Fontis Media GmbH, Postfach 2889, D-58478 Lüdenscheid,
fontis@fontis-media.de oder www.fontis-shop.de

Für meine Mutter,
Loretta JoAnn Parsons,
die um meine Berufung gerungen hat

Stimmen zu David Parsons und *Noah, Darwin und KI …*

Wenn Sie sich jemals gefragt haben, was Jesus mit der Aussage gemeint hat: *„Denn wie es in den Tagen Noahs war, so wird es sein beim Kommen des Menschensohns“,* dann ist *Noah, Darwin und KI* das richtige Buch für Sie. David Parsons gibt uns eine meisterhafte Erklärung, die tiefe Einsichten in die Bibel, in die Archäologie und in die Geschichte miteinander kombiniert. Am Ende des Buches werden Sie wissen, ob wir heute in den Tagen leben, in denen der Menschensohn kommt.

Gordon Robertson
Geschäftsführer, The Christian Broadcasting Network

Noah, Darwin und KI ist eine Pflichtlektüre für jeden, der unsere Zeit verstehen will. David Parsons verbindet seine tiefen biblischen Einsichten und seine ausgewogene Herangehensweise an die Heilige Schrift mit einzigartigen historischen Erkenntnissen. Der Zusammenhang, den er zwischen Hitlers Nationalsozialismus und dem Sozialdarwinismus herstellt, sollte heute an jeder Schule und Universität gelehrt werden. Dieses Buch ist eine exzellente Hilfestellung für die christliche Gemeinde, damit sie die Fehler der Vergangenheit nicht wiederholt und sich auf die künftigen Herausforderungen vorbereiten kann.

Dr. Jürgen Bühler
Präsident der Internationalen Christlichen Botschaft Jerusalem

In einer Zeit brutaler und verheerender Umwälzungen benötigen wir dringend eine göttliche Perspektive, um nicht die Orientierung zu verlieren. Durch sein neues Buch Noah, Darwin und KI bietet uns David Parsons einen derartigen Ausblick. Seine Botschaft ist eine willkommene und notwendige Erinnerung daran, dass wir Entscheidungen treffen müssen. Seine Hauptaussagen sind zeitgemäß, beruhen auf der Bibel und sind voller Hoffnung für den, der ein offenes Herz hat.

Allen Jackson
Hauptpastor, World Outreach Church, Murfressboro, Tennessee

Noah, Darwin und KI stellt einen zeitgemäßen, erfrischenden und willkommenen Beitrag zur Endzeit-Debatte dar. Mit einem roten Faden der Erlösung, der das gesamte Buch durchzieht, exzellenter Forschungsarbeit und einer durchdringenden Analyse unserer Zeit gibt David Parsons dieser Generation die Mittel in die Hand, um die Gegenwart zu verstehen und den biblischen Söhne Issaschars zu gleichen – die wussten, was zu tun war. Juristisch gebildet, zeichnet er den moralischen Verfall unseres Zeitalters nach, doch seine biblische Perspektive zeigt uns den Ausweg. Ich empfehle dieses exzellente, leicht zu lesende und erste Werk einer ganzen Serie von Büchern, die Parsons schreibt, mit Nachdruck. Es hilft uns, die prophetischen Zeichen unserer Zeit zu erkennen.

Chris Mitchell
Nahost-Chefkorrespondent, CBN News, Jerusalem, Israel

Völlig überzeugt! In den letzten 40 Jahren habe ich verschiedene Ansichten zu den biblischen „Riesen“ in Genesis 6 und zahlreichen anderen Passagen gelesen, doch ich bin noch nie auf derartig gut recherchierte und überzeugende Thesen gestoßen, wie David Parsons sie in diesem Buch vertritt. Er taucht in diese verblüffende vorsintflutliche Frage ein und gibt zutiefst biblische Antworten, die theologisch vernünftig und prophetisch relevant sind. Ich habe Noah, Darwin und KI an einem Stück durchgelesen, nur um es mir danach nochmal vorzunehmen. Es ist eine Pflichtlektüre für jeden ernsthaften Bibelleser!

Dr. Tony Crisp
Hauptpastor, Eastanalle Church, Riceville, Tennessee
Direktor für strategische Initiativen,
Internationale Christliche Botschaft Jerusalem, USA

David Parsons verfügt über die einzigartige Fähigkeit, wichtige historische Trends im Kontext der aktuellen Entfaltung biblischer Prophetie zu verstehen. Von Jerusalem aus, wo die geistlichen politischen Strömungen der Welt aufeinandertreffen, rekonstruiert er die Entwicklung des humanistischen Verständnisses – in Übereinstimmung mit Gottes Warnungen vor dem kommenden endzeitlichen Gericht. Davids Schreibstil lässt die Leichtigkeit eines begnadeten Kommunikators erkennen. Sein Buch *Noah, Darwin und KI* ist ein Weckruf an alle, die die Zeichen der Zeit beobachten, und ein Hoffnungsschimmer für die Menschen, die auf die Erlösung unseres Herrn warten.

Peter Tsukahira
Autor und internationaler Vortragssprecher
Mitbegründer der Carmel-Gemeinde in Israel

Nur selten findet man einen Autor, der eine derartige Kombination von Einsichten vermitteln kann, wie sie in *Noah, Darwin und KI* zu finden ist. David Parsons zeigt uns, warum die Geschichte der Sintflut für unsere Zeit immer relevanter wird, und welche Parallelen es zu unserer modernen Welt gibt. Wie üblich fügt er auch viele prophetische Puzzelteile über Israel, das jüdische Volk und die Endzeit in das große Ganze mit ein. Machen Sie sich auf viele „Aha-Momente“ gefasst!

Jerry Dirmann
Hauptpastor, The Rock, Anaheim, Kalifornien

INHALT

TEIL ZWEI

DIE MODERNE REBELLION

Es war im 600. Lebensjahr von Noah …
Alle Quellen in der Tiefe brachen auf,
und die Schleusen des Himmels öffneten sich.
Genesis 7,11 Hfa

Wenn der Menschensohn kommt,
wird es sein wie zur Zeit Noahs.
Matthäus 24,37 Hfa

VORWORT

Die Geschichte Noahs übt seit Jahrhunderten eine große Faszination auf uns Menschen aus, insbesondere auf Kinder. Sie beinhaltet alles, was zu einem richtigen Märchen dazugehört: ein großes Boot, das Tiere und Menschen rettet, einen geheimnisvollen Helden, der behauptet, im Namen Gottes zu sprechen, eine Welt, die seine Warnungen vor der kommenden Flut verlacht, eine weltweite Überschwemmung, gefolgt vom Happy End, das von einem Regenbogen eingerahmt wird. Mehr kann man kaum verlangen. Daher ist es nicht überraschend, dass viele vermeintlich weise Menschen diese Geschichte als reine Legende abtun. Selbst Bibelwissenschaftler schlagen in dieselbe Kerbe. Unglaube hat sich schon immer hinter „klugen Worten" versteckt. Was die Bibel betrifft, so hat uns allerdings die Geschichte, gepaart mit der archäologischen Forschung, Folgendes gelehrt: Wir müssen vorsichtig sein, was wir als reine Fabel bezeichnen. Es gibt tatsächlich überzeugende Beweise dafür, dass die Arche Noah existiert hat – ihre Überreste sind im Laufe der Jahrhunderte von vielen verlässlichen Augenzeugen auf dem Berg Ararat gesichtet worden!

Das wichtigste Zeugnis jedoch, dass die Sintflut wirklich stattgefunden hat, stammt von Jesus selbst. Er behandelte sie als ein reales historisches Ereignis und warnte vor einer vergleichbaren Katastrophe, die sich in der Endzeit ereignen würde:

> *Wenn der Menschensohn kommt, wird es sein wie zur Zeit von Noah. Die Menschen aßen, tranken und heirateten, wie sie es immer taten. So ging es, bis Noah in die Arche stieg. Dann kam die große Flut, und keiner von ihnen überlebte.*
> *(Lukas 17,26–27 Hfa)*

Für Jesus war die Geschichte Noahs kein Mythos, sondern Realität – und wir tun gut daran, ihre Warnung ernst zu nehmen.

Dieses bemerkenswerte Buch, *Noah, Darwin und KI*, das mein lieber Freund David Parsons geschrieben hat, erläutert uns die Ereignisse „zur Zeit von Noah", damit wir unsere moderne Welt besser verstehen lernen und erfahren, welche Gefahren auf uns zukommen. Auf der Grundlage sorgfältiger Forschungen und eines tiefgründigen Bibelwissens enthüllt uns Parsons, was zur damaligen Zeit geschah; er offenbart alle widergöttlichen und dämonischen Einflüsse, die zur Zerstörung der Menschheit führten. Gott wird dem Bösen nicht erlauben zu triumphieren; wenn es sich seuchenartig ausbreitet, wird er es in göttlichem Gericht fortschwemmen. Dieses Thema erfreut sich heutzutage keiner großen Beliebtheit, doch es ist notwendig, dass wir uns damit auseinandersetzen.

Jesus versicherte seinen Nachfolgern, dass die Welt vor seiner Rückkehr immer verdorbener werden würde, genauso wie es zur Zeit Noahs geschah. Parsons zeigt uns, wo und wie dieser „parallele Absturz" schon heute stattfindet. Einer der größten Katalysatoren dieses Absturzes war Darwins Evolutionstheorie, weil sie Gott als den Schöpfer verworfen und den Menschen zum Maß aller Dinge gemacht hat. Die Frucht dieser widergöttlichen Theorie ist durch und durch verdorben! Diese Entwicklung, gepaart mit der Wiederherstellung des Volkes Israel in seiner alten Heimat, ist ein sicheres Zeichen dafür, dass wir Jesu Warnungen im Kontext der „Zeit Noahs" ernst nehmen sollten.

Noah, Darwin und KI ist ein aktuelles, überzeugendes und äußerst lesenswertes Buch. Als jemand, der viele Jahre mit David Parsons zusammengearbeitet hat, weiß ich, dass ihm dieses Thema seit Langem unter den Nägeln brennt. Ich bewundere David sehr und kann Ihnen dieses wichtige Buch nur wärmstens empfehlen. Es wird Ihnen biblische Grundwahrheiten offenbaren, Ihren Glauben stärken und Sie dazu inspirieren, durch Jesus Christus an Gott festzuhalten.

Malcolm Hedding
Ehrenpräsident
Internationale Christliche Botschaft Jerusalem

EINLEITUNG: DIE GESCHICHTE ZWEIER SCHIFFE

„Es war die beste und die schönste Zeit, ein Jahrhundert der Weisheit und des Unsinns, eine Epoche des Glaubens und des Unglaubens, eine Periode des Lichts und der Finsternis. Es war der Frühling der Hoffnung und der Winter des Verzweifelns ... wir steuerten alle unmittelbar dem Himmel zu und auch alle unmittelbar in die entgegengesetzte Richtung."
Charles Dickens, Eine Geschichte von zwei Städten[1]

„Er ist der Herr der Zeit und bestimmt, was wann geschieht; er setzt Könige ab und überlässt anderen ihren Thron."
Daniel 2,21 Hfa

Die Zeit vergeht, und wir neigen dazu, die Geschichte in klar unterscheidbare Epochen einzuteilen. Charles Dickens verfasste seinen Roman „Eine Geschichte von zwei Städten" im Kontext der Übergangszeit von einer Ära in die nächste. Nach der blutigen Französischen Revolution herrschte im Europa des frühen 19. Jahrhunderts relative Ruhe, während die industrielle Revolution gerade erst an Fahrt aufnahm. Grenzenloser Optimismus und dunkle Vorahnungen prägten diese Zeit.

Georg Wilhelm Friedrich Hegel verlieh der damaligen optimistischen Grundhaltung Ausdruck, indem er mutig das „Ende der Geschichte“ verkündete. Damit meinte er, dass sich die westlichen Gesellschaften unaufhaltsam auf die Akzeptanz der liberalen Werte „Freiheit, Gleichheit und Brüderlichkeit“ zubewegen würden.[2] Das Zeitalter der Könige und des Klerus, die kraft göttlicher Beauftragung regierten, ginge seinem Ende entgegen und würde bald durch Demokratie und Säkularismus abgelöst werden. Gleichzeitig konnte Dickens in Großbritannien den hohen Preis beobachten, den die Industrialisierung der Bevölkerung abverlangte, insbesondere den glücklosen Frauen und Kindern. Dieses Spannungsverhältnis erklärt die intensive Widersprüchlichkeit in den Anfangszeilen seines Romans.

Im Jahr 1989 verkündete der Philosoph Francis Fukuyama von der Universität Princeton ebenfalls das „Ende der Geschichte“, und zwar in einem aufsehenerregenden Artikel in der amerikanischen Fachzeitschrift „The National Interest“. Darin behauptete er, dass der kurz bevorstehende Zusammenbruch der Sowjetunion dazu führen würde, dass die widerstreitenden Ideologien, die die Menschheitsgeschichte beherrscht hätten, sich nun im Triumph der liberalen Demokratie und der marktorientierten Wirtschaftsordnungen zusammenfinden würden. Hoffentlich bedeute das Ende des Kalten Krieges nun auch ein Ende der großen Konflikte auf der ganzen Welt.[3]

Doch in einem weiteren Artikel in derselben Zeitschrift bekannte Fukuyama zehn Jahre später, dass er voreilige Schlüsse gezogen habe. Das Ende der Geschichte sei noch nicht erreicht, weil wir noch nicht am Ende der Wissenschaft angekommen seien.[4] Noch beschwingter als je zuvor verkündete er, dass wir gerade erst damit beginnen würden, das erstaunliche Potenzial zu erschließen, das moderne Technologien und biomedizinischer Fortschritt für die Menschheit bereithielten. Dieses Thema führte er in seinem Buch „Our Posthuman Future“ (Unsere posthumane Zukunft) weiter aus. Es beschäftigt sich mit der faszinierenden Welt der Biotechnologie und der Transformation, die sie dem sterblichen Menschen bald bescheren wird.[5]

Zweifellos leben wir gerade jetzt in einer Zeit extremer Widersprüche. Grenzenlose Hoffnung und große Angst vor der Zukunft existieren Seite an Seite. Es liegt nur wenige Jahrzehnte zurück, dass Präsident John F. Kennedy in seiner denkwürdigen Antrittsrede einen ähnlich starken Kontrast erwähnte: „Der Mensch hält die Macht in seinen sterblichen Händen, alle Formen menschlicher Armut und alle Formen menschlichen Lebens auszulöschen“,[6] warnte er damals. Der Kalte Krieg mag zwar heute vorüber sein, doch nach wie vor bestimmen Gewalt und Terror auf der ganzen Welt die Schlagzeilen, insbesondere im Kontext der Ausbreitung des radikalen Islam. Zusätzlich zu den Befürchtungen, dass Dschihadisten Massenvernichtungswaffen in Gebrauch nehmen könnten, wächst die Sorge über die Erderwärmung, Pandemien und andere ernsthafte Bedrohungen. Viele dieser dunklen Vorahnungen drehen sich um denselben Fortschritt von Wissenschaft und Technologie, der uns eine derart strahlende Zukunft verheißt. Tatsächlich gelten die Klimaveränderung und virale Epidemien größtenteils als menschengemachte Gefahren. Können wir also unsere eigenen schädlichen Machenschaften lange genug überleben, um dieses verheißungsvolle Zeitalter zu erreichen? Diese Ära, die geprägt ist von bisher unvorstellbaren Erleichterungen durch Technologie und biomedizinischen Fortschritt, durch unbegrenztes Wissen, unangreifbare Gesundheit, beispiellose Lebensdauer und weltumspannendes Glück? Oder fallen wir einer globalen Katastrophe zum Opfer, die wir selbst herbeigeführt haben?

Genau genommen trifft die Bibel zahlreiche Aussagen über das Zeitalter des Menschen. Sie erklärt, dass es tatsächlich bestimmte Zeiten gibt (siehe Daniel 2,21), dass Gott diese Epochen beherrscht und sie sogar vorherbestimmt hat (siehe Apostelgeschichte 17,26). Es wird ein „Ende der Geschichte“ geben – in dem Sinne, dass wir bald das Ende „dieser gegenwärtigen bösen Welt“ erreichen (Galater 1,4 L; siehe auch 1. Korinther 10,11). Die Bibel erwähnt auch das Paradoxon von Hoffnung und Verzweiflung, welches das Ende unseres jetzigen Zeitalters prägen wird. Uns wird versichert, dass ein ewiges Paradies auf die Menschen wartet, die Gott vertrauen; allerdings erst nach einer Periode des Zorns und der plötzlichen Finsternis, die über jene kommt, die gegen Gott rebellieren (siehe z. B. Jesaja 60,1–2).

Viele Menschen sind fasziniert von diesen biblischen Prophetien über das kommende Weltenende; man bezeichnet sie auch als die Apokalypse oder die Enthüllung des messianischen Zeitalters. Hollywood ist schon lange auf diesen Zug aufgesprungen und hat eine endlose Flut von Filmen zum Thema „Armageddon“ und über düstere, post-apokalyptische Welten produziert. Sowohl die Filmstudios als auch die Produktionsfirmen wissen, dass sich diese Themen sehr gut verkaufen lassen! Gleichzeitig gibt es mittlerweile ein eigenes Genre christlicher Bücher über die Endzeit, wobei viele dieser Schriften in halbprofessioneller „Heimarbeit" entstanden sind. Die meisten Autoren neigen dazu, jedes negative Ereignis, das die Bibel vorhersagt, in die siebenjährige Spanne ganz am Ende der Zeit hineinzupressen, die auch als die große Trübsal bekannt ist. Dabei liefern sie kaum neue Erkenntnisse zu den Geschehnissen, die dieser turbulenten Zeit vorausgehen werden.

Mit diesem Buch beabsichtige ich, neue Wege in unserem Verständnis der prophetischen Schriften einzuschlagen. *„Noah, Darwin und KI"* soll insbesondere unseren Blick weiten und das offenbaren, was geschehen wird, bevor wir diese letzten sieben Jahre erreichen. Wenn unsere Welt in die Phase der großen Trübsal eintritt, werden es alle wahrnehmen; doch was ist mit der Zeitspanne, die davor liegt? Welche Informationen können wir aus der Bibel über die Zeichen erhalten, die darauf hinweisen, dass wir uns diesem Tag nähern? Erneut zeigt sich, dass die Bibel zu diesem Thema viele Angaben macht.

Gott ist souverän. Er ist es, der nach wie vor entscheidet, wann Königreiche aufsteigen und untergehen. Er setzt die Zeiten und Epochen der Menschheitsgeschichte fest und kennt von Anfang an ihr Ende. Darüber hinaus hat Gott auch eine spezifische Strategie für die Schlussphase; er weiß ganz genau, wie er dieses Zeitalter zu Ende bringen wird. Die Bibel gibt uns ein sehr klares Bild dieser Schlussphase, indem sie auf zwei Hauptereignisse aus der Vergangenheit hinweist. Beide dienen als Analogien oder Modelle für das Ende der Zeit. Eines ist die „Zeit Noahs", das andere ist der Auszug aus Ägypten. Diese Paradigmen der biblischen Geschichte enthüllen uns Erstaunliches über unsere heutige Realität. Daher beschäftigt sich dieses Buch mit der Sintflut als einer umfassenden Analogie der Endzeit – und diese Analogie ist vollständiger, als den meisten Menschen bewusst ist. Mein nächstes Buch wird zeigen, dass auch der Exodus tiefgreifende Parallelen zur Endzeit aufzuweisen hat.

Bei diesen Modellen geht es um Typologie, d. h., dass die Bibel vergangene Episoden als „Präzedenzfälle" künftiger Ereignisse bezeichnet. Manchmal stellten die biblischen Autoren direkte Vergleiche an, wie z. B. Paulus, der Adam als einen „Typus" Christi beschrieb (siehe Römer 5,14) oder die Feste und Sabbate Israels als einen „Schatten des Zukünftigen" (siehe Kolosser 2,16–17). Eine andere, weit verbreitete Form der Typologie kommt in den prophetischen Passagen der Bibel vor. Dort heißt es, dass ein künftiges Ereignis sein wird „wie“ ein bestimmtes Geschehen in der Vergangenheit (siehe z. B. Sacharja 12,11.)

Eine dritte Form der Typologie verwendet dezente Hinweise auf vergangene Begebenheiten, um zu prognostizieren, was künftig geschehen wird. Dementsprechend machten die hebräischen Propheten eine Reihe von Anspielungen auf die Sintflut, um das Ende unserer Zeit vorherzusagen. Mehrere Akteure des Neuen Testaments, einschließlich Jesus, verwiesen direkt auf die Sintflut als Paradigma für das Ende der Welt. Die Bibel berichtet, dass Jesus bei zwei verschiedenen Gelegenheiten Folgendes erklärte: „Wenn der Menschensohn kommt, wird es sein wie zur Zeit Noahs“ (Matthäus 24,37 Hfa; siehe auch Lukas 17,26). Die Apostel Petrus, Johannes, Paulus und Judas verwendeten ebenfalls die Flut-Analogie und machten sie dadurch zu einer der vorherrschenden biblischen Typologien für die Endzeit.

In den folgenden Kapiteln werden wir verschiedene Bibelabschnitte untersuchen, die erläutern, wie die Welt vor der Flut aussah – und erkunden, warum Gott beschloss, alles Leben auf dieser Erde, außer einer kleinen Gruppe von Menschen und Tieren, zu zerstören. Schließlich werden wir diese Erkenntnisse auf unsere heutige Welt anwenden, um die wichtige Frage zu beantworten, ob erneut ein Countdown der Zerstörung in Gang gesetzt worden ist. Letztendlich werden wir erkennen, dass die Parallelen zwischen dieser dramatischen Episode in der Vergangenheit und unserer heutigen Zeit nicht zu leugnen sind. Der moralische Verfall der Tage Noahs wiederholt sich in fast jeder Hinsicht. Auch wenn wir annehmen, dass wir uns kurz vor dem Durchbruch befinden, nämlich unsere Welt und unsere eigenen sterblichen Körper durch Wissenschaft und Technologie zu transformieren, so sind wir doch tatsächlich im Rückschritt begriffen; und wir laufen ernstlich Gefahr, uns den Zorn Gottes zuzuziehen.

Ich bin ganz sicher nicht der Erste, der den Vergleich mit der Sintflut als Schreckensszenario verwendet, das nur durch Buße abgewendet werden kann. Doch ich gehe noch einen Schritt weiter und wage zu behaupten, dass der starke moralische Verfall, der um uns herum geschieht, ein Zeichen dafür ist, dass Gott bereits beschlossen hat, diese Welt zu richten. Das bedeutet meiner Ansicht nach, dass wir bereits in den „Tagen Noahs“ leben – in dieser göttlichen Wartezeit zwischen Gottes Entscheidung, der Menschheit ein Ende zu setzen, und seiner Vollstreckung dieses göttlichen Urteilsspruchs. (Siehe z. B. 1. Mose 6,3; 1. Petrus 3,20.) Dies ist ein wichtiger Aspekt der Flut-Analogie. Gott ist zu einem Urteil gelangt und lässt nun schlicht und einfach die Rebellion in den Herzen der Menschen bis zur Urteilsvollstreckung reif werden. Ich persönlich glaube, dass sich sein Zorn auf eine widerspenstige und ahnungslose Welt schon seit geraumer Zeit angesammelt hat. Buße mag vorübergehend das unvermeidliche Gericht hinausschieben, doch wir werden es niemals abwenden können. In der Rechtswissenschaft nennen wir diese Realität eine *res judicata* – einen rechtskräftig entschiedenen Fall, ohne weitere Möglichkeiten, gerichtlich dagegen vorzugehen.

Ich behaupte, dass die weit verbreitete Akzeptanz der Evolutionstheorie von Charles Darwin, und insbesondere ihre Ablehnung des göttlichen Ursprungs menschlichen Lebens, ein entscheidender Wendepunkt der Menschheitsgeschichte war. Dabei haben sich ihre verhängnisvollen Konsequenzen für unsere Welt noch nicht vollumfänglich realisiert. Zunächst gab diese Theorie der Eugenik der Nationalsozialisten und den Grausamkeiten des Holocaust einen „wissenschaftlichen Anstrich". Abtreibungen auf Abruf, die wachsende Akzeptanz der Homosexualität und die Zunahme eines militanten Atheismus sind Früchte dieses moralischen und intellektuellen Fehlgriffs. Darüber hinaus treibt diese Theorie den biomedizinischen Fortschritt an, der an unserer ureigenen menschlichen Identität herumpfuscht. Vor allem aber hat der Darwinismus der Menschheit eine Entschuldigung bzw. einen wissenschaftlichen Vorwand geliefert, sich von Gott abzuwenden – und zu einer zunehmenden Rebellion gegen unseren Schöpfer geführt, die am Ende, davon bin ich überzeugt, eine Manifestation seines großen Zorns nach sich ziehen wird.

Es gibt viele bemerkenswerte Ähnlichkeiten zwischen dem heutigen moralischen Verfall und dem Zustand der antiken Welt, die durch die Sintflut zerstört wurde. Zusätzlich dazu können wir eine weitere unglaubliche Parallele beobachten: Das phänomenale Wachstum der evangelikalen Christenheit auf der ganzen Welt (einschließlich pfingstlicher und charismatischer Gläubiger) kann mit Noah und seiner Familie verglichen werden, dem gottesfürchtigen „Überrest". Gott ließ diese Menschengruppe die Überschwemmung überleben und machte mit ihr einen Neuanfang auf dieser Erde. Zu guter Letzt: Genau so, wie der Bau der Arche der vorsintflutlichen Welt als deutlich sichtbares und unmissverständliches Zeichen diente, dass sie in Kürze gerichtet werden würde, gibt es auch heute ein ähnliches Zeichen, das nicht von der Hand zu weisen ist: der Aufbau Zions, d. h. die Wiederherstellung Israels in unseren Tagen.

Noch verblüffender ist, dass jede dieser drei Entwicklungen im Verlauf der letzten 100 Jahre parallel zu den anderen zweien verlaufen ist. Die Akzeptanz der Evolutionstheorie durch die breite Masse, das explosionsartige Anwachsen der evangelikalen Christenheit und die zionistische Bewegung zur Wiederherstellung Israels gehen alle ungefähr auf das Jahr 1900 zurück – und seither bewegen sie sich quasi im Gleichschritt vorwärts. Zudem gibt es zwischen diesen historischen Trends erstaunliche Zusammenhänge; und sie wurden alle in der Bibel vorhergesagt.

Dieses Buch zielt darauf ab, ein neues Muster zu definieren, anhand dessen wir feststellen können, wo im prophetischen Zeitplan wir uns befinden. In unserer heutigen Zeit gibt es ein großes Bedürfnis und einen ebenso großen Hunger nach solider prophetischer Wahrheit. Das trifft besonders auf die Millennials (die Generation Y) zu, die im Gegensatz zu ihren Eltern nicht mehr an die standardisierten alten Schaubilder prophetischer Ereignisse glauben. Dieses Buch bietet ein anderes Bezugssystem, sich der Endzeit zu nähern. Es liefert uns dringend benötigte Erklärungen zum Zustand unserer heutigen Welt, während es sich auf ein verlässliches Fundament gründet: die Lehren Jesu und der Apostel. Ein objektiver Blick auf seine Inhalte wird es dem Leser in beispielloser Art und Weise ermöglichen, sowohl die Realität und den Charakter Gottes zu erkennen als auch seinen Umgang mit der Menschheit und das Schicksal, das unsere Welt ereilen wird.

Ich hoffe, dass dieses Buch für viele eine effektive Warnung darstellt, die sie sich zu Herzen nehmen werden – eine Warnung, dass sich die *„Schleusen“* des göttlichen Zorns am Ende öffnen werden, allerdings diesmal in anderer Form. Diese Tatsache ist furchterregend und gleichzeitig unvermeidlich. Wer sich der Rebellion gegen Gott jedoch nicht anschließt, sondern ihm stattdessen treu bleibt, wird als ein „gerechter Überrest“ auf der Erde bewahrt bleiben und gemeinsam mit vielen anderen einer herrlichen Zukunft entgegengehen. Tatsächlich befinden wir uns in einer Periode des Lichts und der Finsternis. Doch anders als in Charles Dickens’ berühmtem Roman werden nicht alle von uns direkt in den Himmel oder direkt in die Hölle kommen. Jeder von uns muss eine klare Entscheidung über seinen letztendlichen Bestimmungsort treffen. Hier handelt es sich weniger um „Eine Geschichte aus zwei Städten“, sondern eher um „Eine Geschichte zweier Schiffe“. Eines der beiden war eine primitive Arche, die von einem demütigen Mann erbaut und gesteuert wurde. Er fürchtete und gehorchte Gott und war daher in der Lage, seine Familie und die gesamte Tierwelt vor der Zerstörung zu bewahren. So konnte er den Anfang einer neuen Zeit einläuten. Das andere Schiff war ein Segelboot, die *„HMS Beagle“*, die einen jungen Naturkundler namens Charles Darwin um die Welt trug. Er befand sich auf einer Entdeckungsreise, die zum Entstehen seiner atheistischen Evolutionstheorie führte. Obwohl Darwin sich um die Menschheit, die Tierwelt und die Natur sorgte, tragen die von ihm inspirierten, meiner Meinung nach gottlosen Ideologien dazu bei, dass die Welt dem Untergang geweiht ist; das ist die Ironie der Geschichte. Am Ende dieses Buches wird der Leser entscheiden müssen, mit welchem Schiff er vorzugsweise unterwegs sein will. Diese Entscheidung wird sein ewiges Schicksal bestimmen.

TEIL EINS

NOAH UND DIE SINTFLUT

1

DAS WESEN GOTTES

Gott ist der einzige Trost, und er ist zugleich auch der größte Schrecken: das Wesen, das wir am meisten brauchen und vor dem wir uns am meisten verbergen möchten.
C.S. Lewis, Pardon, ich bin Christ[1]

Alles hat der HERR zu seinem Zweck gemacht, so auch den Gottlosen für den Tag des Unglücks.
Sprüche 16,4 E

Da ich auf den *„Outer Banks"*, einer Inselkette vor der Küste North Carolinas, aufgewachsen bin, habe ich schon viele Wirbelstürme durchlebt. Manche von ihnen trafen mit voller Wucht auf unsere zerbrechliche Inselbarriere; dabei richteten sie verheerende Schäden an, ließen neue Buchten entstehen und schlugen die Sommertouristen in die Flucht. Andere prallten harmlos am Kap Hatteras ab und nahmen dann Kurs auf den offenen Atlantik; uns Surfern hinterließen sie dabei epische Riesenwellen. Die stärksten Stürme fühlten sich wie Güterzüge an, die stundenlang direkt über meinen Kopf hinwegratterten. Gleichzeitig verursachte die vorübergehende Ruhe im Auge des Sturms „Schmetterlinge im Bauch" – aufgrund des extrem niedrigen Luftdrucks. Daher entwickelte ich eine wirkliche Hassliebe auf diese tropischen Monster.

Hurrikane waren nicht die einzigen Stürme, die wir erlebten; viele Jahre lang waren sie nicht einmal die schlimmsten. Diese Auszeichnung war den Nordostwinden vorbehalten, mächtigen Winterstürmen, die tagelang auf die gesamte östliche Atlantikküste einhämmerten. Weil ihre Winde über einen langen Zeitraum in einer derart breiten Wucht auf die Küste treffen, produzieren sie massive Wellen, die die Küstenlinie während mehrerer Tidehochwasser abschwemmen und so direkt am Strand umfangreiche Schäden verursachen. Doch auch diese Stürme hatten ihre guten Seiten; so gingen wir nach ihrem Abebben Strandgut sammeln und fanden dabei viele interessante Dinge, die das Meer an den Strand gespült hatte. Einmal stießen wir auf ein Schiffswrack, das zuvor bedeckt, durch die hämmernde Meeresbrandung aber nun freigelegt worden war.

Meine früheste Kindheitserinnerung betrifft einen derartigen Sturm – den „Aschermittwoch-Sturm" vom 7. März 1962. Meine Familie wohnte direkt am Atlantik, an der Anlegestelle meines Großvaters, der von dort aus fischen ging, in Nags Head. Mein Opa erwachte am frühen Morgen durch das Geräusch riesiger Wellen, die über sein Haus hereinbrachen. Die eiskalten Winde erreichten Geschwindigkeiten bis zu 160 Kilometern pro Stunde und bombardierten uns mit Schnee und Sand, als wir uns in mehrere Fahrzeuge zwängten, um dem Unwetter zu entfliehen. Doch unsere Autos versackten, als die wuchtigen Atlantikwellen durch die Küstendünen brachen und die Strandstraße überschwemmten – unsere einzige Fluchtroute.

Ich war damals noch ziemlich klein, doch ich erinnere mich, wie ich mich am Autofenster abstützte und auf das Meer hinausblickte. Dort draußen in der Dunkelheit rollte eine Wasserwand nach der anderen heran, wie hochaufgetürmte Stufen, die erbarmungslos auf uns zumarschierten. Dank eines mutigen Nachbarn, der ein geländegängiges Fahrzeug hatte, wurden wir vor den tosenden Fluten gerettet. Doch das Haus und der Steg meines Großvaters wurden völlig zerstört. Bereits am nächsten Tag war er auf einem Bildtelegramm der Associated Press im ganzen Land zu sehen: ein grimmig dreinblickender Ire mit Tränen in den Augen, der dort stand, wo einst sein Haus gewesen war. Doch mein Großvater baute seine Anlegestelle wieder auf, so wie er es schon immer getan hatte. In den acht Jahren, die er diese Pier sein eigen nannte, wurde sie sechsmal durch Hurrikane oder Nordostwinde schwer beschädigt – dennoch errichtete er sie immer wieder neu.

Aufgrund dieser Kindheitserinnerungen reagiere ich etwas ungehalten, wenn jemand behauptet, Gott würde eine Stadt oder ein Land durch einen bestimmten Sturm oder eine Naturkatastrophe für ihre Sünden bestrafen. Tatsächlich sind Wirbelstürme natürliche Phänomene, die sowohl Gerechte als auch Ungerechte heimsuchen. Daher bin ich immer zurückhaltend, wenn es darum geht, Gott die Ehre oder die Schuld für Tragödien zu geben, die durch die Natur verursacht werden. Derartige Behauptungen gehen mir einfach zu nah. Als junger Rechtsanwalt wehrte ich mich sogar dagegen, Klauseln in Geschäftsverträge aufzunehmen, die eine Partei aufgrund höherer Gewalt, was im Englischen *acts of God*, „Taten Gottes" heißt, von ihren Verpflichtungen entbanden.

Doch manche Menschen neigen dazu, recht schnell einen Kausalzusammenhang zwischen Naturkatastrophen und bestimmten Sünden herzustellen, von denen sie glauben, sie hätten den Allmächtigen verärgert. Und in letzter Zeit gibt es für diese Art des „Kombinierens" merkwürdigerweise immer neue Anlässe. Im Jahr 2010 überzog beispielsweise ein isländischer Vulkan ganz Europa mit einer Aschewolke und hinderte alle Flugzeuge auf dem Kontinent vorübergehend am Abheben. Gleichzeitig ließen apokalyptische Fluten große Landstriche Australiens versinken, während bizarre Flächenbrände den Bewohnern Moskaus wochenlang den Atem nahmen. Zirka 15 000 Menschen starben. Im darauffolgenden Jahr brach Wirbelsturm Sandy über New York City herein und Japan wurde von einem massiven Erdbeben samt Tsunami heimgesucht. Derartige Erschütterungen werfen bei uns allen Fragen auf: Was ist der Grund für dieses exzentrische Verhalten der Natur? Liegt es an der Erderwärmung? Oder an El Niño? Und was ist mit den Sonneneruptionen? Oder ist Gott wirklich wütend? Sind diese Katastrophen Zeichen der Endzeit?

Unter Christen scheint es heutzutage zwei Extrempositionen zu diesen Fragen zu geben. Eine Gruppe ist zutiefst davon überzeugt, dass Gott Gericht übt. Aufgrund unserer wachsenden Unmoral gieße er seinen Zorn über uns aus, hier ein wenig und dort ein wenig. Diese Gruppe schließt viele christliche Zionisten[2] mit ein, die ich grundsätzlich zu meinen Gesinnungsgenossen zähle. Sie betrachten diese Dinge als göttliches Strafgericht, das Gott über die Nationen verhängt, die Israel schikanieren. Manche ziehen als Anschauungsbeispiel Hurrikan Katrina vom August 2005 heran. Sie behaupten, Gott habe Amerika dafür bestraft, dass es Israel im selben Sommer gezwungen hatte, den Gazastreifen zu verlassen. Doch nur zwei Jahre später war die Stadt New Orleans wiederaufgebaut und kehrte zu ihrem gewohnt sündhaften Lebensstil zurück. Nach einem wahrhaftigen Gericht Gottes erholt sich eine Stadt nicht so schnell. Tatsächlich suchen wir immer noch nach den Überresten von Sodom und Gomorra!

Das andere Extrem sind Christen, die dem entgegenhalten, sie dienten einem Gott der Liebe, der so etwas niemals tun würde. Auf mich wirkt ihre Botschaft wie eine Art „schlampige Agape-Liebe“: Sie behaupten, dass aufgrund des Kreuzestodes Jesu keinerlei ernst zu nehmendes Strafgericht Gottes an der Menschheit mehr zu erwarten sei. Es handelt sich um ein Evangelium der Super-Gnade, das Gott wie einen rührseligen Alten erscheinen lässt und in dem es für die Sünde keinerlei Konsequenzen mehr gibt.

Der Apostel Paulus stand direkt zwischen diesen beiden Lagern, als er ausrief: *„Darum sieh die Güte und die Strenge Gottes“* (Römer 11,22 L). Paulus hatte verstanden, dass sich diese zwei vermeintlichen Gegenpole im Charakter Gottes die Waage halten. Er erkannte, dass Gott tatsächlich ein Gott der Liebe und des Erbarmens ist. Gleichzeitig ist er aber auch ein heiliger Gott, der Sünde nicht tolerieren kann. Und Paulus wusste, dass sich diese widersprüchlichen Eigenschaften Gottes in seinem gerechten Wesen miteinander vereinen. Das bedeutet, dass Gott niemals ungerecht richtet; seine Gerichte sind „wahrhaftig und gerecht“ (Offenbarung 19,2 L) und er kündigt sie immer rechtzeitig vorher an.

Paulus sprach auch davon, dass die Schöpfung selbst wie eine Frau in Wehen liege und auf die Vollendung der Welt sowie auf die Offenbarung der Söhne Gottes warte (siehe Römer 8,18–22). Daher glaube ich, dass die Sünde zunimmt, während wir dem Ende unserer Zeit immer näher kommen. Gleichzeitig spürt die Natur die wachsende Rebellion der Menschheit gegen ihren Schöpfer und spielt daher ein wenig verrückt. Das erklärt, mehr als alles andere, all die merkwürdigen Wetterphänomene und Naturkatastrophen der letzten Zeit.

Auch Jesus erörterte die um sich greifenden Naturkatastrophen unserer Tage. Er sagte „Hungersnöte und Erdbeben … hier und dort“ (siehe Matthäus 24,7) voraus. Die meisten Christen kennen diese Bibelstelle und betrachten die aktuellen Erschütterungen richtigerweise als Zeichen der Endzeit. Allerdings schrieb Jesus diese Unglücke nicht direkt Gott zu, sondern erklärte stattdessen, sie fänden willkürlich statt. Darüber hinaus laute die Botschaft dieser Desaster immer: „Tut Buße!" So sprach er beispielsweise einmal über den Einsturz eines Turmes, der 18 Menschen getötet hatte: „Erinnert euch an die achtzehn Leute, die starben, als der Turm am Teich Siloah einstürzte. Glaubt ihr wirklich, dass ihre Schuld größer war als die aller anderen Leute in Jerusalem? Nein! Wenn ihr nicht zu Gott umkehrt, wird es euch ebenso ergehen" (Lukas 13,4.5 Hfa). Mit anderen Worten: Ein solcher Unglücksfall kann jedermann zu jeder Zeit treffen. Bringt daher euer Leben in Ordnung und führt es so, wie es Gottes Willen entspricht!

Doch Jesus warnte seine Jünger auch sehr deutlich davor, dass die Erde eines Tages von einer schweren göttlichen Strafe heimgesucht würde, und zwar wenn er selbst sich bereitmachen würde, endlich zurückzukehren. Er äußerte diese Warnung in seiner Rede auf dem Ölberg, in der er seinen Jüngern seine Eschatologie, d. h. seine Lehre über die Endzeit, vermittelte:

> *„Und doch weiß niemand, wann das Ende kommen wird, auch die Engel im Himmel nicht, ja, noch nicht einmal der Sohn. Den Tag und die Stunde kennt nur der Vater. Wenn der Menschensohn kommt, wird es sein wie zur Zeit Noahs. Damals vor der großen Flut aßen, tranken und heirateten die Menschen, wie sie es immer taten. So ging es, bis Noah in die Arche stieg. Die Leute merkten nichts von dem Unheil, das ihnen bevorstand, bis die Flut sie alle mit sich riss. So wird es auch beim Kommen des Menschensohnes sein."*
> *(Matthäus 24,36–39 Hfa)*

Bei einer anderen Gelegenheit, in einem Gespräch mit einigen Pharisäern, warnte Jesus erneut sehr spezifisch vor „der Zeit Noahs". In dieser Warnung stellte er einen Zusammenhang zu einer weiteren Episode her, die durch strenges göttliches Gerichtshandeln gekennzeichnet war: die Zerstörung von Sodom und Gomorra.

„Wenn der Menschensohn kommt, wird es sein wie zur Zeit von Noah. Die Menschen aßen, tranken und heirateten, wie sie es immer taten. So ging es, bis Noah in die Arche stieg. Dann kam die große Flut, und keiner von ihnen überlebte. Es wird genauso sein wie zu Lots Zeiten. Auch damals ging alles seinen gewohnten Gang: Die Menschen aßen und tranken, kauften und verkauften, pflanzten und bauten. So ging es bis zu dem Tag, an dem Lot die Stadt Sodom verließ. Da regnete es Feuer und Schwefel vom Himmel, und alle kamen um. Genauso wird es sein, wenn der Menschensohn erscheint."
(Lukas 17,26–30 Hfa)

Zweimal äußerte Jesus eine sehr ernste Warnung, einmal gegenüber seinen Nachfolgern, das andere Mal gegenüber den Pharisäern. Er warnte sie vor einer verheerenden endzeitlichen Strafe, die die gesamte Erde treffen würde. Daher sollte jeder Christ diese Warnungen ernst nehmen, ja sogar Nichtchristen sollten dies tun. Wenn sich etwas Derartiges künftig wiederholen wird, müssen wir verstehen, was zur Zeit Noahs passiert war. Womit hatte die Welt dieses Schicksal verdient? Die Bibel macht ausführliche Angaben zu diesem Thema.

Eine sorglose Welt

An den Warnungen Jesu fällt besonders auf, dass er betont, wie sorglos und optimistisch die Menschen kurz vor der Sintflut lebten. In dem Abschnitt aus Matthäus 24 erklärte er, dass sie „aßen und tranken" (Vers 38) – heute würden wir sagen, dass sie „Party machten" oder ihre Freizeit genossen. Zudem „heirateten" (Vers 38) sie. Dieser Vers hat nicht zwangsläufig etwas mit einer hohen Scheidungsrate zu tun, sondern damit, dass sie sich darauf freuten, Familien zu gründen. Das bedeutet, dass sie zuversichtlich in die Zukunft blickten, trotz der sich immer weiter ausbreitenden Sünde in ihrem Umfeld. Das Leben war von Sorglosigkeit geprägt, doch dieser Eindruck von Normalität und Optimismus täuschte – denn eine Katastrophe stand kurz bevor.

Dieselbe Lebenseinstellung herrschte in Sodom und Gomorra. Die Menschen kauften und verkauften, sie pflanzten und bauten, bis zu dem Moment, als Feuer und Schwefel vom Himmel fielen. Sie lebten ihren ganz normalen Alltag und waren absolut nichtsahnend, dass der Gestank ihrer Bosheit das Gericht eines heiligen Gottes heraufbeschworen hatte.

Eine derart gleichgültige Haltung scheint uns völlig deplatziert zu sein, wenn wir uns bewusst machen, wie das Buch Genesis die vorsintflutliche Welt und Sodom vor ihrer Zerstörung beschreibt. So gab es mutwillige Gewalt und ungezügelte sexuelle Perversion vor der Flut, und zwar in einem solchen Ausmaß, dass ein liebender Gott beschloss, alle Menschen auf der Erde zu vernichten, außer Noah und seiner Familie, und noch einmal von Neuem anzufangen. Und doch benahmen sich die Menschen der damaligen Zeit so, als ob die guten Zeiten niemals enden würden.

Viele Christen können sich des Eindrucks nicht erwehren, heute in einer ähnlichen Realität zu leben; die Welt ist viel zu optimistisch, was unsere Zukunft betrifft, angesichts ernst zu nehmender weltweiter Bedrohungen und unseres stetigen moralischen Verfalls. Dank eines militanten Säkularismus, einer Multikulti-Einstellung und anderer Faktoren glauben viele Menschen heute nicht mehr, dass es moralisch-ethische Werte gibt, die absolut gelten. Und was noch schlimmer ist: Böses wird gut, und Gutes wird böse genannt, genau so wie der Prophet Jesaja es vorhergesagt hat (siehe Jesaja 5,20).

Zweifellos entwickelt sich unsere Welt in vielen Bereichen zu einem besseren Lebensraum. Zwar gibt es immer noch kriegerische Konflikte auf der ganzen Welt, doch weniger Menschen kommen in ihnen ums Leben. Selbst in armen Entwicklungsländern gewinnen wir allmählich den Kampf gegen die Armut. Weniger Menschen leiden unter Hunger, Bildungschancen verbessern sich stetig, die Alphabetisierungsraten steigen, während die Kindersterblichkeit sinkt. Das Internet beschleunigt die Globalisierung, die uns politischen, wirtschaftlichen und sozialen Fortschritt verspricht, und technologische Entwicklungen bringen uns scheinbar voran, in eine spannende Zukunft.

Allerdings macht auch das Böse Fortschritte, und niemand scheint es aufhalten zu können. Zumindest viele Christen haben den Eindruck, dass ein böser Flaschengeist seinem Gefängnis entwichen ist, den niemand wieder einsperren kann. Unser Kampf gegen Abtreibung in den ersten drei Schwangerschaftsmonaten hat kaum Erfolge gezeigt, in unseren Schulen wird die gottlose Evolutionstheorie gelehrt, gleichgeschlechtliche Ehen werden weltweit für rechtmäßig erklärt, wobei einige Kirchen sogar homosexuelle Priester ordinieren, und sowohl der radikale Islam als auch der militante Atheismus breiten sich immer weiter aus. Wir rufen mit aller Dringlichkeit zur Fürbitte für unsere Heimatländer auf, was ja auch richtig ist. Wir machen Lobbyarbeit, predigen und hängen Plakate auf. Doch der aktuelle moralische Verfall geht unvermindert weiter.

Eine Umfrage des Meinungsforschungsinstitut „Gallup" demonstriert diesen Abwärtstrend sehr deutlich. Eine jährliche Analyse der „Werte und Glaubensansichten" hat ergeben, dass in den letzten 15 Jahre Verhaltensweisen, die früher als tabu galten, immer mehr in Mode gekommen sind und jetzt von der Bevölkerungsmehrheit akzeptiert werden. So ist beispielsweise die Akzeptanz schwuler und lesbischer Beziehungen in Amerika von 38 Prozent im Jahr 2002 auf 58 Prozent im Jahr 2015 angestiegen. 2015 war das Jahr, in dem der Oberste Gerichtshof der USA gleichgeschlechtliche Ehen landesweit legalisierte. Derselbe Trend macht sich nun auch beim Thema Transsexualität bemerkbar. Gleichzeitig fand „Gallup" jedoch auch heraus, dass beachtliche 74 Prozent der Amerikaner finden, der moralische Zustand ihres Landes verschlechtere sich. Mit anderen Worten: Die meisten Amerikaner werden toleranter gegenüber umstrittenen Verhaltensweisen, sind jedoch gleichzeitig besorgt über den allgemeinen moralischen Verfall.[3]

Viele Christen empfinden diese Trends, die sich in der ständigen Erosion unserer Werte zeigen, alarmierend. Es scheint, als würde dem Bösen auf mysteriöse Art und Weise gestattet, erfolgreich zu sein. Etwas Unumkehrbares spielt sich ab. Auch ich teile diese Einschätzung, doch sie frustriert mich nicht mehr. Denn mir ist bewusst geworden, dass Gott seine Hand im Spiel haben könnte. Das mag merkwürdig klingen, doch die Bibel lehrt uns, dass Gott in manchen Fällen so verärgert über die Rebellion der Menschen werden kann, dass er ihnen gestattet, sich selbst zu zerstören. Die Sintflut im Buch Genesis ist ein Beispielsfall für eine derartige Manifestation göttlicher Gerechtigkeit: Gott erlaubte einer unverbesserlichen Generation, so verdorben zu werden, dass er keine andere Wahl mehr hatte, als nahezu die gesamte Bevölkerung auszulöschen und neu anzufangen. Dieses theologische Konzept bedarf einer umfassenderen Erklärung, bevor wir uns den Details der Sintflut zuwenden.

Die Dimensionen göttlicher Gerechtigkeit

Viele von uns haben Persönlichkeitstests gemacht und Vorstellungsgespräche geführt, in denen wir uns selbst beschreiben und unsere Stärken und Schwächen auflisten mussten. Stellen wir uns einmal vor, wir könnten uns mit Gott zusammensetzen und ihn bitten, uns seine Persönlichkeit oder seine besonderen Eigenschaften zu erläutern. Gott ist in der Bibel sehr ehrlich, was seine eigene Persönlichkeit betrifft. Als er sich Mose am Berg Sinai offiziell vorstellte, gab er uns die prägnanteste Selbstbeschreibung seines göttlichen Wesens:

„Und der HERR ging vor seinem Angesicht vorüber, und er rief aus: HERR, HERR, Gott, barmherzig und gnädig und geduldig und von großer Gnade und Treue, der da Tausenden Gnade bewahrt und vergibt Missetat, Übertretung und Sünde, aber ungestraft lässt er niemand, sondern sucht die Missetat der Väter heim an Kindern und Kindeskindern bis ins dritte und vierte Glied."
(2. Mose 34,6–7 L)

Zu Moses Lebzeiten galten die meisten Götter der umliegenden Nationen als sehr anspruchsvoll und launisch. Wenn sie irgendetwas verärgerte, wusste man nie, wann sie aus der Haut fahren und wann einen der Blitzschlag treffen würde. Anders ausgedrückt: Sie hatten große Ähnlichkeit mit uns Menschen. Im zweiten Buch Mose, Kapitel 34 stellt der Gott der Bibel seine eigene Persönlichkeit jedoch als ganz anders dar. Erstens beschreibt er sich als liebevoll und gütig, langsam zum Zorn und bereit zur Vergebung. In der Bibel heißt es tatsächlich, dass Gott es liebe, gnädig zu sein (siehe Micha 7,18; Jeremia 9,25). Zweitens führt Gott uns eine weitere Dimension seiner Persönlichkeit vor Augen: seine Heiligkeit. Viele Menschen verkennen diesen Aspekt seines Wesens, sodass sie ihre Ehrfurcht und ihren Respekt vor Gott verlieren. Wie schon erwähnt, erfasste Paulus die ganze Bandbreite des göttlichen Wesens, und zwar kurz und knapp mit folgenden Worten: *„Darum sieh die Güte und die Strenge Gottes"* (Römer 11,22 L). Im Gegensatz zu den Stimmungsschwankungen der falschen Götter ist Gottes Zorn weder willkürlich noch launisch, sondern absolut gerecht.

Da Gott selbst Liebe ist, muss es per Definition ein Objekt dieser Liebe geben, und nun kommt die Menschheit ins Spiel. Die Bibel stellt uns Gott als den liebenden, treuen Vater seiner gesamten Schöpfung vor. Er ist kein unnahbarer, erhabener Uhrmacher, der die Planeten quasi aufgezogen und in Bewegung gesetzt hat – nur um sich dann zurückzuziehen und das Universum sich selbst zu überlassen. Vielmehr sorgt er sich um alles, was er erschaffen hat, und wendet sich ihm uneingeschränkt zu. Seine Vaterliebe ist unermesslich und unabänderlich, und er hat den Menschen als den wichtigsten Empfänger dieser Liebe geschaffen. Die Bibel ist an diesem Punkt sehr klar, sie berichtet wiederholt über Gottes Wunsch, unter uns zu „wohnen". Diese Gemeinschaft mit den Menschen wünscht er sich immer noch; er will unsere Gesellschaft genießen, so wie er mit Adam im Garten Eden spazieren ging, da wir der Teil seiner Schöpfung sind, der ihm am ähnlichsten ist (siehe beispielsweise 1. Mose 3,8; 2. Mose 25,8; 29,45–46; Psalm 132,13; 2. Korinther 6,16; Offenbarung 21,3).

Da wir als Gottes Ebenbild geschaffen sind, verfügen wir Menschen über einen freien Willen. Roboter sind nicht dazu in der Lage, ihrem Schöpfer wahre Gegenliebe und Anbetung zu schenken. Doch weil wir die Freiheit besitzen, unsere eigenen Entscheidungen zu treffen, haben wir die Fähigkeit, uns für das Richtige oder das Falsche zu entscheiden. Tatsächlich sind Menschen sowohl zu sehr Gutem als auch zu furchtbar Schlechtem fähig. Und Adam, der erste Mensch, traf eine furchtbar falsche Entscheidung, nämlich Gott ungehorsam zu sein – diese Entscheidung ist uns alle teuer zu stehen gekommen.

Als Folge des menschlichen Ungehorsams trat ein Problem auf. Gott ist tatsächlich liebevoll und freundlich, doch er ist gleichzeitig heilig und kann Sünde nicht einfach hinnehmen. Ungehorsam innerhalb seiner Schöpfung beleidigt ihn, vergleichbar einem Angriff auf seinen Charakter. Daher mussten die beiden Aspekte seines Wesens, seine Liebe und seine Heiligkeit, in seiner Beziehung zur Menschheit miteinander in Einklang gebracht werden. In seiner unendlichen Weisheit und Voraussicht hatte Gott bereits einen Plan geschmiedet, wie er die Menschheit, nachdem sie ungehorsam geworden war, erlösen und zu ihm selbst zurückbringen könnte, und zwar noch bevor das Universum in Existenz kam (siehe beispielsweise Micha 5,2; Epheser 1,3–6; 1. Petrus 1,20; Offenbarung 13,8). Dieser vorherbestimmte Plan nahm vor rund 4000 Jahren mit der Berufung Abrahams seinen Lauf. Es ist die Geschichte eines liebenden Gottes, der sich auf die Suche nach einer abtrünnigen Menschheit machte und einen Lösungsweg initiierte, durch den er endlich zu uns kommen kann, um bei uns zu wohnen – trotz unserer Neigung zum Ungehorsam.

Dieser Erlösungsplan wird in der Bibel schrittweise offenbart und gipfelt in der guten Nachricht, dem Evangelium. Es besagt, dass Gott seinen eigenen Sohn, Jesus, mit seinem gerechten Zorn und der gerechten Strafe für die Sünden der gesamten Menschheit schlug. Durch seinen Tod am Kreuz nahm Jesus die Strafe, die wir für unsere Rebellion gegen Gott verdient hätten, auf sich. Diesen Akt göttlicher Gerechtigkeit prophezeite Jesaja, als er den Messias mit folgenden Worten beschrieb: *„Aber er ist um unsrer Missetat willen verwundet und um unsrer Sünde willen zerschlagen ... Wir gingen alle in die Irre wie Schafe, ein jeder sah auf seinen Weg. Aber der HERR warf unser aller Sünde auf ihn"* (Jesaja 53,5–6 L). Gleichermaßen bezeichnet das Neue Testament das Leiden Christi als eine „Sühne" für unsere Sünden, sodass Gott dem Aspekt seines Charakters, der nach Gerechtigkeit verlangt, Genüge tun konnte. (Siehe beispielsweise Römer 3,25; Hebräer 2,17; 1. Johannes 2,2; 1. Johannes 4,10.)

Die Bibel berichtet uns, wie ein heiliger Gott die Menschheit liebte und gleichzeitig ihren Eigensinn bestrafte, sowohl auf individueller als auch auf kollektiver Ebene, während die Menschheit auf das Kreuz wartete. Beim Lesen des Alten Testaments stellen wir fest, dass tatsächlich „jede Übertretung und jeder Ungehorsam gerechten Lohn empfing" (Hebräer 2,2 L). Gottes Beziehung zu Israel dient dabei als wichtigstes Anschauungsbeispiel. Manchmal war das Volk Israel Gott gehorsam und genoss seinen Segen, während es zu anderen Zeiten gegen ihn rebellierte und unter den Konsequenzen zu leiden hatte. Gott zeigte sich geduldig und vergebungsbereit, doch manchmal zwangen sie ihn dazu, strafend einzugreifen. Der Apostel Paulus hebt diesen wichtigen Punkt besonders hervor, dass ein gerechter Gott sein eigenes Volk oft streng bestrafte: „Wenn aber unsere [Israels] Ungerechtigkeit Gottes Gerechtigkeit beweist, was sollen wir sagen? Ist Gott etwa ungerecht, wenn er das Zorngericht verhängt? (Ich rede nach Menschenweise.) Das sei ferne! Wie könnte Gott sonst die Welt richten?" (Römer 3,5–6 S). Das bedeutet, dass Gott kein Recht hätte, den Rest der Menschheit zu richten, wenn er Israel je ungerecht behandelt hätte. Tatsächlich jedoch wird Gott niemals irgendjemanden bestrafen, der es nicht verdient hat. (Siehe beispielsweise Jesaja 3,11; Hesekiel 7,27; Römer 1,32; Offenbarung 16,6.)

Noch einmal, Gott warnt uns immer rechtzeitig vor seinem kommenden Strafgericht. (Siehe beispielsweise 2. Chronik 36,15; Psalm 19,11; Hesekiel 3,17–21; Jona 1,1–2; 3,1–4.) Langmütig ist er mehr als bereit, die Gebete der Zerknirschten zu erhören. (Siehe beispielsweise Psalm 34,18; Jesaja 66,2.) Gott hat uns allen ein Gewissen und die Fähigkeit geschenkt, seine Aufforderungen, zu ihm zurückzukehren, auch zu hören. (Siehe beispielsweise Römer 2,15; 2. Korinther 4,2; 1. Timotheus 1,5–6.) Schließlich denkt er inmitten des Gerichts immer an seine Barmherzigkeit. (Siehe beispielsweise 2. Samuel 24,14; Habakuk 3,2; Jakobus 2,13.) Der Apostel Paulus beschrieb die Herzenshaltung Gottes in diesen Gerichtsfragen folgendermaßen: „Der Herr verzögert nicht die Verheißung, wie es einige für eine Verzögerung halten; sondern er hat Geduld mit euch und will nicht, dass jemand verloren werde, sondern dass jedermann zur Buße finde“ (2. Petrus 3,9 L).

Doch was geschieht, wenn ein Land oder ein Volk sich konsequent weigert, Buße zu tun? Wenn sie nicht mehr auf Gottes Stimme oder ihr eigenes Gewissen hören? In diesen Fällen wählt Gott einen gewissen drastischen Weg, der vorhersehbar ist. Erweisen wir uns als vollkommen unbußfertig, so verlangt eine Facette von Gottes gerechtem Wesen, uns auf eine bestimmte Art und Weise zu bestrafen: Er erlaubt dann unserer Sünde und Rebellion „gerichtsreif“ zu werden, sodass er Gerechtigkeit üben kann. Sind wir widerspenstig, beharren auf unseren Verfehlungen und erfreuen uns sogar an ihnen, hört sein Geist auf, um uns zu ringen. Er setzt uns frei, sodass die Rebellion in unserem Herzen ihren Lauf nehmen kann. Er liefert uns unseren Lüsten und Begierden aus, während er seinen Zorn sich anstauen lässt. Wenn Gott dann schließlich auf den Plan tritt, um unsere Widerspenstigkeit zu bestrafen, haben wir keine Entschuldigung mehr und bekommen stets genau das, was wir verdienen. Wie auch immer dieses Gericht aussehen mag, Gott ist vollkommen berechtigt, jeden Teil seiner Schöpfung zu bestrafen, der ihm in einer derart offenen Rebellion entgegentritt.

Der Apostel Paulus beschreibt diesen Prozess detailliert in Römer 1,18 ff. Aber selbst dann, wenn Gott sich zurückzieht, um seine göttliche Gerechtigkeit walten zu lassen, ist er immer noch geduldig – er wartet auf die Menschen, die bereit sind, sich ihm wieder zuzuwenden. Zudem bewahrt er mitten im Gericht immer einen gerechten „Überrest“ und er denkt immer an seine Gnade und schenkt einen Neuanfang.

Wir können beobachten, wie sich diese Prinzipien göttlicher Gerechtigkeit in der biblischen Geschichte ständig wiederholen. So kündigte Gott beispielsweise Abraham an, dass die Kinder Israels in der Sklaverei Ägyptens bleiben müssten, „denn die Missetat der Amoriter ist noch nicht voll“ (siehe 1. Mose 15,13–16 L). Das bedeutete einen Aufschub der Befreiung Israels aus den Händen der strengen Aufseher Pharaos, bis die Verdorbenheit der Völker im Land Kanaan ein solches Maß erreicht hatte, dass Gott endlich bereit war, sie zu bestrafen. Hinzu kommt noch, dass der Exodus selbst ein Musterbeispiel für einen geduldigen Gott ist, der deutliche und rechtzeitige Warnungen vor jeder Plage gab, die Ägypten befallen würde. Und Gott ließ dem Pharao Gerechtigkeit widerfahren, und zwar auf der Grundlage der widerspenstigen Reaktionen dieses ägyptischen Herrschers.

Wir können in der Bibel viele weitere Beispiele finden, an denen sich Gottes Gerechtigkeit ganz praktisch zeigt, doch das deutlichste ist die Geschichte von Noah und der Sintflut. Sie folgt einem spezifischen Muster: der unumkehrbare moralische Verfall der Menschheit zieht göttliche Warnungen, Geduld und Gericht nach sich. Diese Geschichte verlangt eine nähere Betrachtung, denn Jesus selbst hat erklärt, dass sich dieses Muster am Ende der Zeit wiederholen wird. Bei der Untersuchung der Fluterzählung werden wir feststellen, dass sie den Schlüssel zum Verständnis von Gottes wahrem Endzeitplan für unsere heutige Zeit enthält.

Es ist nur natürlich, unsere Betrachtung mit ein paar grundlegenden Fragen zu beginnen. Sie stellen den Rahmen für die folgenden Kapitel dar und lauten folgendermaßen:

1. Hat sich die Sintflut tatsächlich ereignet?
2. Was genau ist bei der Sintflut passiert?
3. Warum kam es zu der großen Flut?
4. Warum können wir davon ausgehen, dass sich ein ähnliches Strafgericht wiederholen wird?

2

BEWEISE FÜR DIE SINTFLUT

„Die Entdeckung der Arche Noah würde den bedeutendsten archäologischen Fund der Menschheitsgeschichte darstellen, das wichtigste Ereignis seit der Auferstehung Christi, und es würde alle Ausprägungen wissenschaftlichen Denkens verändern."
Dr. Melville Bell Grosvenor,
ehemaliger Präsident der National Geographic Society[1]

„Und die Arche ließ sich auf dem Gebirge Ararat nieder …"
1. Mose 8,4 S

Die Suche nach der Arche

Hat sich die Sintflut, die im 1. Buch Mose beschrieben wird, tatsächlich ereignet? Der einfachste Beweis für die Sintflut bestünde darin, die Arche Noah zu finden. Wenn wir einen Mann auf den Mond schicken können, sollten wir doch auch in der Lage sein, die Arche hier auf Erden zu entdecken. Derartige Suchexpeditionen haben viele Menschen im Verlauf der Jahrhunderte in ihren Bann gezogen, einschließlich eines Mannes, der tatsächlich seinen Fuß auf den Mond gesetzt hat. Der amerikanische Astronaut James Irwin betrat Anfang der 1970er-Jahre die Mondoberfläche und nahm später an zwei Expeditionen teil, um die Arche Noah auf dem Berg Ararat zu finden, ihrer überlieferten Ruhestätte. Bei seiner ersten Bergbesteigung 1982 erreichte er zwar den Gipfel in über 5000 Metern Höhe, zog sich jedoch bei einem Sturz auf dem Gletscher schwere Verletzungen zu, sodass man ihn auf dem Rücken eines Pferdes wieder hinunter transportierte. „Ein Mondspaziergang ist einfacher", scherzte er später.[2]

Tatsächlich hat sich die Arche Noah als schwer erreichbarer Schatz erwiesen. Bisher hat man keinen definitiven Beweis ihrer Existenz gefunden. Doch es gab genügend Sichtungen eines großen hölzernen Schiffes hoch oben auf dem Berg Ararat, um die Suche weiter zu befeuern. So entdeckte beispielsweise James Bryce, ein angesehener Oxford-Professor, der als britischer Botschafter in Washington diente, oberhalb der Baumgrenze auf dem Berg Ararat 1876 eine handbehauene Holzplatte. Er stellte die Vermutung an, dass sie zur Arche gehörte – eine Behauptung, die immer noch als seriös gilt.[3]

Während des Zweiten Weltkriegs war ein amerikanischer Soldat namens Ed Davis in der Nähe des Berges Ararat stationiert. Ein ortsansässiger Dorfbewohner führte ihn bei nebligem Wetter auf einer dreitägigen Wanderung über geschwungene Bergpfade und steile Wanderwege. Dabei zeigte er ihm ein großes Boot aus Holzbalken, das aus der Eiskappe des Berges herausragte. In seinem Innern gab es mehrere Stockwerke, Räume und Käfige für Tiere.[4]

Im Jahr 1970 behauptete der Armenier Georgie Hagopian Folgendes: Als er noch ein kleiner Junge war, habe ihn sein Onkel zweimal auf den Berg Ararat mitgenommen, um die Arche Noah zu besichtigen, irgendwann in den Jahren 1908 bis 1910. Hagopian erklärte sogar, er sei auf die Arche geklettert und auf ihrem Dach herumgelaufen. Seine Beschreibung des Schiffes und des umliegenden Terrains passte ziemlich genau zu den Angaben von Ed Davis.[5]

Die Suche nach der Arche Noah wurde in den letzten Jahrzehnten fortgesetzt, wobei einige der neueren Expeditionen sensationelle Schlagzeilen machten. Zweifellos hat die Glaubwürdigkeit derjenigen, die ernsthaft nach der Arche suchen, durch gewisse Falschmeldungen und fabrizierte Beweise ihrer Existenz Schaden genommen.[6] Allerdings gab 2015 ein von Dr. Norman Geisler vom Southern Evangelical Seminary und dem Arche-Forscher Philip Williams geleitetes Team bekannt, dass sie die Überreste eines massiven Holzbootes entdeckt hätten. Es war unter Vulkangestein und Eis in zirka 4000 Meter Höhe auf dem Berg Ararat begraben und verfügte über mehrere Stockwerke und Kammern – genau wie es so viele andere Augenzeugen beschrieben hatten.[7] Die Holzüberreste ließen sich auf die Zeit Noahs datieren, sagte Geisler gegenüber Fox News.[8]

Ob sich diese neusten Behauptungen als wahr erweisen, sei dahingestellt; es hat jedenfalls schon viel zu viele Sichtungen eines großen Holzschiffs im eisigen Griff eines Gletschers gegeben, um sie ignorieren zu können. Dazu gehören zahlreiche Beobachtungen aus der Luft, von Piloten, die den Ararat überflogen.[9] Zusätzlich dazu gibt es viele Augenzeugenberichte von Kurden, Armeniern und anderen Dorfbewohnern aus der Umgebung, die zu Fuß unterwegs waren. Dazu gehört auch die Meldung eines einheimischen Bauern aus dem Jahr 1948, über die die Associated Press berichtete.[10] Unterdessen zeigen kommerzielle Satellitenbilder neueren Datums etwas, das wie ein großes hölzernes Schiff in einem Eisfeld auf dem Ararat aussieht.[11]

Selbst das Magazin „National Geographic“ räumt ein, dass sich etwas sehr Interessantes in einer bestimmten Schlucht hoch auf dem Berg Ararat befinde, auch wenn man noch nichts definitiv bestätigen könne:

„Berichte über Sichtungen der Arche kommen häufig vor. Augenzeugen haben eine alte Holzstruktur beschrieben, die aus dem Schnee und Eis in der Nähe des Gipfels des Ararat herausragt …
… Unzählige Bergsteiger haben den Berg erklommen, konnten jedoch nicht nachweisen, um was für ein Objekt es sich handelt.
1997 veröffentliche die US-Regierung Bilder ihrer Luftwaffen aus dem Jahr 1949. Manche glaubten, dass sie eine vom Eis bedeckte Struktur auf dem Berg Ararat zeigten. Berichten zufolge hatte man diese Fotos in einer Regierungsakte mit dem Titel ‚Ararat Anomalie' verwahrt."[12]

Auch künftige Expeditionen werden weiterhin mit Hindernissen zu kämpfen haben. Der Berg Ararat ist ab einer Höhe von 400 Metern ganzjährig mit Schnee und Eis bedeckt. Bewegliches Treibeis kann jede erdenkliche Holzstruktur entweder unter sich begraben oder sie wegschwemmen. Erdbeben kommen in dieser Region ebenfalls häufig vor. Und die türkischen Behörden können wenig entgegenkommend sein, da sich der Großteil des Berges in einem militärischen Sperrgebiet nahe der Grenze zu Armenien und dem Iran befindet. Jegliches Beweismaterial muss zudem fundiert genug sein, um die Skepsis zu überwinden, die durch die „Fehlalarme" der jüngeren Vergangenheit entstanden ist. Doch zweifellos wird es weitere besorgte Bergsteiger geben, die jedes Jahr darauf hoffen, den Ararat in den wärmeren Monaten besteigen zu können, um die Suche nach der Arche Noah fortzusetzen. Sollte die Arche gefunden werden, wird dieses antike Relikt zum zweiten Mal auf der Bühne der Weltgeschichte erscheinen – und zwar nicht nur, um ein wichtiges Ereignis der Vergangenheit zu bestätigen, sondern auch, um erneut als Warnung zu dienen, dass die Völker dieser Erde am Ende gerichtet werden.[13]

Unterdessen gibt es eine Fülle von Beweismaterial für die Flut selbst, dem wir uns nun zuwenden wollen.

Die biblische Sintflut

Das Plädoyer für die Historizität einer weltweiten Überschwemmung, die die alte Welt auslöschte, beginnt mit der Bibel selbst. Der endgültige Beweis, dass die Bibel als historisches Dokument unzuverlässig sei, ist noch nicht erbracht worden; auch wenn es schon viele ernsthafte Bemühungen gegeben hat, den Wahrheitsgehalt der Bibel zu entkräften. Vielmehr neigt die bisherige archäologische Forschung dazu, verschiedene biblische Berichte zu bestätigen. Dabei konzentrieren sich damit zusammenhängende Kontroversen hauptsächlich auf die korrekte Datierung der Ereignisse. Sowohl das Alte als auch das Neue Testament stellen die Sintflut konsequent als ein reales Ereignis dar. Christen können an der Tatsache einer weltweiten Flut gar nicht zweifeln, da Jesus selbst davon ausging, dass sie sich wirklich ereignet hatte. Dasselbe gilt für den Apostel Petrus und den Verfasser des Hebräerbriefs. Sowohl in den hebräischen als auch in den christlichen Heiligen Schriften wird uns die Flutgeschichte durchgängig als ein reales, historisches Unglück präsentiert, das die gesamte Welt betraf. Darüber hinaus gibt es viele ähnliche Erzählungen in der Geschichtsschreibung und im Kollektivgedächtnis zahlreicher anderer Völker, die den Bericht aus dem 1. Buch Mose bestätigen.

Bestätigungen aus der Antike

Viele Geheimnisse der Antike sind in dem Feuer, das die legendäre Bibliothek im ägyptischen Alexandria vor zirka 2000 Jahre in Schutt und Asche legte, verbrannt. Heute beherbergen der Vatikan in Rom und das Britische Museum in London die größten Sammlungen von Büchern, Steintafeln, Schriftrollen, Kunstgegenständen und anderen seltenen Artefakten der Antike. 1872 wurde ein einfacher Mitarbeiter des Britischen Museums namens George Smith schlagartig dadurch berühmt, dass er eine assyrische Version einer Flutgeschichte von globalem Ausmaß entdeckte. Sie war dem Bericht im Buch Genesis sehr ähnlich. Das Gilgamesch-Epos, das in eine Tontafel eingraviert worden war, die man in Ninive (im heutigen Irak) ausgrub, erzählt folgende Legende: Die Schwächen der Menschen veranlassten die babylonischen Götter dazu, die Menschheit durch Wasser zu vernichten, doch ein einzelner Mann rettete einen Überrest aller Lebewesen. Als Smith die Bedeutung dessen bewusst wurde, was er da gerade entziffert hatte, rannte er Berichten zufolge vor Begeisterung im Kreis herum und riss sich die Kleider vom Leib. Seine Entdeckung katapultierte ihn sofort in das Rampenlicht der viktorianischen Ära, denn die Bibel wurde von der Wissenschaft attackiert. Es waren daher begeisternde Neuigkeiten, dass eine der ältesten biblischen Geschichten auf so dramatische Art und Weise bestätigt wurde.[14]

Mehr als ein Jahrhundert später machte ein anderer Kurator des Britischen Museums eine ähnlich atemberaubende Entdeckung auf einer weiteren Tafel, die mit Keilschrift beschrieben war. Irving Finkel entzifferte 2009 ein babylonisches Artefakt, das gewissermaßen die Bauanleitung für eine riesige Arche enthielt. Ihr Sinn und Zweck bestand darin, Menschen und Tiere zu retten. Diese Tafel stammt aus der Zeit um 1900 v. Chr. Ihre Inschrift forderte eine dem biblischen Noah ähnliche Person dazu auf, ein großes rundes Schiff mit mehreren Stockwerken und Abdichtungen an der Innen- und Außenseite zu bauen. Finkel fand auch heraus, dass der Text von „wilden Tieren … jeweils zwei, in Zweiergruppen" sprach. Das war ein seltener Ausdruck in der akkadischen Sprache. Sein Gebrauch gilt als nachdrückliche Bestätigung der Flutgeschichte aus dem Buch Genesis.[15]

Es gibt mindestens neun derartige mesopotamische Berichte über die Flut, während man Hunderte vergleichbarer Flutlegenden auf der ganzen Welt finden kann. Sie stammen von so unterschiedlichen Völkern und Orten wie den Massai aus Kenia, den Azteken aus Mexiko, den Maori aus Neuseeland und den Inkas aus Peru.[16] In seinem Buch „Moons, Myths and Man" (Monde, Mythen und der Mensch) schätzte der Forscher H.S. Bellamy, dass es auf der ganzen Welt über 500 solche Flutlegenden gibt.[17] Unterdessen untersuchte James Perloff über 200 Flutgeschichten und fand Folgendes heraus: 95 Prozent erwähnten eine weltweite Überschwemmung, in 70 Prozent dieser Legenden kamen Menschen vor, die in einem Boot gerettet wurden, und in 57 Prozent fanden die Überlebenden Zuflucht auf einem Berggipfel.[18]

In einer weiteren Studie, die 35 Flutlegenden aus der ganzen Welt untersuchte, fand man heraus, dass in allen 35 die Welt durch eine massive Flut zerstört wurde, die die Gipfel der Berge bedeckte, und dass die Menschheit durch eine Familie gerettet wurde – üblicherweise durch einen Mann, seine drei Söhne und ihre Ehefrauen. 32 dieser Berichte schreiben diese Rettung einem großen Boot zu.[19] Ein weiteres Element, das diese Geschichten aus weit entfernten Gegenden miteinander verbindet, ist die Tatsache, dass man Vögel fliegen ließ, um festzustellen, ob das Wasser zurückgegangen war. Diese Übereinstimmung deutet darauf hin, dass die Geschichten alle dasselbe Ereignis beschreiben, während die mündliche Weitergabe im Laufe der Zeit einige Details verändert hat.[20]

Der chinesische Klassiker „Hihking" erzählt die Geschichte eines Mannes und seiner Familie (bestehend aus seiner Frau, drei Söhnen und drei Töchtern), die auf einem Boot vor einer großen Flut verschont wurden. Diese Flut bedeckte das ganze Land. Die Chinesen betrachten diesen Mann als den Urvater ihrer Zivilisation; und seine Familie bevölkerte die ganze Welt von Neuem. Elemente dieser Geschichte sind sogar in den altertümlichen Bildzeichen enthalten, die später zur chinesischen Sprache wurden.[21] So besteht beispielsweise das chinesische Piktogramm für „Boot" aus den Zeichen für einen Behälter, einen Mund und die Acht, d. h. ein Wasserfahrzeug, das acht Menschen betreten können.[22]

Doch die wichtigsten Flutlegenden stammen aus dem antiken Nahen Osten, da ihre Details so ähnlich sind und ihre Protagonisten dasselbe einzigartige Weltbild hatten wie die semitischen Stämme der Hebräer. Von diesen mesopotamischen Berichten ist und bleibt das *Gilgamesch-Epos* der wichtigste. Es weist so viele Ähnlichkeiten mit dem Buch Genesis auf, dass beide zweifellos dasselbe Ereignis behandeln.

In diesem Epos trifft der Erzähler (Gilgamesch) auf einen alten Mann (Utnapischtim), der ihm berichtet, wie ihn die Götter einst vor einer kommenden Flut warnten. Er wurde angewiesen, ein großes, mit Pech abgedichtetes Schiff zu bauen und männliche und weibliche Tiere aller Art an Bord zu nehmen, ebenso seine Frau und seine Familie. Als das Schiff fertig war, regnete es sechs Tage und Nächte lang heftig. Das Schiff ließ sich schließlich auf einem Berggipfel nieder. Utnapischtim wartete sieben Tage, bis er eine Taube fliegen ließ, die bald zu ihm zurückkehrte. Dann ließ er eine Schwalbe und schließlich einen Raben frei, der nicht wieder zu ihm zurückkam, weil der Erdboden getrocknet war.[23]

Bemerkenswerterweise teilen sowohl das Buch Genesis als auch das *Gilgamesch-Epos* die Welt in drei Ebenen ein: den Himmel, die Erde und die Unterwelt. Diese dreigliedrige Kosmologie durchzieht tatsächlich das Alte Testament genauso wie das Neue (siehe beispielsweise 2. Mose 20,4; Philipper 2,10; Offenbarung 5,13). Laut dem *Gilgamesch-Epos* regnete es nicht nur aus dem Himmel, sondern der Held warnte auch davor, dass die Wasser aus dem

Abgrund (oder der Unterwelt) schon bald die Erde überfluten würden. Das entspricht der biblischen Version, die in 1. Mose 7,11 berichtet, dass die Fluten aus den „Quellen der großen Tiefe“ kamen und aus den „Fenstern des Himmels“.[24]

Doch immer noch stellt sich uns die bohrende Frage: Welche Geschichte war die ursprüngliche – die babylonische oder die hebräische Version? Und ist die eine nur ein Plagiat der anderen? Manche Bibelkritiker behaupten, der biblische Autor habe einfach das *Gilgamesch-Epos* und weitere Flutgeschichten herangezogen, ein paar Namen und Details verändert und so eine Fabel verbreitet. Die traditionelle Auffassung unter Bibelwissenschaftlern besagt, das 1. Buch Mose sei, wie die anderen vier Bücher Mose auch, vom Patriarchen Mose selbst verfasst worden. Dabei habe Gott den Autor inspiriert. In den letzten Jahrhunderten haben Vertreter der historisch-kritischen Methode jedoch eine alternative Theorie entwickelt. Demnach hätten spätere Verfasser diese Bücher aus verschiedenen und einander widersprechenden Quellen zusammengeschrieben. Diese Theorie wird die „dokumentarische Hypothese“ genannt.[25] Doch die moderne Wissenschaft kehrt gerade zur traditionellen Ansicht zurück.[26]

Ein Hauptgrund, die Genesis-Erzählung der Flut als einzigartigen und originären Bericht nur eines Verfassers zu betrachten, liegt in der Tatsache, dass man vor Kurzem die Literaturkritik und Formgeschichte in die biblische Forschung integriert hat. Unter diesem Blickwinkel ist die Geschichte so genial aufgebaut, dass eine Verbindung zu außerbiblischen Quellen absolut undenkbar erscheint. Der Genesis-Forscher Gordon Wenham verweist beispielsweise auf die komplexe poetische Form des Chiasmus, die im hebräischen Ursprungstext verwendet wird. Die Chiasmus-Poesie bedient sich eines literarischen Spiegeleffekts, indem sie die Handlung in der Mitte der Geschichte ihren Höhepunkt erreichen lässt. Dort wird die Hauptaussage des Textes hervorgehoben, nur um sich dann in der zweiten Hälfte wieder abwärts zu bewegen, in einer spiegelbildlichen Umkehrung der ersten Hälfte.[27] Daher ist die Ansicht, dass die Flutgeschichte aus dem Buch Genesis nur ein Nebenprodukt der mesopotamischen Fassungen sein könnte, mittlerweile gründlich diskreditiert worden, auch wenn es derart verblüffende Übereinstimmungen gibt.[28]

Ich persönlich glaube, dass Mose einzigartigen Zugang zu Informationen über vergangene Ereignisse erhielt, einschließlich der Schöpfung und der Sintflut, und diese unter göttlicher Anleitung niederschrieb. In 2. Mose 33,7–11 erfahren wir, dass Mose das Zelt der Begegnung aufstellte, in einiger Entfernung vom Lager der Israeliten am Berg Sinai, und dort seine Zeit damit verbrachte, allein mit Gott zu sprechen *„von Angesicht zu Angesicht, wie ein Mann mit seinem Freunde redet"* (Vers 11 L). Am Ende dieses Kapitels erhält Mose zudem die ehrfurchtgebietende Möglichkeit, die „Güte" Gottes an sich vorübergehen zu sehen, während er selbst in einer Felsspalte verborgen bleibt (siehe 2. Mose 33,19–22). In Vers 23 heißt es, Gott habe Mose erlaubt, ihn „von hinten" zu sehen, wobei das hebräische Wort *achowr* gebracht wird; es kann „rückwärts" oder „zurück in die Vergangenheit" bedeuten.[29]

Das Fazit lautet daher: Der Flutbericht aus dem Buch Genesis steht auf eigenen Füßen, und zwar als einzigartige und akkurate Beschreibung eines tatsächlichen Ereignisses. Diese Erzählung wird durch Hunderte ähnlicher Geschichten aus der damaligen Zeit bestätigt, die erstaunliche Parallelen zum biblischen Bericht aufweisen. Die Tatsache, dass man diese anderen Legenden auf der ganzen Welt finden kann, bekräftigt, dass die Sintflut tatsächlich die ganze Welt betraf. Sie ist so vielen verschiedenen Völkern bekannt, da wir alle von der Familie Noahs abstammen.

Allerdings ziehen Geologen, die sich mit der Erdkruste beschäftigen, in unserer heutigen Zeit diese Vorstellung von einer weltweiten Flut vor zirka 4350 Jahren immer mehr in Zweifel.

Geologische Beweise

Der springende Punkt in der wissenschaftlichen Kritik am biblischen Flutbericht sind die sedimentären Gesteinsschichten unserer Erde. Wurden sie durch eine Überschwemmung globalen Ausmaßes vor weniger als fünf Jahrtausenden schnell umgestaltet? Oder veränderten sie sich durch einen langsamen Wandel, der Äonen dauerte, beispielsweise durch kollidierende tektonische Platten, die Eiszeit und andere Kräfte?

Wie die meisten Fachbereiche der modernen Wissenschaft nahm auch die Geologie mit Christen, die an die Bibel glaubten, ihren Anfang. Doch als Geologen die Erdschichten untersuchten und Methoden entwickelten, um das Alter verschiedener Gesteinsschichten zu bestimmen, kamen sie zu dem Schluss, die Erde sei viel älter als 6000 Jahre. Diese Zahl entspricht der wörtlichen Auslegung der Bibel. Angesichts dieser Kritik schreiben Wissenschaftler, die an die Schöpfung glauben, viele der großen Veränderungen in der geologischen Beschaffenheit der Erde der biblischen Flut zu. In der Folge streiten sich Evolutionisten und Kreationisten über fast alles, was im Erdreich entdeckt wird.

So hat man beispielsweise fossile Überreste von Fischen, Weichtieren und anderen Meeresbewohnern hoch oben auf den Gipfeln jeder Gebirgskette dieser Erde gefunden – selbst auf dem Himalaya-Gebirge! Das schließt ganze Walskelette und sogar Walherden mit ein.[30] Die Evolutionisten behaupten, diese Funde bewiesen, dass diese Gebiete einst unter dem Meeresspiegel lagen und im Laufe von Millionen von Jahren durch miteinander kollidierende tektonische Platten nach oben gedrückt wurden. Doch Kreationisten sehen diese Überbleibsel als Beweis dafür, dass der gesamte Planet, einschließlich seiner Berggipfel, früher einmal vom Flutwasser bedeckt war, genau wie es das Buch Genesis beschreibt. Sie argumentieren auch, dass die Versteinerung nur eintreten könne, wenn der betreffende Organismus schnell begraben wird, sodass seine Überreste vor Aasfressern oder der Zersetzung bewahrt bleiben. Daher ist der Fossilbericht der Beweis für eine einzige verheerende Flut im Gegensatz zu Veränderungen im Laufe von Millionen von Jahren – denn Fossilien bilden sich normalerweise nicht am Meeresboden.[31]

Im biblischen Bericht heißt es, dass *„alle Quellen der großen Tiefe“* (1. Mose 7,11 E) aufbrachen und Wasser aus dem Inneren der Erde in einem konstanten Schwall hervorschoss *„150 Tage lang“* (Vers 24 E). Dies könnte einen Großteil der schnellen Umgestaltung erklären, die sich in der geologischen Landschaft unseres Planeten ereignete. Zusätzlich dazu öffneten sich auch die *„Schleusen des Himmels“* (Vers 11 Hfa) und ließen 40 Tage und 40 Nächte lang weltweit Regenfluten niedergehen (siehe 1. Mose 7,11–12). Das alles hätte dazu geführt, dass Milliarden von toten Pflanzen und Tieren in Gesteinsschichten auf der ganzen Welt begraben und versteinert wurden – und genauso geschah es.[32]

In der jüngeren Vergangenheit haben Meeresarchäologen, die am Schwarzen Meer forschten, das wissenschaftliche Interesse an der Sintflut wieder neu belebt. Im Jahr 1993 setzten die Meereskundler Bill Ryan und Walter Pitman von der Columbia University Unterwasserschallgeräte ein, um den Meeresboden des Schwarzen Meeres zu untersuchen. Und sie fanden Beweise für eine massive Flut. Auf dem Grund entdeckten sie uralte Flussbetten, Flussschluchten und Küstenstreifen. Die äußeren Enden des Meeres waren einst trockenes Land, was darauf schließen lässt, dass es früher nur zwei Drittel seiner heutigen Ausmaße hatte. Der gesamte Meeresboden bestand aus einer dünnen, homogenen Gesteinsschicht, die sich dort nur während einer großen Flut hätte ablagern können.[33]

In ihrem Buch „Noah's Flood" (Noahs Flut) stellten Ryan und Pitman eine Verbindung zwischen der Schwarzmeer-Flut und dem Ende der Eiszeit her. Damals begannen weit südlich gelegene Eisfelder in Mitteleuropa zu schmelzen, was zu einem Anstieg der Meeresspiegel führte. Die beiden Forscher gehen davon aus, dass vor etwas mehr als 7000 Jahren die ansteigenden Wasser des Atlantiks durch die Straße von Gibraltar das Mittelmeer quasi auffüllten und sich dann wie ein Springbrunnen kaskadenartig ins Schwarze Meer ergossen. Für die Bewohner der Region löste der Einbruch des Wassers eine katastrophale Flut mit biblischen Proportionen aus. Die Wassermassen entsprachen in ihrer Menge 200 Niagara-Fällen; ihr gewaltiges Rauschen hat man über Hunderte Kilometer weit hören können.[34]

Robert Ballard, der Meeresforscher, der das Wrack der Titanic entdeckte, war fasziniert von den Entdeckungen im Schwarzen Meer. Er setzte Unterwasser-Roboter ein, um die untergegangenen Flussbetten und die uralten Küstenstreifen zu untersuchen – ebenso wie Steine, Holz, Lehmhäuser und glänzende Werkzeuge unter dem Schwarzen Meer.[35]

Nach diesem Fund tauchten weitere Beweise für Überschwemmungen in der späten Eiszeit auf, an so weit voneinander entfernten Orten wie dem Flussbett des Columbia River, dem Ärmelkanal und in einer tiefen Schlucht in China.[36] In seinem neuen Buch „The Rocks Don't Lie" (Die Steine lügen nicht) erforschte der Geologe David Montgomery einige dieser Orte, die vor zirka 5000 Jahren von katastrophalen Überflutungen heimgesucht wurden.[37] Er gelangte jedoch zu dem Schluss, dass es auf der Erde nicht genug Wasservorkommen geben würde, um die höchsten Berge mit Wasser zu bedecken, wie es die Bibel berichtet.[38]

Doch wie sich mittlerweile herausgestellt hat, gibt es genügend Wasser auf dieser Erde, um die Berge zu überfluten. Im Jahr 2014 entdeckten Wissenschaftler ein riesiges Wasserreservoir, das in großer Tiefe unter der Oberfläche unseres Planeten eingeschlossen ist. Es enthält so viel Wasser, dass es unsere Ozeane dreimal wieder auffüllen könnte. In einer Tiefe von über 550 Kilometern unter der Erde ist dieses Reservoir von einem blauen Mineral umschlossen, das Ringwoodit heißt. Es liegt in der Übergangszone heißen Gesteins zwischen der Erdoberfläche und dem Erdkern. Der Geophysiker Steven Jacobsen zieht daraus den Schluss, dass das Wasser der Erdoberfläche eigentlich aus Regionen tief unter dem Erdboden kam.[39] Sein Expertenteam erklärte zudem im Wissenschaftsmagazin „Science", dieses riesige Wasserreservoir sei durch unterirdische Spalten in den tektonischen Platten mit den oberirdischen Gewässern verbunden.[40] Jacobsen fügte noch hinzu: „Wäre das Wasserreservoir nicht dort unten, würde es sich auf der Erdoberfläche befinden – dann würden die Berggipfel als einziges Land herausragen."[41]

Es gibt also nicht nur genügend Wasser in der Erde, um eine weltweite Flut auszulösen, die die Berggipfel bedecken würde – diese Wassermassen würden wahrscheinlich auch viele Narben und andere Spuren auf der geologischen Oberfläche hinterlassen, sollten sie in dieser Fülle hervorbrechen und dann wieder sehr schnell abebben, wie die Bibel es berichtet. Die geologische Forschung weist auf derart massive weltweite Überschwemmungen vor zirka 5000 Jahren hin. Um es noch einmal zu sagen: Der biblische Bericht über eine globale Flut ist nach wie vor nicht widerlegt worden, trotz aller wissenschaftlicher Versuche, ihn zu diskreditieren.[42]

Interessanterweise passierte dies alles ungefähr zu der Zeit, als die Menschen plötzlich von Jägern und Sammlern zu Bauern und Viehhirten wurden – am Anfang der Zivilisation. Diese Tatsache führt uns zum nächsten Beweis für die Sintflut: die Verbreitung von Sprachen und Völkern in der Ära nach der Flut.

Zerstreuung von Völkern und Sprachen

Die Forschung nach dem Ursprung der Sprachen ist ein weiteres Feld der Wissenschaft, das die Sintflut bestätigt. Die beiden Professoren der Columbia University, die die Überschwemmung des Schwarzen Meeres entdeckt hatten, folgten der anerkannten Theorie, dass vor zirka 4400 Jahren (ungefähr zur Zeit der Sintflut) plötzlich mehrere neue Völker an so weit voneinander entfernten Orten wie Ägypten, dem Himalaya-Gebirge und Frankreich erschienen. Viele von ihnen sprachen Dialekte, die von der indoeuropäischen Muttersprache abgeleitet waren, von der man mittlerweile annimmt, dass sie in der Region des Schwarzen Meeres entstanden ist. Daher behaupten Ryan und Pitman, dass ihre Schwarzmeer-Flut zur Zerstreuung dieser ersten Bauern in alle Himmelsrichtungen geführt haben könnte, die ihre Zivilisation natürlich mitnahmen.[43]

Ian Wilson untersuchte die Forschungsergebnisse von Ryan und Pitman und eine Fülle weiteren Beweismaterials für eine katastrophale Flut vor rund 5000 Jahren. Daraufhin schrieb er sein Buch „Before the Flood“ (Vor der Flut), in dem er schlussfolgerte, dass die Zivilisation statt in Mesopotamien oder Ägypten ihren Anfang im Norden der Türkei nahm, um von dort nach einer großen Flut zerstreut zu werden, so wie es die Bibel beschreibt.[44]

Genesis Kapitel 11 berichtet über den Turmbau zu Babel, die Verwirrung der Sprachen und über die Zerstreuung der Nachkommen Noahs. Nach der Flut verließen Noah und seine Familie den Berg Ararat und zogen in die Region des Schwarzen Meeres, wo sie Getreide anbauen und Viehherden halten konnten. Schließlich gab es 70 „Söhne Noahs“, d. h. 70 Urenkel des Patriarchen. Sie verfügten immer noch über „eine Sprache“ und zogen in das Land Schinar (Irak). Dort bauten sie einen großen Turm, „um sich einen Namen zu machen“. Da dieses Vorhaben Gott missfiel, verwirrte er ihre Sprachen und zerstreute sie über die ganze Erde. Folglich stammen alle Völker von den Söhnen Noahs ab.

Bemerkenswerterweise sind sich mittlerweile Linguisten, Archäologen und Anthropologen, von denen viele keine Freunde der Bibel sind, alle über Folgendes einig: Vor zirka 4000 Jahren entstand die Sprachfamilie der indoeuropäischen Sprachen am Schwarzen Meer, breitete sich nach Mesopotamien aus, erreichte dann die gesamte Landmasse Eurasiens und brachte die Zivilisation mit. Eine größere Übereinstimmung mit dem Buch Genesis ist kaum vorstellbar.

Hinzu kommt noch, dass Genesis, Kapitel 10 die drei Söhne Noahs, seine 16 Enkel und 70 Urenkel, von denen alle Völker abstammen, namentlich benennt. Diese namentlich genannten Einzelpersonen und ihre Genealogien finden sich in zahlreichen säkularen Historien wieder, die beweisen, dass Noahs Söhne und ihre Nachkommen reale historische Persönlichkeiten waren. Ihre Namen wurden unauslöschlich in der Geschichte des Altertums verewigt.[45]

Zum Abschluss lässt sich sagen, dass der Beweis einer weltweiten Flut, wie sie im Buch Genesis beschrieben wird, hieb- und stichfest geblieben ist, trotz unnachgiebiger Angriffe von Wissenschaftlern und Bibelkritikern. Die Arche wartet immer noch darauf, entdeckt zu werden – vereist und versteinert, hoch oben auf dem Gipfel des Ararat. Die Sintflut war ein globales Ereignis, über das auf der ganzen Welt gesprochen wurde; der geologische Befund der Erde enthält verdächtige Hinweise auf eine weltweite Überschwemmung im passenden Zeitfenster, wobei ein massives Reservoir möglicher Flutwasser tief unter der Erdoberfläche eingeschlossen ist. Schließlich lassen sich die Verbreitung der Sprachen und Völker sowie der Anfang unserer Zivilisation alle zurückdatieren auf den Zeitpunkt, als die Überlebenden der Sintflut erneut die ganze Erde bevölkerten, wie die Bibel es uns berichtet.

Mit diesem Hintergrundwissen können wir uns nun vertrauensvoll der Bibel zuwenden, um herauszufinden, was sich in diesen verhängnisvollen Tagen zur Zeit Noahs ereignet hat.

3

DER GRUND FÜR DIE ÜBERFLUTUNG

„Einen ersten Tag walzte der Sturm das Land nieder. Rasend brauste er einher. Dann aber brachte der Ostwind die Sintflut."
Gilgamesch-Epos[1]

„Willst du dem Pfad der Vorzeit folgen, den die Männer des Unheils betraten, die gepackt wurden vor der Zeit – ein Strom hat ihr Fundament weggerissen ...?"
Hiob 22,15–16

Was genau geschah in der Sintflut? Und, noch wichtiger, warum ereignete sie sich? Warum beschloss Gott, alle Lebewesen, außer einer kleinen Gruppe von Menschen und Tieren, auszulöschen?

In seinen „Annalen des Alten Testaments, hergeleitet von den frühesten Anfängen der Welt", die erstmals 1650 veröffentlicht wurden, datiert der anglikanische Erzbischof James Ussher die Sintflut auf das Jahr 2348 v. Chr. Diese Zeitbestimmung gilt heute immer noch als ziemlich exakt. Genesis, Kapitel

6–9 erzählt die Flutgeschichte in chronologischer Reihenfolge. Andere Passagen der Bibel, wie beispielsweise Matthäus 24, Lukas 17, Römer 1, Hebräer 11, die beiden Petrusbriefe und der Judasbrief, geben uns ebenfalls Einblicke in die Zeit Noahs. Das Erste, was wir in Genesis, Kapitel 6 zur Kenntnis nehmen müssen, ist die Tatsache, dass die Menschheit sich immer mehr von ihrem Schöpfer entfernte. Der Fokus der Flutgeschichte liegt nicht so sehr auf den Details des tatsächlichen Geschehens, sondern vielmehr auf dem moralischen Verfall der Menschheit – und darauf, dass dieser Verfall das Herz Gottes zutiefst betrübte. Es ist hilfreich zu wissen, wie die Naturgewalten an diesem Ereignis beteiligt waren, doch die wichtigeren Lektionen betreffen die Frage, warum es zur Sintflut kam:

> *„Und es geschah, als die Menschen begannen, sich zu vermehren auf der Fläche des Erdbodens, und ihnen Töchter geboren wurden, da sahen die Söhne Gottes die Töchter der Menschen, dass sie gut waren, und sie nahmen sich von ihnen allen zu Frauen, welche sie wollten. Da sprach der HERR: Mein Geist soll nicht ewig im Menschen bleiben, da er ja auch Fleisch ist. Seine Tage sollen 120 Jahre betragen. In jenen Tagen waren die Riesen auf der Erde, und auch danach, als die Söhne Gottes zu den Töchtern der Menschen eingingen und sie ihnen Kinder gebaren. Das sind die Helden, die in der Vorzeit waren, die berühmten Männer. Und der HERR sah, dass die Bosheit des Menschen auf der Erde groß war und alles Sinnen der Gedanken seines Herzens nur böse den ganzen Tag. Und es reute den HERRN, dass er den Menschen auf der Erde gemacht hatte, und es bekümmerte ihn in sein Herz hinein. Und der HERR sprach: Ich will den Menschen, den ich geschaffen habe, von der Fläche des Erdbodens auslöschen, vom Menschen bis zum Vieh, bis zu den kriechenden Tieren und bis zu den Vögeln des Himmels; denn es reut mich, dass ich sie gemacht habe. Noah aber fand Gunst in den Augen des HERRN. Dies ist die Generationenfolge Noahs: Noah war ein gerechter Mann, untadelig war er unter seinen Zeitgenossen; Noah lebte mit Gott. Und Noah zeugte drei Söhne: Sem, Ham und Jafet. Die Erde aber war verdorben vor Gott, und die Erde war erfüllt mit Gewalttat. Und Gott sah die Erde, und siehe, sie war verdorben; denn alles Fleisch hatte seinen Weg verdorben auf Erden. Da sprach Gott zu Noah: Das Ende alles Fleisches ist*

vor mich gekommen; denn die Erde ist durch sie erfüllt von Gewalttat; und siehe, ich will sie verderben mit der Erde. Mache dir eine Arche aus Goferholz …"
(Genesis 6,1–14 E)

Manche Bibelwissenschaftler glauben, die ersten Zeilen der Flutgeschichte im Buch Genesis könnten die Kurzfassung eines viel längeren Berichts sein, da die Beschreibung so unvermittelt zwischen verschiedenen Szenen und Figuren hin und her springt. Tatsächlich ist der hebräische Urtext jedoch durch den poetischen Rhythmus des Chiasmus gekennzeichnet, den wir im vorhergehenden Kapitel erklärt haben.

Um einen einfachen und systematischen Umgang mit den Inhalten zu ermöglichen, werde ich die verschiedenen Sünden, die damals verübt wurden, herausarbeiten und sie in progressiver Reihenfolge, d. h. von schlimm zu noch schlimmer, anordnen. Dieser Prozess soll dazu dienen, herauszufinden, warum Gott die Menschheit schließlich aufgab.

Die jüdische Perspektive zum Absturz der Menschheit

Für Christen ist folgender Moment der biblischen Geschichte am schwierigsten zu erklären, als es Gott nämlich bereute, *„dass er den Menschen auf der Erde gemacht hatte"* (1. Mose 6,6 E). Offensichtlich war etwas schiefgelaufen mit der Stellung, die Gott dem Menschen auf dieser Erde zugewiesen hatte (siehe 1. Mose 2,7–25). Auch die jüdischen Weisen waren beunruhigt von dem Bedauern des Schöpfers über die Menschheit und von seiner Entscheidung, die Welt zu zerstören. Unentwegt suchten sie nach dem wahren Grund, der es rechtfertigen würde, dass Gott eine globale Flut über die Erde hereinbrechen ließ. Das rabbinische Judentum hat drei Hauptsünden identifiziert, welche die vorsintflutliche Welt plagten. Dabei handelte es sich um sogenannte Todsünden, d. h. es wäre besser zu sterben als gezwungen zu werden, eine von ihnen zu begehen! Es waren, in aufsteigender Reihenfolge ihrer Verdorbenheit, Götzendienst, Mord und sexuelle Unreinheit.[2]

Gemäß der Überlieferung des Talmudes erwähnt die Bibel das erste Mal, als die Menschheit dem Götzendienst, d. h. der Anbetung eines falschen Gottes, verfiel, nur andeutungsweise. In Genesis 4,26 heißt es, *„zu jener Zeit begannen die Menschen den Herrn anzubeten"* (NL), nachdem Seth Enosch gezeugt hatte. Die meisten Christen sehen darin eine positive Aussage, die bedeute, dass die Menschen anfingen, Gott zu suchen. Doch die Rabbiner geben ihr eine weniger ehrenwerte Bedeutung: Die Menschen fingen an, Gott Namen zu geben, und diese Bezeichnungen wurden allmählich zu den Namen anderer Götter.[3]

Nach dieser Ansicht kann das hebräische Wort für *„anfangen"* (*chalal*) in Genesis 4,26 auch „verschmutzen, schänden, entweihen oder entheiligen" heißen.[4] Dasselbe Wort erscheint auch in Genesis 6,1, am Anfang der Flutgeschichte, und in Genesis 10,8, bei der Vorstellung Nimrods, der den Turm zu Babel baute. Sowohl die Sintflut als auch der Turmbau zu Babel sind Erzählungen, die von einer Rebellion gegen Gott berichten. Folglich wurde Götzendienst als erster Schritt betrachtet, der abwärts führte, in den schwerwiegenden moralischen Verfall der Menschheit vor der Flut. Die Menschen fingen an, sich von ihrem Schöpfer abzuwenden und neue „Götter" zu suchen; ein derartiges Vorgehen führt immer zu noch schlimmeren Schwierigkeiten.

Die nächste Stufe in der Abwärtsspirale der Menschheit war ein Ansteigen der Mordrate. Zwei Morde waren bereits geschehen, wie uns die Bibel berichtet: Kain erschlug in einem Anfall von Neid seinen Bruder Abel (siehe Genesis 4,1–15) und Lamech, ein Nachkomme Kains, brachte einen anderen Mann um (siehe Genesis 4,23–24). In beiden Fällen scheinen die Angreifer gewisse Skrupel vor ihrem eigenen Verhalten gehegt zu haben, hauptsächlich aus Angst vor Vergeltungsmaßnahmen. Doch offensichtlich legten die Menschen diese Ängste schließlich ab und wurden im Umgang miteinander sehr gewalttätig; Furcht vor Rache oder Strafe schreckte sie nicht mehr ab. Sowohl in Vers 11 als auch in Vers 13 von Genesis 6 (E) heißt es, die Erde war *„erfüllt mit Gewalttat"*. Das hebräische Wort, das mit „Gewalttat" übersetzt wird, lautet „Hamas" und kann verschiedene Assoziationen hervorrufen. Sie alle beziehen sich auf etwas Gewissenloses.

Die „Midraschim" (rabbinische Kommentare) zu Genesis 6,13 definierten „Hamas" zunächst als Raub, doch diese Wortbedeutung wurde später erweitert und umfasste auch andere frevelhafte Verhaltensweisen. In der hebräischen

Bibel erweckte dieses Wort immer den Anschein großer Ungerechtigkeit, meistens in Form physischer Gewalt.[5] In Joel 4,19 bezieht sich das Wort „Hamas" auf das Vergießen unschuldigen Blutes. Psalm 11,5 (E) scheint jedoch zum Kern der Sache vorzudringen. Dort heißt es, die Seele des Herrn hasse *„den, der Gewalttat [Hamas] liebt"*. Ein Geist der Gesetzlosigkeit scheint damals die Erde durchdrungen zu haben. Die Gewalt wurde völlig grundlos ausgeübt; die Menschen genossen es einfach, anderen Schaden zuzufügen, und hegten keine Befürchtungen, jemals zur Rechenschaft gezogen zu werden. Sie hatten ihre Ehrfurcht vor Gott und ihren Respekt vor ihren Mitmenschen vollkommen verloren.

Damit nicht genug, die jüdischen Weisen betrachteten sexuelle Unmoral als die vorsintflutliche Sünde, die am schädlichsten war. Die Sexualität verlor ihre Heiligkeit und wurde sehr leichtfertig gehandhabt. Die „Midraschim" erklären, Noahs Zeitgenossen verfielen erst dem Gericht, als die Menschen anfingen, Lieder über ihre sexuellen Perversionen zu schreiben. Das bedeutete, diese Perversionen wurden nicht mehr diskret behandelt, sondern öffentlich zur Schau gestellt.[6]

Genesis 6 (E) drückt es folgendermaßen aus: *„Alles Sinnen der Gedanken seines [des Menschen] Herzens [war] nur böse den ganzen Tag"* (Vers 5) und *„alles Fleisch hatte seinen Weg verdorben auf Erden"* (Vers 12). Die Rabbiner erklärten, diese Kombination aus ungezügelter sexueller Unreinheit und willkürlicher Gewalt habe eine allumfassende Boshaftigkeit geschaffen, die gestoppt werden musste. Die Sündhaftigkeit der Menschen wurde immer schlimmer. Sie erfreuten sich daran und gelangten sogar zu der Überzeugung, ihr Tun sei rechtmäßig. Eine derartige ideologische Hingabe an das Böse bedeutete, dass sie zur Buße nicht mehr fähig waren. Diese Tatsache erfüllte Gott mit großer Traurigkeit, *„es bekümmerte ihn in sein Herz hinein"*(Genesis 6,6 E), denn er wusste, dass die Menschen ausgelöscht werden mussten.[7]

Daher sagte Gott zu Noah: *„Das Ende alles Fleisches ist vor mich gekommen ..."* (Genesis 6,13 E). In diesem Kontext wird für das „Ende" im Hebräischen nicht das übliche Wort *„sof"* verwendet, sondern „ketz". Es bezeichnet Pflanzenabfälle wie Dornen und tote Zweige, die nur noch dazu nützen, verbrannt zu werden. Die rabbinischen Kommentare verwenden oft Gleichnisse, in denen sie die vorsintflutliche Welt mit einem vertrockneten, fruchtlosen

Weinberg vergleichen, der einen radikalen Beschnitt benötigt. Um in dieser Allegorie zu bleiben: Auch wenn der Weingärtner einen Großteil des Weinberges entwurzeln und verbrennen musste, konnte er, wenn er noch ein paar wenige gesunde Weinstöcke fand, diese erhalten, um den gesamten Weinberg wiederzubeleben. Daher bestand der Sinn und Zweck der Flut nicht vorrangig in göttlicher Vergeltung an einer bösen Welt, sondern vielmehr in der Erneuerung der Erde durch einen gerechten Überrest. Dieses Prinzip ist die Grundlage des jüdischen Konzepts „tikkun olam", was bedeutet, die Welt zu erneuern oder wieder instand zu setzen. Es wurzelt in den göttlichen Geboten oder Gesetzen, die Noah unmittelbar nach der Flut empfing. Sie sollten verhindern, dass sich ein derartiger Zusammenbruch von Ethik und Moral, der die Flut ausgelöst hatte, je wiederholen würde.[8]

Laut dem *„Talmud"* gibt es sieben überlieferte noachidische Gebote. Sie verbieten Götzendienst, Gotteslästerung, Inzest (sexuelle Perversion), Mord, Diebstahl und den Genuss lebendigen Fleisches. Eine positive Handlungsaufforderung zur Errichtung von Zivilgerichten, die die Einhaltung dieser Gebote durchsetzen, gehört ebenfalls dazu. Diese moralischen Leitlinien geben uns einen weiteren Einblick in die Verfehlungen der Welt vor der Flut. Und das Judentum betont auch weiterhin das Konzept des *„tikkun olam"* – mit dem Ziel, dass sich ein weiteres katastrophales Gerichtshandeln wie die Flut niemals wiederholen möge.[9]

Die Perspektive des Neuen Testaments

Die Hauptfiguren des Neuen Testaments verfolgen beim Thema Sintflut einen ähnlichen Ansatz wie die jüdischen Weisen. Diese Tatsache sollte uns nicht überraschen, da sie dieselben Schriften und dieselbe Theologie studierten. Jesus beispielsweise lehrte ähnliche Gleichnisse über den Weinberg des Herrn, das Beschneiden und Verbrennen toter Zweige und die Ernte am Ende der Zeit (siehe Matthäus 13,24–30; Lukas 13,6–8; Johannes 15,5–6). Doch er unterstrich auch die Selbstgefälligkeit und den Optimismus, die die *„Zeit Noahs"* kennzeichneten (siehe Matthäus 24,37–39; Lukas 17,26–27). Trotz der

Gewalt und des moralischen Bankrotts der damaligen Zeit waren die Menschen sorglos und völlig nichtsahnend, dass die Katastrophe kurz bevor stand.

Der Verfasser des Hebräerbriefs lobt den Glauben und Charakter Noahs, der inmitten einer bösen und perversen Generation gehorsam und aufrichtig war. Dadurch verurteilte er alle anderen zum göttlichen Gericht (siehe Hebräer 11,7). Das bedeutet also, wenn ein Mann demütig und ehrerbietig vor Gott leben konnte, selbst in einer jämmerlich verlorenen Welt, dann waren alle anderen dazu ebenfalls in der Lage. Gottes Anforderungen sind nicht zu hoch. Daher sprach der gerechte Noah den Rest der Menschheit quasi schuldig.

Doch es ist der Apostel Paulus, der den umfangreichsten neutestamentlichen Kommentar zum moralischen Verfall abgibt, der die vorsintflutliche Welt ihrem Untergang weihte. Seine Einsichten verlangen nach einer gründlichen Untersuchung.

Die paulinische Perspektive

In Römer, Kapitel 1 beginnt Paulus, den moralischen Verfall der alten Welt in sehr ähnlicher Art und Weise zu skizzieren wie die etablierten Rabbiner seiner Zeit. Da er bei dem anerkannten pharisäischen Lehrer Gamaliel studierte (siehe Apostelgeschichte 22,3), ist dieser Umstand nachvollziehbar. Genau wie diese Rabbiner hebt er Götzendienst als ersten Schritt auf der Abwärtsspirale hervor, gefolgt von Gewalt und Unmoral. Er endet mit einer langen Liste anderer widerwärtiger Verhaltensweisen. Doch Paulus betont gleichermaßen die Langmut Gottes zur Zeit Noahs. Auch später, in Kapitel 9, preist er die göttliche Geduld mit der rebellischen Menschheit: *„Da Gott seinen Zorn erzeigen und seine Macht kundtun wollte, hat er mit großer Geduld ertragen die Gefäße des Zorns, die zum Verderben bestimmt waren …* “(Römer 9,22 L).

Die Flutgeschichte erreicht nach Ansicht des Paulus einen entscheidenden Moment, als Gott zunächst das Gericht über die Menschheit ankündigt, dann jedoch etwas Merkwürdiges tut. Er entscheidet sich, 120 lange Jahre abzuwarten, bevor er es kommen lässt. Warum? Der gerechte Charakter Gottes verlangt es, die Menschheit auf eine bestimmte Art und Weise zu richten. Zunächst überlässt er die Menschen sich selbst, damit die Rebellion in ihren Herzen ihren Lauf nehmen kann, sodass sie quasi *„gerichtsreif"* werden. Durch dieses Zurückhalten des göttlichen Gerichts, in der Hoffnung, dass einige Menschen umkehren und Buße tun, offenbart sich *„Gottes Zorn vom Himmel her"* (Römer 1,18 E).

Paulus schreibt, dass die Menschen der Antike den unbestechlichen Schöpfergott *„kannten, ihn aber weder als Gott verherrlichten noch ihm Dank darbrachten" (Römer 1,21 E). Sie verloren ihre Ehrfurcht und Wertschätzung vor Gott und waren ihm nicht mehr dankbar für alles, was sie besaßen. Sie begannen, ihr Konzept des göttlichen Wesens auf ihre eigene Ebene herabzuwürdigen, und machten sich Götzenbilder in Form von „vergänglichen Menschen" und sogar von „vierfüßigen und kriechenden Tieren" (siehe Römer 1,22–23). Tatsächlich waren im alten Ägypten Mistkäfer als Götzen beliebt, und viele Menschen beteten phallische Symbole und andere menschliche Körperteile an. Diese Tatsache korrespondiert mit der rabbinischen Sicht, der Götzendienst sei der erste Fehltritt der vorsintflutlichen Rebellion gewesen. Angesichts dieses Glaubensabfalls beendete der Geist des Herrn sein Wirken am Gewissen der Menschen und überließ sie sich selbst. „Darum hat Gott sie in den Begierden ihrer Herzen dahingegeben in die Unreinheit, sodass sie ihre Leiber selbst entehren" (Römer 1,24 L); „Darum hat sie Gott dahingegeben in schändliche Leidenschaften" (Vers 26 L); er lieferte sie „einem verworfenen Denken aus"*(Vers 28 NeÜ).

Wohin führte diese neu entdeckte Freiheit die Menschheit? Männer verließen ihre natürlichen Beziehungen zu Frauen und wandten sich der Homosexualität zu. Auch Frauen verließen die natürliche Ordnung (wir werden in Kürze untersuchen, wie). Zusätzlich erklärt Paulus, dass sie Gott vollkommen aus ihrem Bewusstsein strichen, sodass er sie ihrem degenerierten Denken überließ (siehe Verse 26–30). Dieser Gedanke ist furchterregend: Gott kann einen Punkt erreichen, an dem er tatsächlich will, dass Menschen durch ihre eigenen wirren Vorstellungen getäuscht werden. Seine Anforderungen wurden vollständig ignoriert, daher setzte er die Menschheit frei, nun selbst zu entscheiden, was richtig und was falsch war. Das Ergebnis war ein Volk, das von der Richtigkeit seines verwerflichen Tuns fest überzeugt war, was bedeutete, dass sein Glaubensabfall nicht mehr rückgängig gemacht werden konnte.

Daher beschloss Gott, fast die gesamte Erdbevölkerung auszulöschen und noch einmal von vorne anzufangen. Doch zunächst wartete er 120 Jahre lang, bevor er die Flut entfesselte. Während dieser Zeit beauftragte er Noah, eine Arche zu bauen und dadurch die Welt vor dem kommenden Gericht zu warnen. Erneut können wir die Geduld Gottes und seine Gerechtigkeit erkennen, da er die Menschheit zur Zeit Noahs warnte. Als Gott schließlich als strafender Richter auftrat, hatte die Generation der Flut keine Entschuldigung vorzuweisen und verdiente ausnahmslos das, was über sie hereinbrach.

Einmal mehr können wir erkennen, dass Gottes Zorn im Kontext seiner Langmut und Geduld vom Himmel her offenbart wird. Und diese eindringliche Frage des Paulus hat heute immer noch Gültigkeit: *„Oder verachtest du den Reichtum seiner Güte, Geduld und Langmut? Weißt du nicht, dass dich Gottes Güte zur Buße leitet?"*(Römer 2,4 L). Das bedeutet: Überschreitet die Menschheit in ihrem moralischen Verfall Gott gegenüber eine gewisse Grenze, ohne dass sofort ein Blitzschlag aus dem Himmel erfolgt oder die Übeltäter von der Erde verschluckt werden, so sollten wir dies nicht als göttliche Billigung menschlichen Verhaltens missverstehen. Gott erlaubt uns nur, unsere eigenen Wege zu gehen, und wir vergrößern dadurch den göttlichen Zorn, der uns in Form einer gerechten Strafe treffen wird (siehe Römer 2,5).

Der Apostel Petrus stimmt Paulus zu, indem er die Geduld und Gerechtigkeit Gottes betont: *„... als Gott in Geduld ausharrte zur Zeit Noahs"*(1. Petrus 3,20 L). Zudem lobt er Noah für seine Rolle als „Prediger der Gerechtigkeit", der der Verlockung des Bösen in seiner Generation widerstand und dem die besondere Ehre zuteilwurde, die Menschheit wiederherzustellen (siehe 2. Petrus 2,5).

Doch Petrus spricht, ebenso wie Judas, einen weiteren Aspekt der Flutgeschichte an, der Bibelleser seit Jahrhunderten vor ein Rätsel stellt: Wer genau sind die *„Söhne Gottes"*(Ben Elohim bzw. im Plural *Bnei Elohim*) und die Riesen *(Nephilim)*, die in Genesis 6,2–4 erwähnt werden? Und wie haben sie zum moralischen Verfall beigetragen, der schließlich zur Sintflut führte? Dieses faszinierende Thema wird uns nun als Nächstes beschäftigen.

4

DIE VERBOTENE VERBINDUNG

„Ich seh's, Prometheus, und es dränget sich aus meinen Augen eine Thränenwolke von Schrecken ausgepreßt. Denn sie erblicken in Wunden schlagenden Eisen deinen Leib, schier ausgedörrt an diesen Felsenstücken."
Prometheus in Fesseln, Gedicht des griechischen Poeten Aischylos[1]

„Auch die Engel, die ihren hohen Rang nicht bewahrten, sondern ihre Wohnstatt verließen, hat er für das Gericht des großen Tages aufbewahrt mit ewigen Banden in der Finsternis."
Judas 6 L

Auf einer von Menschenhand gemachten Insel in Berlin steht ein Museum, das einige der wertvollsten Relikte des antiken Nahen Ostens enthält. Das am meisten geschätzte Artefakt ist der rekonstruierte Pergamonaltar, ein großes Bauwerk, das Ende des neunzehnten Jahrhunderts aus der historischen Stadt Pergamon an der türkischen Westküste nach Deutschland gebracht wurde. Dieser riesige Altar gilt als Gipfel der hellenistischen Kunst. Das Bauwerk ist mit kunstvoll gemeißelten Marmorstatuen und Friesen geschmückt, die die Hauptgötter der klassischen griechischen Mythologie darstellen. Der Fokus liegt dabei auf der Schlacht, die zwischen den Göttern des Olymps, angeführt von Zeus, und den Giganten, den übermenschlichen Nachkommen der Erdgöttin Gaia, stattfand. Laut der griechischen Überlieferung war es der zweite Sieg der mächtigeren Götter über die Kinder der niedrigeren Götter. In der ersten Schlacht wurden die legendären Titanen besiegt.

Ich habe vor ein paar Jahren das Pergamonmuseum besucht. Die Schönheit dieses antiken griechischen Meisterwerks zog die Besucher mühelos in ihren Bann. Gleichzeitig war es aber auch schaurig, an diesem Ort zu stehen, an dem das hellenistische Pantheon der Götter und ihre geschlechtliche Vereinigung mit den Menschen verehrt wurden. Meine Abscheu steigerte sich noch durch das Wissen, dass die Nazis von diesem Altar begeistert waren, und zwar aufgrund ihrer mystischen Vorstellung von der übermenschlichen Abstammung der arischen Rasse. Zudem wurde das Nürnberger Reichsparteitagsgelände von Hitlers Chefarchitekten Albert Speer nach dem Vorbild des Altars von Pergamon errichtet. Hinzu kommt noch, dass die Offenbarung Pergamon als den Ort identifiziert, *„wo der Thron Satans ist“* und *„wo der Satan wohnt“*(Offenbarung 2,13 E). Kein Wunder also, dass ich erleichtert war, als ich das Museum wieder verließ.

Die griechische Mythologie war mir schon immer suspekt mit ihren Erzählungen über Götter, die auf die Erde kamen und mit den Menschen Geschlechtsverkehr hatten, um Mutanten zu zeugen. Doch mir ist bewusst geworden, dass die Bibel eine ähnliche Geschichte enthält, die etwas mit der Sintflut zu tun hat. Wer nach einem tieferen Grund dafür sucht, warum Gott die Welt durch Wasser zerstörte, wird hier fündig. Denn schließlich traten viele Sünden der vorsintflutlichen Welt auch in anderen Zeitaltern auf: Götzendienst, Gewalt und sexuelle Perversion. Warum wurden die Menschen aus diesen anderen Epochen nicht zerstört? Der Unterschied lag in der verbotenen Verbindung zwischen rebellierenden Engeln und Menschen; sie beschleunigte den moralischen Zusammenbruch in der Zeit vor der Flut; und zwar in einem solchen Ausmaß, dass Gott beschloss, mit der Welt ein Ende zu machen. Jahrhunderte lang hat man den Flutbericht so verstanden, bis das rabbinische Judentum und einige frühe Kirchenväter meinten, diese Sichtweise klinge zu sehr nach griechischer Mythologie. Doch das Neue Testament bestätigt dieses Szenario, daher müssen wir uns ihm direkt stellen.

Die Flutgeschichte in Genesis 6,2 beginnt tatsächlich damit, dass sich die *„Söhne Gottes"* zu den *„Töchtern der Menschen"* hingezogen fühlten, da diese so schön waren. Und sie *„nahmen sich zu Frauen, welche sie wollten"* (Vers 2 L). Zwei Verse später wird uns berichtet: *„Es waren Riesen zu den Zeiten und auch danach noch auf Erden. Denn als die Gottessöhne zu den Töchtern der Menschen eingingen und sie ihnen Kinder gebaren, wurden daraus die Riesen. Das sind die Helden der Vorzeit, die hochberühmten"* (Vers 4 L). Diese *„Söhne Gottes"*, die mit Frauen riesige Nachkommen zeugten, spielen also in der Flutgeschichte eine wichtige Rolle. Doch wer genau waren sie?

Die Söhne Gottes

In Genesis 6 wird für die *„Söhne Gottes"* der Begriff *Ben Elohim* bzw. (Plural) *Bnei Elohim* verwendet. Dieser Ausdruck kommt in der hebräischen Bibel häufig vor. Nach traditioneller Auslegung bezeichnet er Engelwesen. Diese Wesen tauchen normalerweise im Kontext eines himmlischen Rates von Engeln auf, die gemeinsam mit dem allerhöchsten Gott Entscheidungen treffen.[2] Außer in Genesis 6,2–4 finden wir die *Bnei Elohim* in Hiob 1,6 und 2,1. Sie treffen sich im Himmel; Satan gehört ebenfalls zu ihnen. An dieser Stelle erscheint Satan das erste Mal in der Bibel als eine Art Staatsanwalt oder *„Verkläger der Brüder"*, eine Rolle, die er bis in die Offenbarung beibehält. (Siehe Offenbarung 12,10). Hiob 38,4–7 fügt noch hinzu, dass diese *„Söhne Gottes"* bei der Schöpfung der Welt anwesend waren. Wir begegnen ihnen erneut in einer merkwürdigen Geschichte, über die in 1. Könige 22,19–23 berichtet wird, während wir in Sacharja 3 auf einen ähnlichen göttlichen Gerichtsprozess stoßen. In Psalm 89,6–8 sehen wir die *Bnei Elohim* erneut in der *„Versammlung der Heiligen" (Kadoschim)*, was sich wiederum auf ein Gericht der Engel bezieht. In Psalm 82,6 sind die *„Söhne des Höchsten"* erneut als himmlische Richter tätig. Schließlich erwähnt Daniel 4 diese Engelwesen zweimal, wobei er den Begriff *„Wächter"* verwendet (Verse 14 und 20).

Diejenigen unter uns, die an Christus glauben, können sich darauf freuen, eines Tages selbst zu *„Söhnen Gottes"* zu werden (siehe Matthäus 5,9; Römer 8,19; Galater 3,26), allerdings erst, nachdem wir unsere neuen verherrlichten Körper am Ende unsere Zeit empfangen haben. Dann werden wir *„den Engeln gleich"* sein (siehe Lukas 20,36). Doch im Kontext von Genesis 6,2–4 wurden die *„Söhne Gottes"* ursprünglich sowohl vom Judentum als auch vom frühen Christentum als Engelwesen identifiziert.[3] Laut dieser allgemein anerkannten Sichtweise gehörten sie zu den himmlischen Heerscharen, wobei einige dieser „Wächter" rebellierten, indem sie auf die Erde kamen, um mit Menschen Geschlechtsverkehr zu haben. Dadurch verletzten sie die von Gott festgesetzte Trennung zwischen Himmel und Erde. Die hybriden Nachkommen dieser verbotenen Verbindung waren Riesen, die man auf Hebräisch *Nephilim* nannte. Selbst der jüdische Historiker Josephus vertritt in seinem Buch *„Jüdische Altertümer"* (Buch 1, Kapitel III) diese Sicht und vergleicht ihre hybriden Nachkommen mit „denen, die die Griechen Giganten nennen."[4]

Allerdings begannen jüdische Kommentatoren im zweiten Jahrhundert den Begriff *„Söhne Gottes"* als bösartige menschliche Herrscher über Dynastien oder Richter in einer Gesellschaft zu interpretieren, die verbotenerweise mit den gewöhnlichen Töchtern Kains schliefen. Diese Umdeutung war hauptsächlich eine theologische Reaktion auf die doppelte Herausforderung durch das Christentum und den Hellenismus; ersteres konzentrierte sich auf die Anbetung eines unverkennbaren Gott-Menschen, während letzterer einen Himmel voller Götter und ihre Nachkommen verehrte, die halb menschlich, halb göttlich waren. Manche frühe Kirchenväter entwickelten eine ähnliche Theorie, dass die Söhne Gottes menschliche Nachkommen der *„gerechten"* Abstammungslinie Seths waren, die das Gebot der Heiligkeit verletzten und Frauen aus der ungerechten Abstammungslinie Kains heirateten. Nach diesen späteren Ansätzen waren die *Nephilim* einfach nur die mächtigen Krieger einer uralten Epoche.[5]

Doch nirgendwo in der Bibel werden Seth und seine Nachkommen als gerecht, erwählt oder als Söhne Gottes identifiziert. Tatsächlich beschreibt Lukas 3,38 Seth als *„Sohn Adams"*, der wiederum als *„Sohn Gottes"* bezeichnet wird. Auch Jesus wird als „der Sohn Gottes" betitelt (siehe beispielsweise Matthäus 14,33) und als *„eingeborener Sohn vom Vater"* (Johannes 1,14). Doch, um es noch einmal zu betonen, jede andere biblische Erwähnung der *„Söhne Gottes" (Bnei Elohim)* spricht von Engelwesen.

Manche Leser reagieren möglicherweise immer noch allergisch auf die Vorstellung, dass Engel in Menschengestalt erscheinen können. Doch in der Bibel haben nicht alle Engel Flügel. Uns wird über zahlreiche gehorsame Engel berichtet, die wie Menschen aussahen, als sie ihre göttlichen Aufträge ausführten. Das schließt die beiden Engel ein, die geschickt wurden, um Lot aus Sodom zu retten (siehe Genesis 19,5–10); den Engel, der mit Jakob rang (siehe Genesis 32,24), und selbst den Engel, der im leeren Grab Jesu saß, beschreibt die Bibel als *„Jüngling"*, der *„ein langes weißes Gewand"* anhatte (Markus 16,5). Daher werden wir aufgefordert, Fremden gegenüber gastfreundlich zu sein, da wir ohne unser Wissen „Engel beherbergen" könnten (Hebräer 13,2). Unterdessen haben ungehorsame Engel offensichtlich eine ähnliche Fähigkeit, verschiedene Erscheinungsformen anzunehmen. Paulus warnt seine Leser sogar davor, dass Satan sich als Engel des Lichts verstellen würde. *„Darum ist es nichts Großes, wenn sich auch seine Diener verstellen als Diener der Gerechtigkeit"* (2. Korinther 11,15 L).

Am Ende macht der Kontrast zwischen den Söhnen Gottes und den Töchtern der Menschen in Genesis 6 nur einen Sinn, wenn sich der Abschnitt auf die Vereinigung von Menschen mit Engeln bezieht, nicht darauf, dass Adelige sich mit Gewöhnlichen vermischen oder eine Abstammungslinie mit einer anderen. Indem sie das Irdische mit dem Himmlischen vermischten und riesige Mischwesen erzeugten, überschritten sowohl die übergriffigen Engel als auch die rebellischen Menschen eine Grenze mit Gott. Und diese unheilige Verbindung spielte bei seiner Entscheidung, die Welt des Altertums zu richten, eine große Rolle.

Im Neuen Testament folgten Petrus und Judas dieser traditionellen Ansicht, dass die Söhne Gottes in der Flutgeschichte ungehorsame Engel waren. Dabei stützten sich beide Verfasser auf das Buch Henoch, ein Werk, das zeitlich zwischen dem Alten und Neuen Testament entstand. Es wurde zwar nicht in den biblischen Kanon aufgenommen, erfuhr jedoch sowohl von Juden als auch von Christen in der Ära des zweiten Tempels große Wertschätzung.

Das Buch Henoch

In der Bibel gibt es über 50 Verweise auf zirka zwei Dutzend nichtkanonische Schriften, die von den biblischen Autoren verwendet wurden. So wird beispielsweise das Buch Jaschar zweimal erwähnt, in Josua 10,13 und 2. Samuel 1,18. Alle diese ursprünglichen Quellen sind jedoch verloren gegangen, mit einer Ausnahme: dem Buch Henoch.

Das Buch Henoch gehört zu den Apokryphen. Von dieser Sammlung von Werken glaubt man, dass sie *„versteckte Wahrheiten"* enthalten, die der Gemeinde nützlich sind, auch wenn sie nicht notwendigerweise göttlich inspiriert wurden. Zudem wurde das Buch Henoch in einem apokalyptischen Stil verfasst, wie Daniel und die Offenbarung. Schließlich handelt es sich um ein pseudepigrafisches Werk, was bedeutet, dass der Autor den Namen einer verehrten biblischen Figur annahm. Wie dieser Begriff schon andeutet, wurden diese Dokumente oft als *„falsche Schriften"* betrachtet. Doch der Wissenschaftler James Charlesworth hat sie als wertgeschätzte Schriften verteidigt, die die Helden des Alten Testaments ehren und heilige Wahrheiten enthalten.[6]

Das Buch Henoch ist nach einem Patriarchen der Antike benannt, der in den Tagen vor der Flut rechtschaffen lebte, und zwar so sehr, dass es in Genesis 5,24 (L) heißt, man habe ihn nicht mehr finden können, *„denn Gott hatte ihn entrückt"*. Das bedeutet, dass Henoch lebendig in den Himmel transportiert wurde, genau wie Elija. Zuvor allerdings äußerte er die Warnung, dass Gott die Menschheit bald für ihre Gottlosigkeit bestrafen würde. Das Neue Testament bestätigt Henochs Entrückung in den Himmel in Hebräer 11,5, während seine ersten Warnungen in Judas 14–15 vorkommen.

Das Buch Henoch ist eigentlich eine Zusammenstellung von fünf Büchern und einigen vereinzelten Kapiteln, die angeblich auf Visionen und Ereignissen beruhen, die Henoch selbst erlebte. Das anerkannteste und einflussreichste dieser Werke ist das 1. Buch Henoch. Es enthält die ersten 36 Kapitel und wird auf das dritte Jahrhundert v. Chr. datiert.[7] Es beschreibt detailliert eine Verschwörung unter zweihundert himmlischen Wächtern, angeführt durch die hochrangigen Engel Semjaza und Azazel. Sie rebellieren gegen Gott und kommen vom Himmel auf die Erde, und zwar auf den Berg Hermon auf dem Golan. Jüdische und christliche Wissenschaftler sind sich einig, dass die ersten Verse der Flutgeschichte Henochs eine nähere Ausführung von Genesis 6,1–4 darstellen.[8]

Zunächst berichtet Henoch, dass diese Wächter mit Frauen Geschlechtsverkehr hatten, um mutierte Riesen hervorzubringen, eine große Sünde, die zur Flut führte. Diese ungehorsamen Engel begannen auch, die Menschheit die Geheimnisse des Okkultismus, der Zauberei und der Astrologie zu lehren, ebenso wie die Kunst der Waffenherstellung und der Kriegsführung. Ihre riesigen Kinder werden als blutrünstige Fresser beschrieben, die gegenüber normalen Menschen gewalttätig wurden und sogar Anfälle von Kannibalismus hatten. Vielleicht wies Gott aus diesem Grund Noah nach der Flut an, niemals lebendiges Fleisch (d. h. Fleisch, das noch Blut in sich hatte) zu verzehren, ob es sich um das Fleisch von Menschen oder von Tieren handelte (siehe Genesis 9,4). Das Buch berichtet auch über Henochs Himmelsreisen und seine prophetische Berufung, über den Wächtern und ihrem gemischten Nachwuchs Gericht auszusprechen.[9]

Diese erweiterte Version der Ereignisse vor der Flut wird nicht als Teil der Heiligen Schrift angesehen, gleichzeitig kann man sie jedoch auch nicht als Fabel abtun. Sowohl Petrus als auch Judas hielten das 1. Buch Henoch für vertrauenswürdig genug, um aus ihm zu zitieren. Zudem sind sich die Gelehrten einig, dass das gesamte Buch Henoch großen Einfluss auf andere Verfasser und Protagonisten des Neuen Testaments ausübte, einschließlich Jesus selbst.[10] Die Verse 14–15 des Judasbriefs gehören zu den neutestamentlichen Abschnitten, die am offensichtlichsten direkt aus 1. Henoch 1,9 zitieren.[11]

Die Pforten des Hades

Judas zitiert nicht nur wortwörtlich aus dem 1. Buch Henoch, sein Brief spiegelt auch unleugbar dessen Struktur und Begrifflichkeiten wider. Henoch berichtet, wie die Wächter den *„hohen und heiligen, ewigen Himmel verlassen, und bei den Weibern geschlafen und mit den Töchtern der Menschen ... [sich] verunreinigt, und Weiber genommen ... und Riesensöhne erzeugt"* haben (1. Henoch 15,3). Zusätzlich wurden sie gebunden „unter die Hügel der Erde bis auf den Tag ihres Gerichts" (1. Henoch 10,12). Der sechste Vers des Judasbriefs beschreibt es folgendermaßen: *„Engel, die ihren Herrschaftsbereich nicht bewahrt, sondern ihre eigene Behausung verlassen haben, hat er zum Gericht des großen Tages mit ewigen Fesseln unter Finsternis verwahrt"* (E). Auch Petrus behauptet beharrlich, dass diese rebellischen Engel in der Unterwelt angekettet wurden, weil sie die Trennung zwischen Himmel und Erde durchbrochen hatten (siehe 2. Petrus 2,4–5).

Laut dem 1. Buch Henoch wurden die ungehorsamen *Bnei Elohim*, die die riesigen *Nephilim* zeugten, in einem besonderen Abschnitt des tiefsten Teils des *Scheols* weggesperrt. *Scheol* ist das hebräische Wort für Hölle, auf Griechisch *Hades*. Man glaubte, dass sich der Zugang zu dieser Unterwelt am Fuß des Berges Hermon befand – wo die gesamte Rebellion ihren Anfang nahm.

Am Fuß des westlichen Abhanges des Hermon entspringt die Banias-Quelle aus dem Berg und bildet einen der Hauptzuflüsse des Jordan. *Banias* leitet sich von dem arabischen Namen für *„Pan"* ab, da die Araber den Buchstaben *p* als *b* aussprechen. Pan ist natürlich der Name des Halbgottes der griechischen Mythologie, halb Mann, halb Ziegenbock, den die sexuelle Lust antrieb: ein mutiertes Mischwesen, das durch die Verbindung von zwei unterschiedlichen Arten entstanden war. Die Römer errichteten für den Gott Pan einen Altar, an genau dem Ort in Nordisrael, an dem sich nach traditionellem hebräischem Verständnis der Zugang zur Hölle befand. Genau dort sagte Jesus zudem, dass er seine Gemeinde bauen würde, *„und die Pforten der Hölle sollen sie nicht überwältigen"* (Matthäus 16,18 L), wobei er auf diese jüdische Tradition anspielte.

In der griechischen Mythologie bezeichnet *Tartaros* den tiefsten Teil des Hades, an dem die Titanen aufgrund ihrer Rebellion gegen die Götter gebunden wurden. Petrus gebraucht eine abgeleitete Form dieses griechischen Begriffs, als er das Schicksal der rebellischen Engel aus der Zeit Noahs beschreibt: *„Denn wenn Gott Engel, die gesündigt hatten, nicht verschonte, sondern sie in finsteren Höhlen des Abgrundes [tartaros] gehalten und zur Aufbewahrung für das Gericht überliefert hat ..."* (2. Petrus 2,4 E). Petrus bezieht sich hier auf das 1. Buch Henoch, das dasselbe Wort *tartaros* verwendet, um den tiefsten Teil der Hölle zu beschrieben, an dem die gefallenen Engel angekettet waren.[12]

Andere Völker des Nahen Ostens haben ebenfalls eine lange Tradition, die die *Rephaim*, Nachkommen der *Nephil*im, mit dem Scheol und Baschan (dem heutigen Golan) verbindet. Die Bibel selbst beschreibt Baschan als „das Land der Riesen [*Rephaim*]“ (5. Mose 3,13 L). Ihre Bewohner werden als so groß wie die *Anakim* bezeichnet. (Siehe 5. Mose 2,11–20.)

Tatsächlich gab es in der Antike viele Geschichten über die geschlechtliche Verbindung zwischen geringeren Göttern und Menschen. Sie berichten auch über die Strafen, welche die mächtigeren Götter für diese verbotenen Verbindungen verhängten. Dieser Aspekt spielt beispielsweise in den Flutpassagen des *Gilgamesch-Epos* eine wichtige Rolle. Ich bin persönlich sehr dankbar, dass die Bibel wiederum die genauste und vertrauenswürdigste Version dieser Ereignisse festgehalten hat und sie durchweg dazu nutzt, um uns zur Ehrfurcht gegenüber dem einen wahren Schöpfergott aufzurufen.

Die doppelte Warnung Henochs

Eine weitere bemerkenswerte Verbindung zwischen dem Buch Henoch und den Episteln des Judas und des Petrus liegt darin, dass sie alle die Sünden der vorsintflutlichen Welt mit der Zerstörung von Sodom und Gomorra verknüpfen. Jesus selbst folgt diesem doppelten Ansatz in Lukas 17,26–32, als er von „den Tagen Noahs“ und „den Tagen Lots“ spricht. Eine nähere Betrachtung dieser Verbindung schafft noch größere Klarheit über die Natur der vorsintflutlichen Rebellion, während sie auch unsere biblische Definition des Begriffs *Sodomie* verändert.

Das 1. Buch Henoch ist die frühste religiöse Literatur des Judentums, die eine Verbindung zwischen dem Strafgericht der Sintflut und der Bestrafung Sodoms herstellt, da sie dieselbe Sünde sexueller Beziehungen außerhalb der menschlichen Gattung ahnden. Nirgendwo im Alten Testament wird diese Koppelung erwähnt, doch wir finden sie in Lukas 17,26–29, 2. Petrus 2,4–11 und Judas 6–7. Sie erscheint auch in anderen jüdischen Schriften aus der zweiten Tempelperiode, die von der Sünde handeln, die natürliche Ordnung zu verlassen.[13]

Nachdem Judas an die Bestrafung der Engel erinnert hat, die mit Frauen sexuelle Beziehungen eingingen, stellt er unverzüglich fest: „... *wie auch Sodom und Gomorra und die umliegenden Städte, die in gleicher Weise wie sie Unzucht trieben und hinter fremdem Fleisch herliefen, als ein Beispiel vorliegen, indem sie die Strafe des ewigen Feuers erleiden"* (Judas 7 E). Der griechische Begriff für „fremdes Fleisch" (heteros sarx), der hier verwendet wird, verweist auf die Verfolgung von etwas außerhalb der menschlichen Gattung, daher kann er sich nicht auf Homosexualität beziehen. Erwähnt das Neue Testament homosexuelle Handlungen, so gebraucht es den griechischen Ausdruck *para physin*, was „widernatürlich" bedeutet (siehe Römer 1,26). Doch hinter *heteros sarx* oder „fremdem Fleisch" herzulaufen, bedeutet, die menschliche Gattung zu verlassen, um sich mit anderen Wesen zu verbinden – in diesem Fall mit Engeln. Aus Gottes Perspektive bestand die Sünde Sodoms nicht darin, dass sie es auf andere Männer abgesehen hatten, sondern auf Engel. Zweifellos verurteilt die Bibel Homosexualität, doch, um es noch einmal zu sagen, die Sünde Sodoms, die Judas und Petrus tadelten, bestand darin, dass Menschen versuchten, mit Engeln zu schlafen.[14]

Erneut stoßen wir auf dieselbe Verbindung zwischen den Tagen Noahs und Lots in 2. Petrus 2 und Lukas 17. Der Grund für diese doppelten Warnungen wird noch deutlicher, wenn wir das Wesen der *Nephilim* näher betrachten, nicht nur in der vorsintflutlichen Welt, sondern auch in den darauffolgenden Generationen.

Den *Nephilim* auf der Spur

Nur zwei Bibelstellen – Genesis 6,4 und Numeri 13,32–33 – gebrauchen das hebräische Wort *Nephilim*, ein Begriff, der normalerweise mit „Riesen" übersetzt wird. Doch es gibt viele weitere biblische Erwähnungen der *Nephilim* mit anderen Bezeichnungen oder durch den Verweis auf ihre eigenen Nachkommen, wie beispielsweise die *Rephaim*, *Anakim* und *Gibborim*.

Manche prophetischen Lehrer verwechseln heute die *Nephilim* mit den *Bnei Elohim*, als ob es sich bei beiden um rebellische Engel handeln würde. Doch wie die Mehrheit der antiken Bibelübersetzungen, einschließlich der griechischen Septuaginta und der lateinischen Vulgata, gibt das Brown-Driver-Briggs-Lexikon die Bedeutung von *Nephilim* mit „Riesen" wieder.[15] Es handelt sich um die Pluralform der hebräischen Wurzel *nephil*,[16] die mit dem Wort „Fall" zusammenhängt. Daher betrachten die meisten Gelehrten die *Ne-*

philim als extrem große „Schläger", wie Goliath, die gewaltsam über einfache Menschen herfielen oder auf sie Jagd machten.[17]

In Genesis Kapitel 6 liegt der Schwerpunkt auf der Durchbrechung der Trennung zwischen Himmel und Erde, die zur Geburt der altertümlichen Riesen führte. Diese Verletzung wird auch in Judas 6–7 und in 2. Petrus 2 betont, wobei sich sofort der Satz anschließt, dass Sodom dieselbe Sünde verübt habe. Die Verbindung lässt sich leicht herstellen.

Vor der Zerstörung von Sodom und Gomorra, die in Genesis 19 beschrieben wird, lesen wir in Kapitel 14 über die große Schlacht der vier Könige gegen die fünf Könige – im Prinzip war es der erste Weltkrieg. Er ereignete sich, kurz nachdem Abraham das Land Kanaan erreicht hatte und sein Neffe Lot in Sodom ansässig geworden war. Als die Schlacht begann, durchzogen die einfallenden Könige zunächst das Land und löschten die *Rephaim*, *Zuzim* und *Emim* aus – sie alle waren Riesen, die von den *Nephilim* abstammten. Da ihre stärksten Krieger nun tot waren, wurden die Städte Kanaans, einschließlich Sodoms, zur leichten Beute für die Eindringlinge. Lot wurde mit den anderen Bewohnern Sodoms gefangen genommen, was Abraham dazu zwang, sie mit seiner Privatarmee zu verfolgen und zu befreien. Dann, in Genesis 19, erscheinen zwei Engel, um Lot aus Sodom herauszuholen, bevor Gott die Stadt zerstört. Doch in Vers 4 heißt es, dass *„das ganze Volk, von allen Enden"* (nicht nur die Männer der Stadt) Lots Haus umringte und verlangte, sexuelle Beziehungen mit den Engeln einzugehen. Traditionell wird diese Menschenmenge als Mob Homosexueller betrachtet, doch ich glaube, dass sich etwas anderes abspielte. Die Bewohner von Sodom dachten, wenn sie ihre Frauen von diesen zwei Engeln schwängern ließen, würden aus dieser Verbindung neue riesenhafte Krieger entstehen. Sie könnten bei der Verteidigung ihrer Stadt mithelfen, die sich gerade von einer vernichtenden Niederlage erholte. Daher brachten sie jeden körperlich gesunden Stadtbewohner mit, um die beiden Engel zu überwältigen. Aus Gottes Perspektive jedoch versuchten sie erneut, die Grenze zu überschreiten und Menschen mit Engeln sexuell zu vereinigen, was dem Begriff Sodomie eine ganz neue Bedeutung verleiht. Judas, Petrus und Jesus selbst äußern also eine doppelte Warnung vor den einander gleichenden Sünden, die der Sintflut und der Zerstörung Sodoms vorausgingen – in Übereinstimmung mit dem Buch Henoch.

Der Herr hielt die Bewohner Sodoms davon ab, sich mit den Engeln zu vereinigen, doch bis zur Zeit König Davids gab es immer noch riesige Nachkommen der *Nephilim*. In 4. Mose 13,32–33 heißt es beispielsweise, dass die israelitischen Kundschafter berichteten, *Nephilim* – die Nachkommen Anaks – seien immer noch im Land Kanaan. Daher erklärten sie: *„Wir waren in unsern Augen klein wie Heuschrecken"* (L). Während der Eroberung des Landes durch Israel initiierte Josua eine spezielle Militärkampagne, um diese Anakim zu vernichten. Nur eine kleine Gruppe blieb unter den Philistern übrig. (Siehe Josua 11,21–22.) Einer dieser bemerkenswerten Riesen war König Og von Baschan, der laut der biblischen Beschreibung auf einem gigantischen eisernen Bett schlief, das ungefähr 2 mal 4 Meter groß war. (Siehe 5. Mose 3,11.) Schließlich wurde er von Josua besiegt (siehe Josua 12,1–4). Ogs Königreich befand sich auf dem Golan, in der Nähe des Berges Hermon, wo die rebellischen Engel vor der Flut das erste Mal erschienen waren.

Interessanterweise gibt es auf dem Golan heute viele geheimnisvolle Steinruinen, die mit diesen Riesen der Urzeit zu tun haben. Dazu gehört auch eine Struktur, die dem Stonehenge ähnelt und auf zirka 2700 v. Chr. datiert wird. Sie heißt *Gilgal Rephaim* („Kreis der Riesen"). Manche glauben, dass diese kreisförmige Megalith-Struktur der ursprüngliche Ort war, an dem sich die Engel mit den Menschen sexuell vereinigten, der Entstehungsort der gewaltigen *Nephil*im. Ihre Nachkommen waren immer noch auf der Erde, bis David und seine mächtigen Krieger Goliath und seine vier gigantischen Brüder erschlugen. (Siehe 1. Samuel 17; 2. Samuel 21,15–22; 1. Chronik 20,4–8.)

Nun stellt sich die Frage: „Wie überlebten die Riesen die Flut und gelangten in die neue Welt hinein?" Eine gute Frage. Genesis 6,4 (L) bestätigt es selbst: *„Es waren Riesen zu den Zeiten und auch danach noch auf Erden"*, was bedeutet, sowohl vor als auch nach der Flut. Wie dies genau geschehen konnte, erfahren wir nicht. Allerdings wurden die *Nephilim* und ihre Nachkommen letztendlich von König David besiegt, einem Vorläufer des Messias, während die rebellischen Engel weiterhin in der tiefsten Grube des *Scheols* angekettet bleiben.

Eine bittere Rivalität

Vor der Flut passierte also mehr als nur Götzendienst, Gewalt und sexuelle Unmoral. Rebellische Engel paarten sich mit Menschen und heizten dadurch Gewalt und Perversion an. Ich glaube tatsächlich, dass es sich um einen dämonischen Plan handelte, um auf diese Weise das Wesen der Menschheit zu verändern, sodass wir Adam nicht mehr gleichen würden. Denn um die Menschheit von ihrem Fall zu erlösen, musste der kommende Erlöser Adam gleich sein. (Siehe beispielsweise Römer 5,12–18; 1. Korinther 15,42–49; Hebräer 2,17.) Wir können bereits einen Hinweis auf diese Verschwörung in den Strafen erkennen, die Gott nach der Sünde Adams und Evas im Garten Eden verhängte. Gott wandte sich zuerst an die Schlange, die das Neue Testament als Satan identifiziert (siehe Offenbarung 12,9; 20,2), und verkündete: *„Und ich will Feindschaft setzen zwischen dir und der Frau und zwischen deinem Samen und ihrem Samen; er wird dir den Kopf zertreten, und du wirst ihn in die Ferse stechen“* (Genesis 3,15).

Diese Aussage vermittelt uns, dass es eine bittere Rivalität zwischen der Menschheit als Nachkommenschaft Evas und Satan und seinen gefallenen Kameraden gibt. Diese Kohorten sind ja Engelwesen, die gegen Gott rebellierten, obwohl sie ihn sehen konnten. Daher sind sie zur ewigen Strafe verdammt worden. Die Menschheit, auf der anderen Seite, wurde „wenig geringer gemacht als Engel“ (Psalm 8,5; Hebräer 2,7 L); obwohl wir in dieser Welt Gott nicht anschauen können, so beten viele von uns ihn dennoch an, lieben ihn und gehorchen ihm. Und wir glauben an seinen Sohn, Jesus. Wie schon gesagt, wenn wir auf diesem Weg weitergehen, werden wir eines Tages einen verherrlichten Körper empfangen und wie die guten Engel im Himmel sein. (Siehe Matthäus 22,30.) Folglich sammelt jeder Mensch, der in hingebungsvollem Glauben durch dieses Leben geht, feurige Kohlen auf das Haupt Satans und seiner Gefolgschaft. Dadurch rechtfertigt er ihre ewige Bestrafung. In vollem Bewusstsein dieser Tatsache versuchen die rebellischen Engel einfach, so viele Menschen wie möglich mit sich zu reißen, indem sie sich bemühen, uns zur Sünde zu verführen, um uns dadurch von Gott zu trennen.

Diese dämonische Verschwörung zielte auch darauf ab, eine Fälschung der einen wahren Vereinigung des Menschlichen und Göttlichen zu produzieren, die Gott von Anfang an beabsichtigt hatte: die unbefleckte Empfängnis. Gott hatte nur eine Vereinigung des Himmlischen mit dem Irdischen vorherbestimmt, um den Gott-Menschen Jesus in die Welt zu bringen. Als jedoch gefallene Engel schon vor der Zeit auf der Erde erschienen und mit Frauen schliefen, wurde das göttliche Konzept verzerrt, dass nämlich Gott in menschlicher Form kommen würde, um endlich „unter uns zu wohnen" (siehe Johannes 1,14). Die alten Griechen und Römer entwickelten ihre eigenen verdrehten Legenden über diesen himmlischen Eingriff, was Folgendes bewirkte: Als mit Jesus der wahre Gott-Mensch erschien, hatten diese Verfälschungen dazu geführt, dass diese Idee für sein eigenes jüdisches Volk abstoßend war.

Der Großteil der Menschheit, dem diese düstere Intrige wahrscheinlich nicht bewusst war, ließ sich auf die Rebellion ein. Vielleicht sahen sie in der Vereinigung mit diesen Engelwesen eine Möglichkeit, selbst zu Göttern zu werden, so, wie die Schlange Eva im Garten fälschlicherweise versprochen hatte: *„Ihr werdet sein wie Gott ... "* (Genesis 3,5 L). Jedenfalls stand die Menschheit in der Gefahr, ihr adamitisches Wesen zu verlieren. Aus diesem Grund war Gott gezwungen, sie auszulöschen und noch einmal von vorne anzufangen. Und für diesen Neuanfang erwählte er ein einzigartiges menschliches Werkzeug namens Noah.

5

EIN NEUANFANG

Vater, der den Vögeln Flügel schenkt,
Regenbögen hoch in den Himmel hängt
Bob Dylan, „Father of Night" (Vater der Nacht)[1]

„Und der auf dem Thron saß, sprach:
‚Siehe, ich mache alles neu!'"
Offenbarung 21,5

Die Geschichte der Sintflut nimmt ein gutes Ende, dank der Gnade Gottes und eines demütigen Mannes namens Noah. Der kürzlich gezeigte Hollywood-Film Noah hatte viele Schwächen, doch die größte bestand in der widerspenstigen und kaltherzigen Darstellung der Hauptfigur, gespielt von Russell Crowe. Diese Darstellung hat mit dem biblischen Porträt Noahs sehr wenig zu tun. Noah wird zum ersten Mal in Genesis 5,29 erwähnt, wo es heißt, dass sein Name „Trost" oder „Ruhe" bedeute. Als Noah erneut in Kapitel 6 vorgestellt wird, erscheint sein Name im hebräischen Urtext gleich zweimal hintereinander, ohne ein Satzzeichen dazwischen. Wann immer der biblische Verfasser einen Namen in den hebräischen Schriften auf diese Weise wiederholt, zeigt er damit an, dass diese Person von Gott geliebt wird. Abraham, Mose und Samuel teilen sich diese Auszeichnung mit Noah. In Genesis 6,8–9 (E) heißt es: „Noah aber fand Gunst in den Augen des HERRN.

Dies ist die Generationenfolge Noahs: Noah war ein gerechter Mann, untadelig war er unter seinen Zeitgenossen; Noah lebte mit Gott."

Eine Hommage an Noah

Mehrere interessante Worte finden in Genesis, Kapitel 6 Verwendung, die darauf abzielen, eine deutliche Unterscheidung zwischen den Reinen und den Unreinen zu treffen. Zunächst wird Noah als „untadelig … unter seinen Zeitgenossen" beschrieben (Vers 9). Das hebräische Wort, das hier mit „untadelig" oder „perfekt" wiedergegeben wird, lautet *tamim*. Es bedeutet „unbefleckt" oder „makellos". Dasselbe Wort finden wir wiederholt in den Geboten der Thora, dem Herrn nur unbefleckte oder makellose Tiere („ohne Fehler") zu opfern. (Siehe beispielsweise 3. Mose 1,3–10; 3,1–6; 4,3–23.) Die Reinheit der Familie Noahs wird dann mit den Menschen kontrastiert, die „verdorben lebten". (Siehe Genesis 6,9–12.) Das hebräische Wort, das in Genesis 6,12 EÜ mit „verdorben" übersetzt wird, lautet *shachath*, was „pervertiert, ruiniert oder entstellt" bedeutet. Im Urtext heißt es, dass alles „Fleisch", hebräisch *basar*, *befleckt* und *verdorben* war; dieser Begriff bezieht sich ausdrücklich auf den Körper. Das Fleisch wurde also verdorben oder ruiniert durch die verbotene Verschmelzung von Menschen und Engeln, die Gott missfiel. Im Gegensatz dazu wird Noah als jemand beschrieben, der immer noch rein war „unter seinen Zeitgenossen" (d. h. in seiner Generation).

Noah erhielt sich also einen reinen Genpool, das ist die eigentliche Bedeutung dieser Aussage. Seine DNS oder Blutlinie war nicht durch den fremden Samen befleckt worden. Noah war immer noch vollkommen menschlich, wie Adam! Daher qualifizierte er sich als jemand, den Gott gebrauchen konnte, um die Welt wieder zu bevölkern und dadurch seinen Plan für einen „zweiten Adam" (Christus) aufrechtzuerhalten. Jesus sollte die Nachkommen des „ersten Adam" erlösen. (Siehe beispielsweise 1. Korinther 15,45–49.)

Noah wird auch als *„ein gerechter Mann"* bezeichnet (Genesis 6,9) – *isch tzaddik* auf Hebräisch –, er ist der einzige Mann, den die Bibel mit diesem Begriff beschreibt. Betrachten wir den Charakter und das Verhalten Noahs noch genauer, so werden wir besser verstehen, warum gerade er auserwählt wurde, um die Flut zu überleben – und der neue Urvater aller Lebenden zu werden.

Abgesehen von seiner genetischen Reinheit wird Noah als ein Mann dargestellt, der sich durch großen Glauben und große Ehrfurcht vor Gott auszeichnete. Zweimal wird er in der Flutgeschichte für seinen absoluten Gehorsam gelobt: erstens dafür, dass er die Arche fertigstellte (siehe Genesis 6,13–22), und zweitens dafür, dass er für alle Tiere sorgte (siehe Genesis 7,1–5). Paulus schreibt in Römer 1,21, die Menschheit sei zur damaligen Zeit Gott nicht mehr dankbar gewesen. Doch Noahs erste Handlung, nachdem er die Arche verlassen hatte, bestand darin, einen Altar zu bauen und Gott ein Opfer zu bringen, aus Dankbarkeit für die Bewahrung seiner Familie. (Siehe Genesis 8,20.)

Im Text heißt es auch: *„Noah aber fand Gunst in den Augen des HERRN"* (Genesis 6,8 E). Das Wort für „Gunst" (in anderen Übersetzungen „Gnade") lautet *chen*, was auch „Gefallen" bedeutet. Es kommt in der hebräischen Bibel häufig vor, doch ein Abschnitt, den die Rabbiner des Talmuds mit Noah in Verbindung bringen, ist Sacharja 12,10. Dort verspricht Gott, „den Geist der Gnade [*ruach chen*] und des Flehens" auf Israel auszugießen. Es wird so gedeutet, dass Gottes Gunst oder Gnade sich in einem geschärften Gewissen zeigt, einem vollen Bewusstsein der Sünde und der Fähigkeit, über allem Falschen Buße zu tun. Noahs geschärftes Gewissen und sein Vermögen, in einer versöhnten Beziehung mit Gott zu leben, bewahrten ihn davor, an der Rebellion seiner Zeit teilzunehmen.[2]

Auch im Neuen Testament wird Noah für seinen Glauben und seinen Gehorsam gelobt. Hebräer 11 beschreibt Noah als einen Mann, der rechtschaffen vor Gott wandelte, inmitten eines verdorbenen Geschlechts – und Noah verurteilte durch sein gottesfürchtiges Verhalten alle anderen zum göttlichen Gericht! (Siehe Vers 7.)

Noah war 600 Jahr alt, als er in die Arche hineinging. Viele Menschen haben sich gefragt, wie es einem derart alten Mann gelungen sein soll, so viele Tiere zu versammeln und für sie zu sorgen. Doch Tiere scheinen über eine gewisse Verbindung zu Gott und zur Natur zu verfügen, die uns Menschen fehlt. Als beispielsweise 2004 der zerstörerische Tsunami über den Indischen Ozean fegte, berichteten im Nachhinein viele Betroffene, dass die Tiere in niedriger gelegenen Gegenden alle schon vorher in die Berge geflohen waren. Instinktiv wussten sie, dass eine Katastrophe im Anmarsch war, und brachten sich in Sicherheit. Etwas Ähnliches konnte ich beobachten, als ich auf den Outer Banks aufwuchs: Jedes Mal, bevor wir einen schlimmen Sturm erlebten, flohen die Geisterkrabben, die in Löchern direkt am Strand lebten, einen Tag vorher über die Dünen. Dies geschah ohne Ausnahme! Diese kleinen Krebse haben einen besseren inneren Vorhersage-Mechanismus als ein Meteorologe, der technisch hochentwickelte Instrumente benutzt. Daher hege ich keinen Zweifel, dass Gott alle Tiere, die er in der Arche haben wollte, herbeirufen konnte. Wahrscheinlich spürten sie bereits, dass sich etwas zusammenbraute.

Die Wasser gehen zurück

Gott bewahrte Noah, seine Familie und Paare aller Tierarten auf der Erde (siehe Genesis 7,23), um mit der Menschheit, dem Tierreich und der Erde selbst einen Neuanfang zu wagen. Doch dieser Neuanfang erforderte die Auslöschung der übrigen Menschheit und der Tierwelt. Rufen wir uns in Erinnerung, dass die Erde laut Genesis 6,13 an der Bestrafung der Menschen teilhaben sollte. Sündigt der Mensch, leidet die Erde ebenfalls. Paulus schreibt darüber, dass auch die Natur dem verderblichen Einfluss des Menschen in unserer Zeit unterworfen ist. Doch eines Tages wird sie vom Fluch der Sünde und des Todes befreit und in die herrliche Freiheit des messianischen Zeitalters eintreten. (Siehe Römer 8,20–22; siehe auch beispielsweise Jesaja 11,6–9.)

Nach der Flut schloss Gott nicht nur mit Noah, sondern mit jedem Lebewesen einen Bund, ebenso wie mit der Erde selbst. Er versprach, sie niemals wieder durch Wasser zu zerstören. (Siehe Genesis 9,8–17.) Allen drei Elementen – der Menschheit, den Tieren und der Erde – wurde ein Neuanfang geschenkt wie das Beschneiden, Verbrennen und die Wiederbepflanzung eines Weinbergs in den Gleichnissen des Talmud und der Evangelien. In vielerlei Hinsicht liest sich dieser Teil der Flutgeschichte wie der Schöpfungsbericht am Anfang des Buches Genesis. Tatsächlich haben Bibelforscher viele Parallelen zwischen der Schöpfungsgeschichte und dem Neuanfang nach der Sintflut festgestellt. Und dieser Neubeginn nimmt in Genesis 8,1 seinen Anfang, wo es heißt: *„Da gedachte Gott an Noah und an alles wilde Getier und an alles Vieh, das mit ihm in der Arche war"* (L).

Nach 150 Tagen der Überschwemmung stoppte der Herr die Wasser der Flut, und sie verliefen sich, zurück an den Ort, von dem sie gekommen waren. (Vergleiche Genesis 7,11 mit 8,2.) Bereits hier können wir Parallelen zum Schöpfungsbericht erkennen. Die Bibel spricht erneut von den drei Ebenen der Welt: der Erde, dem Himmel darüber und der Tiefe darunter, wobei die Wasser durch das Firmament oben und unten getrennt werden. Die Quellen der Tiefe (*tehom*), die zum ersten Mal in Genesis 1,2 erwähnt werden, wurden verschlossen, ebenso wie die „Fenster des Himmels" (*arubbah schamajim*). Die englischen Bibelübersetzungen NASB, NIV und die deutsche Hfa übersetzen letztere mit *„Schleusen"*. (Siehe beispielsweise Genesis 7,11.) Sie dienen als Zugangswege zu den Himmelsgewölben, die in Genesis 1,6–8 geschaffen wurden.[3]

Diese Passagen der Bibel beinhalten das dreigliedrige Universum der alten Hebräer: eine flache Scheibe, die Erde, im Zentrum, die auf festen Säulen ruht und von Wasser und Himmelsgewölben darüber und darunter umgeben ist. Es gibt zahlreiche biblische Verweise auf diese dreischichtige Welt. (Siehe beispielsweise 2. Mose 20,4; Hiob 11,8; Psalm 139,8; Jesaja 7,11; Amos 9,2; Matthäus 11,23; Lukas 16,19–31; Philipper 2,10; Offenbarung 5,3.) Diese biblische Kosmologie mag nicht zu unseren modernen wissenschaftlichen Konzepten des Universums passen, doch sie war der antiken Welt dienlich, indem sie die Funktion und den Zweck der verschiedenen Ebenen der Schöpfung betonte. Gleichzeitig hob sie auch die klare Trennung zwischen dem Irdischen und Himmlischen hervor.[4] Sie hilft uns auch bei der Beantwortung der Frage: „Wo kamen die Wassermassen der Flut her und wo flossen sie hin?" Es gibt Zugangswege im Firmament, die die Wasser aus der Höhe und der Tiefe hineinließen und sie nach der Flut wieder in Empfang nahmen. Sprüche 8,27–30 erklärt tatsächlich, wie die Wasser der Flut zunächst von Gott geschaffen und aufgespeichert wurden und dass sie ausnahmslos seinem Befehl gehorchen. Diese Idee ist auch die Stoßrichtung von Psalm 104:

Der die Erde auf ihre Pfeiler gegründet hat, dass sie niemals mehr wankt. Mit der Urflut bedecktest du sie wie mit einem Kleid, hoch über den Bergen standen die Wasser. Vor deinem Schelten flohen sie, vor deiner Donnerstimme wichen sie zurück. Sie stiegen an Bergen hinan und sanken in Täler hinab, an den Ort, den du ihnen bestimmt hast. Du hast eine Grenze gesetzt, die sie nicht überschreiten; nie dürfen sie wieder die Erde bedecken.
(Psalm 104,5–9 Z)

Nachdem die Wassermassen alle Berge bedeckt hatten, wies Gott sie zurecht. Daraufhin flohen sie entweder aufwärts durch die *„Schleusen"* oder wieder zurück in das Innere der Erde, an einen Ort, an dem sie nun aufgestaut sind, um die Erde nie wieder zu überfluten. Das Buch Hiob erklärt sogar: „Das Wasser wird hart wie Stein und die Oberfläche der Flut gefriert" (Hiob 38,30 NL). Die amerikanische Bibelübersetzung *New American Standard Bible* gibt das hebräische Wort für „gefriert" bzw. „gefroren" mit „gefangen gehalten" wieder. Mit anderen Worten: Die Wasser der Flut sind von Gott in der Tiefe der Erde eingeschlossen worden. Umso interessanter wird in diesem Kontext die kürzlich gemachte Entdeckung, dass sich nämlich das dreifache Volumen des Oberflächenwassers der Erde in zirka 550 Kilometer Tiefe in unserem Planeten befindet. Es ist in einer einzigartigen Gesteinsschicht eingeschlossen, in einem Zustand, der weder fest noch flüssig oder gasförmig ist.[5] Hier sehen wir die Macht Gottes am Werk – und seine Verheißung in Aktion.

Eine neue Schöpfung

Es gibt viele weitere Parallelen zwischen der Flutgeschichte und dem Schöpfungsbericht. Durch die Flut wurde die ursprüngliche Schöpfung mit Adam ungeschehen gemacht und ein Neubeginn mit Noah ermöglicht. Als Gott das Land vom Wasser trennte und die Tiere, Fische, Vögel und schließlich den Menschen schuf, blickte er vom Himmel herab und sah, dass alles *„sehr gut [tov meod]"* war (Genesis 1,31). Doch zur Zeit der Flutgeschichte blickte Gott hinunter auf die Erde und sah nur Bosheit und Verdorbenheit (siehe Genesis 5–12). Daher schickte er die Fluten, die alles Bestehende wegspülten und dadurch den Beginn einer neuen Welt ermöglichten.[6]

Wir können diese Parallelen schon in den allerersten Versen des Buches Genesis erkennen: Das hebräische Wort für die Erde *(eretz)*, die von Gott geschaffen wurde, begegnet uns in Genesis 6,13 erneut. Dort beschreibt es, was zerstört und neu gemacht werden soll. Das Chaos des Wassers in Genesis 1,2 spiegelt sich in den Wassermassen der Flut. Genesis 1,2 berichtet, dass der Geist Gottes über dem Angesicht des Wassers *(panim mayim)* schwebte, während wir in Genesis 8,8–11 lesen, dass eine Taube, ein Urbild des Heiligen Geistes, über den Wassern *(mayim)* flog, die das Angesicht *(panim)* der Erde bedeckten. Schon bald erhob sich trockenes Land aus dem Wasser (siehe Vers 13), genau wie in Genesis 1,9–10.

Sogar zwischen Adam und Noah gibt es Parallelen. So wurde Adam geschaffen, um den Erdboden zu bebauen (siehe Genesis 3,23), während Noah nach der Flut einen Weinberg anlegte (siehe Genesis 9,20). Adam durfte, mit einer Ausnahme, von allen Bäumen des Gartens essen (siehe Genesis 1,29; 2,16–17), und Noah war es erlaubt, das Fleisch aller Tiere zu verzehren, außer Fleisch, das noch Blut enthielt (siehe Genesis 9,3–5). Adam und Eva bemerkten, dass sie nackt waren, nachdem sie gesündigt hatten (siehe Genesis 3,7). Noah wiederum wurde, als er nackt in seinem Zelt lag, von einem seiner Söhne entdeckt (siehe Genesis 9,22); beide Ereignisse zogen Flüche nach sich (siehe Genesis 3,14–19; 9,24–27). Sowohl Adam als auch Noah wurde aufgetragen, fruchtbar zu sein, sich zu mehren und die Erde zu bevölkern (siehe Genesis 1,28; 9,7). Schließlich sollte Adam die Erde *„beherrschen"* (siehe Genesis 1,26–28), während Noah erfuhr, dass *„Furcht und Schrecken vor euch"* über alle Tiere kommen würde (siehe Genesis 9,2).[7]

Eine weitere Parallele zwischen dem Schöpfungsbericht und der Sintflut liegt darin, dass beide Erzählungen den Wert betonen, den Gott der Menschheit beimisst. Genesis 1,26–27 berichtet uns, dass der Mensch als Ebenbild Gottes erschaffen wurde und ihm daher mehr als anderen Kreaturen gleicht. Dieser wichtige Grundsatz geriet in den Generationen vor der Sintflut in Vergessenheit, als die Menschen gegen ihren Schöpfer rebellierten und Bosheit ihr Innerstes erfüllte, während sie äußerlich immer gewalttätiger gegeneinander wurden. In der neuen Welt betonte Gott gegenüber Noah und seiner Familie ausdrücklich, dass Menschen *Imago Dei*, d. h. nach dem Ebenbild Gottes, geschaffen wurden. Da Gott die Tötung eines Menschen durch einen anderen Menschen besonders verabscheut, unterstrich er diese Tatsache gegenüber den Erdenbewohnern nach der Flut sehr deutlich. Sie mussten dieses Prinzip verstehen und vor jedem menschlichen Leben Respekt haben. (Siehe Genesis 9,6.)

Die Schöpfungsberichte aus dem Buch Genesis und die Sintflut weisen also viele offensichtliche Parallelen auf. Allerdings wurde etwas Neues am Ende der Flutgeschichte vorgestellt, das keine Entsprechung in der Schöpfungsgeschichte hat: der Bund, den Gott mit der Menschheit und der gesamten Erde schloss, und das Zeichen des Regenbogens, das ihn besiegelte.

Gott hält sein Versprechen

Der Regenbogen ist ein natürliches Phänomen, das auftritt, wenn sich Licht in Wassertropfen bricht. Damit ein Regenbogen erscheinen kann, müssen Luft sowie Sonnenlicht und Wasser zusammenkommen; alle drei werden benötigt, um Leben zu erhalten. Das Vorhandensein aller drei Elemente auf der Erde ist kein Zufall; Gott hat sie auf unserem Planeten bereitgestellt, um das Leben zu bewahren, das er geschaffen hatte. Die Tatsache, dass die Erde über die Kombination dieser drei wichtigen und gleichzeitig seltenen Elemente verfügt, zusätzlich zu ihrer besonderen Position im Verhältnis zur Sonne und weiteren Faktoren, hat erst kürzlich zur Entstehung der „Goldilocks"-Theorie geführt.

Im neuen Forschungsgebiet der Astrobiologie bezeichnet die sogenannte Goldilock-Zone die bewohnbare Region eines Planeten, in der sich komplexe Formen des Lebens entwickeln und überleben können. Die Erde beispielsweise ist weder zu heiß noch zu kalt, sondern sie hat genau die richtige Temperatur, die Leben ermöglicht. Die „Rare-Earth-Hypothese" (Seltene-Erde-Hypothese), die zuerst von Peter Ward und Donald E. Brownlee vorgestellt wurde, erklärt, warum ein Planet weder zu weit von einem Stern entfernt noch ihm zu nahe sein darf, damit Leben möglich wird.[8] Einige Wissenschaftler halten dagegen, dass es wahrscheinlich viele derartige Planeten in gemäßigten Zonen des Universums gebe. Doch wir brauchen immer noch Wasser, Luft und alle anderen lebensnotwendigen Elemente. Um die Wahrscheinlichkeit zu berechnen, dass alle diese Faktoren anderswo zusammentreffen, mussten die Forscher neue abstrakte mathematische Formeln entwickeln. Und die Chancen, dass die Erde rein zufällig in der „genau richtigen“ Zone liegt und alle notwendigen Eigenschaften besitzt, um Leben zu ermöglichen, sind ehrlich gesagt astronomisch gering! Daher mag der Regenbogen zwar ein einfaches Phänomen der Natur sein, doch gleichzeitig zeugt er in beeindruckender Art und Weise davon, wie unendlich wertvoll unser Heimatplanet Erde ist.

Als dieser erste Regenbogen nach der Flut am Himmel erschien, sagte Gott: *„Meinen Bogen setze ich in die Wolken“* (Genesis 9,13 E). Der biblische Text verwendet hier nicht das einfache hebräische Wort für Regenbogen, *keshet*, sondern die possessive Form *kashti: „meinen Bogen“*. Es ist Gottes Regenbogen, weil es seine Luft, sein Sonnenlicht und sein Wasser waren, die ihn formten, und er stellte uns diese Elemente zu unserem Besten zur Verfügung. Der Regenbogen erinnert uns daran, dass Gott diese Welt liebt und sich mit großem Engagement für sie einsetzt.

Gott nannte ihn auch *„meinen Bogen“*, weil er ein Abbild des Regenbogens um seinen Thron im Himmel war. Die Bibel berichtet von einem herrlichen Regenbogen, der den Thron Gottes umringt. (Siehe beispielsweise Hesekiel 1,28; Offenbarung 4,3.) Immer, wenn Gott Gericht spricht, ist der Regenbogen sichtbar, um ihn an sein Erbarmen zu erinnern. (Siehe beispielsweise Sprüche 20,28; Jesaja 16,5; Hebräer 4,16; Jakobus 2,13.) Daher fleht der Prophet: *„HERR, ... im Zorn gedenke des Erbarmens!“* (Habakuk 3,2 E). Und tatsächlich, auf dem Höhepunkt der Flut, heißt es: *„Und Gott gedachte des Noah“* (Genesis 8,1 E). Das bedeutet, er dachte daran, dass Noah, seine Familie und alle Tiere sich immer noch in diesem vom Sturmwind getriebenen Boot befanden, zusammengekauert und voller Angst. Gott erinnerte sich auch an seine Verheißung, sie durch die Flut hindurchzutragen; in Genesis 6,18 (E) hatte er erklärt: *„Aber mit dir will ich meinen Bund aufrichten.“* Daher ist der Regenbogen auch eine Erinnerung an seine Bundeszusagen an Noah und die gesamte Menschheit, ja sogar an die ganze Erde, die er in zwei Passagen am Ende der Flutgeschichte (Genesis 8,21–22 und Genesis 9,12–17) äußerte.

Die großen Bundesschlüsse der Bibel sind verbindliche Vereinbarungen, durch die sich Gott nachdrücklich dazu verpflichtet, bestimmte Dinge zu tun oder sich auf eine bestimmte Art und Weise zu verhalten. In Hebräer 6,13 (E) heißt es: *„Denn als Gott dem Abraham die Verheißung gab, schwor er bei sich selbst – weil er bei keinem Größeren schwören konnte“*. Es hängt nicht einmal von der Person ab, die Gott zum Empfänger seiner göttlichen Verheißungen erwählt hat; sie mag schon lange gestorben sein, doch seine Verheißungen bleiben.

Wir sehen diesen Grundsatz am Werk, als Gott nach der Flut einen Bund *mit sich selbst* schloss, durch den er versprach, niemals wieder alle Lebewesen durch Wasser zu vernichten. In Genesis 8,12 (E) lesen wir: *„... der HERR sprach in seinem Herzen: ...“* Er sprach weder zu einem Menschen noch zu einem Engel oder irgendeinem anderen Geschöpf; er führte ein Selbstgespräch. Erst danach gab er die Verheißung an Noah weiter, dass er die Erde niemals wieder durch Wasser zerstören würde. Und als äußeres Zeichen seines inneren Entschlusses setzte er den Regenbogen an den Himmel. Noah starb 350 Jahre nach der Flut, doch Gottes Verheißungen an ihn gelten heute immer noch. Sogar der Wechsel der Jahreszeiten hat seine Grundlage in Gottes ewiger Treue! (Siehe Genesis 8,22.)

Dieses Konzept ist für uns Menschen nicht immer leicht nachvollziehbar. Viele legen ihrer Sicht Gottes ihr eigenes Verständnis unserer menschlichen Natur zugrunde und glauben daher letztlich, Gott sei wie wir. Sogar viele Christen haben durch die Jahrhunderte diesen Fehler begangen, indem sie darauf beharrten, dass Gottes Bundesschlüsse mit Israel nicht länger gültig seien. Doch Gott ist nicht fehlerhaft und sündig wie wir! Er ist absolut vertrauenswürdig und es ist ihm unmöglich zu lügen oder seine Meinung zu ändern. (Siehe beispielsweise Hebräer 6,18.) Aus diesem Grund wird der Bund mit Noah so lange gelten, wie Himmel und Erde bestehen. Eines Tages aber wird seine Geltung aufhören. Ich gebe diesen Warnhinweis, weil es in Jesaja 51,6 (E) tatsächlich heißt, dass Folgendes geschehen wird: *„Denn der Himmel wird wie Rauch zerfetzt werden, und die Erde wird zerfallen wie ein Kleid ...“* Doch diese Erörterung heben wir uns für das nächste Kapitel auf.

Fürs Erste beenden wir diesen Abschnitt mit dem Gedanken, dass Gottes Gnade das Vermächtnis der biblischen Flut ist. Der Psalmist erinnert sich folgendermaßen an die Überflutung aus alter Zeit:

HERR, deine Gnade reicht bis zum Himmel, deine Treue bis zu den Wolken! Deine Gerechtigkeit ist wie die Berge Gottes, deine Gerichte sind wie die große Flut; du, o HERR, rettest Menschen und Tiere.
(Psalm 36,6–7 S)

6

WARUM NOCHMAL?

„Wer die Vergangenheit nicht kennt, ist dazu verurteilt, sie zu wiederholen."
George Santayana[1]

„Ich bin gekommen, um auf der Erde ein Feuer zu entfachen. Wie froh wäre ich, es würde schon brennen!"
Jesus von Nazareth (Lukas 12,49 Hfa)

Nachdem wir nun die Sintflut mit ihrem Hintergrund, ihren Ursachen, ihrer Umsetzung und ihren Folgen behandelt haben: Warum sollten wir glauben, dass sich ein derartiges weltumspannendes Gericht noch einmal wiederholen wird? Schließlich hat Gott doch versprochen, die Erde niemals wieder zu überfluten? Diese Frage haben wir gerade ausdrücklich mit „Ja" beantwortet! Diese Verheißung bezieht sich allerdings nur darauf, niemals wieder alles Leben zu ertränken. Gott stehen noch andere Möglichkeiten der Zerstörung zur Verfügung. Gleichzeitig macht die Bibel sehr deutlich, dass dieses Zeitalter durch ein weiteres katastrophales Gerichtshandeln enden wird, das in seinem Ausmaß mit der Sintflut vergleichbar ist – nur wird es nicht durch Wasser geschehen.

Zunächst einmal hat Jesus gesagt, dass es passieren wird! Matthäus 25,36–39 und Lukas 17,26–30 verdeutlichen uns, dass Jesus die Flut nicht nur als historisches Ereignis betrachtet. Er weist auch darauf hin, dass ein weltweites Gericht wie zur Zeit Noahs kurz vor seiner Wiederkunft stattfinden wird. Petrus kommt zum selben Ergebnis. (Siehe 2. Petrus 2,4–9; 3,5–13.) Paulus warnt uns vor einer kommenden Ausgießung göttlichen Zorns, genau wie in der Sintflut. (Siehe Römer 1,18–2,16.) Und schließlich versorgt uns der Apostel Johannes im Buch der Offenbarung mit anschaulichen Beschreibungen, wie sich dieses Strafgericht in der Endzeit ereignen wird. Alle diese Akteure des Neuen Testaments begründeten ihre Schlussfolgerungen mit Passagen aus dem Alten Testament.

Die Warnungen Jesu

In seinen beiden prophetischen Warnungen zu den Tagen Noahs betont Jesus das Überraschungsmoment des Strafgerichts, das durch die Wassermassen kam. Allerdings werden die Sorglosigkeit und Selbstgefälligkeit der Menschen zur damaligen Zeit im Genesis-Bericht nicht so deutlich. Daher ist anzunehmen, dass Jesus seine Flutanalogie auf andere biblische Passagen gründete. Ich glaube, eine dieser Quellen ist die einzige Schriftstelle im Alten Testament, in der der Ausdruck *„Tage Noahs"* im prophetischen Sinne auftaucht: *„Wie die Tage Noahs gilt mir dies, als ich schwor, dass die Wasser Noahs die Erde nicht mehr überfluten sollten"* (Jesaja 54,9 E).

In diesem Kontext bestätigt Gott seinen Bund, Israel in der Endzeit wiederherzustellen. Diesen Bund vergleicht er mit seinem Bund mit Noah, den er mit einem Eid bekräftigt hatte. Dieser spezielle Vers ist so reich an Bedeutung, was Israels Wiederherstellung betrifft, dass er ein eigenes Kapitel verdient; es erscheint am Ende dieses Buches. Doch wir werden uns jetzt erst einmal auf die einzigartige Formulierung von Jesaja 54,9 konzentrieren.

Manche englische Bibeln übersetzen diesen Vers so, als würde der Begriff „Wasser Noahs" zweimal vorkommen: *„Wie die Wasser Noahs gilt mir dies, als ich schwor, dass die Wasser Noahs ..."* Doch die Übersetzung „New American Standard Bible" übersetzt *[genau wie die deutsche Elberfelder Übersetzung, Anmerkung der Übersetzerin]* den ersten Ausdruck mit *„Tage Noahs"*.

Im traditionellen masoretischen Text wird die hebräische Wortwurzel מי (mem, jod) oder *mi*, eine Ableitung von *mayim* (Wasser) verwendet. In der großen Jesaja-Rolle jedoch, die in Qumran gefunden wurde und zweitausend Jahre alt ist, steht ימי (jod, mem, jod) – was auch als *jomi* („Tage") verstanden werden könnte. Daher ist *„wie die Tage Noahs"* eine korrekte Übersetzung des ersten Teils von Jesaja 54,9.[2]

In Genesis 6,3 (E) heißt es über den Menschen: „Seine Tage (*jomi*) sollen 120 Jahre betragen." Ein biblischer *„Tag"* kann sich entweder auf einen Zeitraum von 24 Stunden oder auf ein spezifisches Ereignis oder auf eine bestimmte Zeitspanne beziehen. In diesem Fall scheint es um eine Art „Hochsaison" oder eine erforderliche Periode von begrenzter Dauer zu gehen wie beispielsweise die „Tage der Ernte". Gott beschloss, die Welt zu richten – doch dann wartete er 120 Jahr lang, bevor er dieses Urteil vollstreckte; dadurch gewährte er der Menschheit nur noch einen begrenzten Zeitraum auf Erden.

Jesus scheint sich bei der zweimaligen Verwendung des Begriffs *„Tage Noahs"* auf diese Zeit des göttlichen Abwartens zu beziehen. Petrus greift sie ebenfalls mit folgenden Worten auf: *„... als die Langmut Gottes in den Tagen Noahs abwartete, während die Arche gebaut wurde"* (1. Petrus 3,20 E). Der Ausdruck *„Tage Noahs"* wird also dreimal im Neuen Testament verwendet, um diese ausgedehnte Wartezeit zwischen Gottes Entscheidung, die Welt zu richten, und dem tatsächlichen Einsetzen der Flut zu bezeichnen. Diese Zeit des Wartens diente einem doppelten Zweck: Vielleicht würden einige Menschen Buße tun, während die Welt immer bösartiger wurde; doch alle anderen wollte Gott tatsächlich in ein falsches Gefühl der Sicherheit einlullen.

Wenn Jesus erklärt, das Ende der Zeit werde sein *„wie die Tage Noahs"* (Matthäus 24,37), dann muss er eine Wiederholung des gesamten Szenarios erwarten. Es mag sich nicht auf genau dieselbe Art und Weise abspielen, d. h. mit gefallenen Engeln, riesigen *Nephilim* und Wasserfluten. Doch etwas Ähnliches wird geschehen, einschließlich einer moralischen Rebellion, deren Verschlimmerung Gott erlauben wird, bis er keine andere Wahl mehr hat, als sie zu richten. In der Zwischenzeit wird er geduldig seinen Zorn ansammeln – oben im Himmel und unten in der Erde. Das Urteil ist bereits gesprochen, doch wir warten noch auf seine Vollstreckung. Noch einmal: Dieses Szenario beruht auf der

Annahme, dass Gott gerecht ist. Er warnt uns und handelt erst, wenn unsere Rebellion ihr volles Maß erreicht hat, sodass er uns zur Rechenschaft ziehen muss.

Petrus' Warnungen

Auch Petrus spricht über die Flut, ebenso wie über die Zerstörung von Sodom, und warnt vor einem ähnlich unerwarteten Gericht im Zusammenhang mit der Rückkehr Jesu, für die Folgendes gilt: *„Die jetzigen Himmel und die jetzige Erde aber sind durch dasselbe Wort aufbewahrt und für das Feuer aufgehoben zum Tag des Gerichts und des Verderbens der gottlosen Menschen"* (2. Petrus ,7 E). Hinsichtlich der Plötzlichkeit dieses Tages verwendet Petrus dasselbe Motiv wie Jesus in Matthäus 24,42–44, nachdem dieser von den „Tagen Noahs" gesprochen hat: Dieser Tag werde kommen wie ein „Dieb in der Nacht".

> *Es wird aber der Tag des Herrn kommen wie ein Dieb; an ihm werden die Himmel mit gewaltigem Geräusch vergehen, die Elemente aber werden im Brand aufgelöst und die Erde und die Werke auf ihr im Gericht erfunden werden. Da dies alles so aufgelöst wird, was für Leute müsst ihr dann sein in heiligem Wandel und Gottseligkeit, indem ihr die Ankunft des Tages Gottes erwartet und beschleunigt, um dessentwillen die Himmel in Feuer geraten und aufgelöst und die Elemente im Brand zerschmelzen werden! Wir erwarten aber nach seiner Verheißung neue Himmel und eine neue Erde, in denen Gerechtigkeit wohnt.*
> *(2. Petrus 3,10–13 E)*

Sowohl Jesus als auch Petrus erklären also ausdrücklich, dass ein plötzliches, katastrophales Gericht kurz vor der Wiederkunft des Herrn über die Erde kommen wird. Zusätzlich zu den Worten Jesu scheint Petrus sich auf Abschnitte des Alten Testaments zu stützen, die vor einem endzeitlichen Strafgericht warnen, das der Sintflut ähnelt. Tatsächlich haben Bibelforscher festgestellt, dass Flut-Analogien im Zusammenhang mit der Endzeit die Bücher der hebräischen Propheten durchziehen. Insbesondere die Kapitel 24 bis 27 des Propheten Jesaja stellen eine durchgängige prophetische Warnung dar, die eine immens große Zahl von Flut-Anspielungen enthält[3] – nur, dass diese Passagen davor warnen, dass die Strafe dieses Mal nicht durch Wasser vollzogen wird, sondern durch Feuer!

In Jesaja 24, dem deutlichsten Beispiel, heißt es, dass die „Fenster der Höhe" und die *„Grundfesten der Erde"* sich erneut auftun werden, um Gottes Gericht seinen Lauf zu lassen. Es wird die Erde wie einen Betrunkenen taumeln lassen und sie wird sogar aufbrechen. (Siehe Verse 18–20.) Die Fenster des Himmels und die Quellen der Tiefe werden in der gesamten Bibel oft paarweise erwähnt. Diese Zugangswege öffnen sich normalerweise, um als Ursprung göttlicher Segnungen zu dienen. (Siehe beispielsweise Genesis 49,25; Deuteronomium 28,12; Psalm 85,11; Maleachi 3,10.) Auf Grundlage derartig positiver Aussagen hören wir in evangelikalen Kreisen oft Lieder und Gebete, die Gott dazu auffordern, die „Fenster des Himmels" zu öffnen, um seinen Segen auf uns auszugießen. Doch dieselben Pforten fungieren auch als die *„Schleusen"* seines Zorns. Diese Realität erhärtet sich in der äußerst unheilschwangeren prophetischen Warnung (Jesaja 24,18), dass diese Zugangswege sich eines Tages erneut öffnen werden, um Gottes feuriges Strafgericht hindurchzulassen.

Dieses Kapitel des Propheten Jesaja enthält von Beginn an zahlreiche Begriffe und Konzepte aus dem Flutbericht im Buch Genesis. *„Siehe, der HERR entleert die Erde und verheert sie und kehrt ihre Oberfläche um und zerstreut ihre Bewohner ... Darum sind die Bewohner der Erde dahingeschwunden [oder verbrannt], und wenig Menschen bleiben übrig"* (Jesaja 24,1–6 E). Uns wird berichtet, dass die Menschheit *„den ewigen Bund ungültig gemacht"* habe (Vers 5), wobei sich der *„ewige Bund" (brit olam)* direkt auf Gottes Bund mit Noah bezieht (Genesis 9,16). Der Herr hat versprochen, die Welt niemals wieder durch Wasser zu zerstören, doch er bestand auch darauf, dass die Menschen einander respektierten, da sie als Gottes Ebenbild geschaffen wurden. (Siehe Genesis 9,4–7.) Daraus lässt sich unzweifelhaft schließen, dass die Menschheit eines Tages diese Bedingung ernsthaft gebrochen haben wird. Und Jesaja erklärt, dass ein Tag kommen wird, an dem Gott die gesamte Welt dafür zur Rechenschaft zieht. Er bezieht sich erneut auf die Sintflut, indem er ankündigt, dass *„das Heer der Höhe"*, d. h. weitere ungehorsame Engel, eine Zeit lang in der Grube angekettet werden. (Siehe Jesaja 24,21–22.) Ebenso gibt es Beschreibungen, die an die Arche erinnern und erläutern, wie Gott Israel und die

Gerechten während dieses verheerenden Gerichts bewahrt. (Siehe beispielsweise Jesaja 26,20–21.)

Ein paar Kapitel später fügt Jesaja noch hinzu: *„Und alles Heer des Himmels zergeht. Und der Himmel wird zusammengerollt wie eine Buchrolle. Und sein gesamtes Heer verwelkt, wie das Laub am Weinstock verwelkt und wie Welkes am Feigenbaum"* (Jesaja 34,4 E). An anderer Stelle prophezeit er: *„... der Himmel wird wie Rauch zerfetzt werden, und die Erde wird zerfallen wie ein Kleid"* (Jesaja 51,6 E). Petrus greift diese Themen auf, indem er erklärt: *„... dann werden die Himmel zergehen mit großem Krachen; die Elemente aber werden vor Hitze schmelzen, und die Erde und die Werke, die darauf sind, werden nicht mehr zu finden sein"* (2. Petrus 3,10 L). In Offenbarung 21,1 finden wir eine weitere Erwähnung des globalen Gerichts. Dort heißt es, dass ein neuer Himmel und eine neue Erde erschaffen werden, weil der erste Himmel und die erste Erde *„vergangen"* sind.

All dies müssen wir näher erklären. Die Bibel erwähnt den *„Tag des HERRN"* sehr häufig – damit ist der Tag des Jüngsten Gerichts gemeint. Überall heißt es, dass er plötzlich kommen werde. Viele Passagen beschreiben ihn auch als einen Tag großer Finsternis (siehe Joel 2,1–2; Amos 5,18–20; Zefanja 1,14–15), an dem es als schwere Strafe Feuer und Schwefel regnen wird wie in Sodom (siehe beispielsweise Jesaja 13,9–19; 34,8–10; Joel 2,1–11; Zefanja 1,18; 3,8). Dieser letzte Aspekt wird uns besonders bei der Lektüre der Offenbarung deutlich vor Augen geführt.

Johannes' Warnungen

In der Offenbarung unterteilt Johannes das feurige Gericht Gottes in zwei Phasen. Die erste Phase ereignet sich, wenn Gott einen Teil seines Zorns während der letzten sieben Jahre unserer Zeit ausgießt – diese Zeitspanne ist auch als „große Trübsal" bekannt. Diese Gerichtszeit wird in Offenbarung 6–19 beschrieben, und das wiederkehrende Motiv ist Feuer, Feuer und noch einmal Feuer! Doch dann kehrt Jesus zurück, um 1000 Jahre lang auf dieser Erde zu herrschen. Während dieser Zeit werden der Satan und seine Engel gebunden, sodass endlich Frieden und Ruhe auf einer wiederhergestellten Erde einziehen können (siehe Offenbarung 20,1–6). Dabei wird sogar das Tierreich in seinen wunderbaren paradiesischen Zustand zurückversetzt (siehe Jesaja 11,6–9). Dieses Einsperren Satans und seiner Engel ist mit dem Szenario vergleichbar, in dem die rebellischen Engel vor der Flut in der Dunkelheit angekettet wurden und seither den Tag des Gerichts erwarten. Wir haben oben schon festgestellt, dass Jesaja 24,21–22 diese Festsetzung ebenfalls erwähnt. Wenn das Millennium des Friedens zu Ende geht, wird Satan schließlich für kurze Zeit freigelassen, um eine letzte Rebellion gegen Gott anzuführen. Danach wird er gemeinsam mit den anderen gefallenen Engeln für immer in den Feuersee geworfen. (Siehe Offenbarung 20,7–10.) Die Menschen, die sich dieser letzten Rebellion angeschlossen haben, werden von einem Feuer verzehrt werden, das vom Himmel fällt. (Siehe Offenbarung 20,9; siehe auch Hesekiel 38,22.) Dann wird Gott auftreten, um Himmel und Erde vollkommen neu zu erschaffen. Dort werden die Heiligen für immer leben. (Siehe Offenbarung 21.)

Was Gottes Gericht am Ende unseres Zeitalters betrifft, erklärt die Bibel klar und deutlich, dass es durch Feuer vollstreckt wird, das sowohl aus dem Himmel als auch aus dem Inneren der Erde kommt, genau wie damals die Wasser der Flut. Diese Bedrohung geht weit über unsere aktuellen Sorgen über die globale Erwärmung hinaus. Sie könnte sich sehr leicht in Form von geschmolzener Lava manifestieren, die aus den Quellen der Tiefe hervorschießt. Wir alle wissen, dass die dünne Erdkruste aus Bruchstücken besteht, nämlich aus tektonischen Platten, die sich bewegen. Daher gleicht unser Planet einer Eierschale, die überall Risse hat. Und direkt unter der Erdkruste liegt momentan geschmolzenes heißes Gestein, das durch extrem heiße Lavaströme, Vulkanausbrüche und Erdbeben an die Oberfläche gelangt.

Unterdessen könnte das feurig-heiße Gericht aus den Fenstern des Himmels in Form brennender Meteoriten auftreten, die die Erde zweifellos schon in der Vergangenheit getroffen haben. Wissenschaftler sagen heute, dass die massive Schwerkraft des Jupiters die Erde tatsächlich vor den meisten Asteroiden und anderen Weltraumtrümmern abschirmt. Andernfalls wäre unser Planet voller Krater, wie der Mond.[4] Würde sich dieser Schutzschild auch nur ein wenig verschieben, wären wir alle verloren. Der zerstörerische Einfluss von Sonneneruptionen, die die Erde treffen könnten, gibt ebenfalls Anlass zu wachsender Besorgnis. Ob es sich nun um Meteoriten oder Sonneneruptionen von oben oder Vulkanausbrüche und Erdbeben von unten handelt: Dies sind nur einige Bedrohungen des Lebens auf dieser Erde, die bereits in der Natur existieren, in manchen Fällen sogar tagtäglich vorkommen. Daher ist es absolut vorstellbar, dass sie eines Tages freigesetzt werden könnten, um unheilvolle biblische Prophetien zu erfüllen.

Die Bibel ermahnt uns, unsere Herzen auf diese erste Phase des feurigen Gerichts vorzubereiten, die kurz vor der Wiederkunft Christi kommen wird. Denn wenn unsere Beziehung zu ihm dann nicht stimmt, wird es zu spät sein! Selbst wenn wir es lebendig ins Millennium schaffen, werden wir irgendwann sterben, wie Normalsterbliche es üblicherweise tun. Erst am Ende der tausend Jahre werden wir dann auferstehen, um vor dem *„großen weißen Thron"* des göttlichen Gerichts zu erscheinen. (Siehe Offenbarung 20,11–15.) Die Bibel warnt uns ausnahmslos davor, dass der Tag des Herrn plötzlich kommen wird, wie ein Dieb in der Nacht. Wenn wir allerdings bei Jesu Wiederkehr ein gottgefälliges Leben führen, werden wir sofort einen neuen Körper erhalten, der unsterblich und unzerstörbar ist, und das ewige Leben bei Gott genießen. (Siehe Römer 8,18–25; 1. Korinther 15,50–53; Philipper 3,20–21; 1. Thessalonicher 4,15–18; Titus 2,13.) Dies ist eine unglaubliche Verheißung, die keiner von uns jemals ausschlagen sollte!

Der Zorn, der kurz vor der Rückkehr Christi ausgegossen wird, zeigt sich in den schweren Strafgerichten der Siegel, Posaunen und Schalen, über die uns die Offenbarung berichtet. In Offenbarung 6,12–17 verwendet Johannes stellenweise dieselben Bilder wie Jesaja in den Kapiteln 24 und 34. Er beschreibt beispielsweise ein großes Erdbeben, die Verdunkelung von Sonne und Mond, das Abstürzen der Sterne des Himmels, die wie reife Früchte von einem Feigenbaum fallen, und den Himmel, der wie eine Schriftrolle aufgerollt wird. Johannes erklärt, dass jeder Berg und jede Insel von ihrem Ort gerückt werden, genau wie Jesaja, der vorhersagt, dass der Herr das Angesicht der Erde *„entstellen"* werde (siehe Jesaja 24,1 Z), die *„zertrümmert"* wird (Vers 19 M). Dies ist nur der Beginn des glühenden Zorns, der in jenen Tagen entfesselt wird. Seine Folgen sind mit der Verunstaltung und Vernarbung der Erdoberfläche vergleichbar, die durch große Flut entstanden.

Auffällig an diesen Strafen der Trübsalszeit ist das Motiv von Feuer, Rauch und Schwefel, das sich wiederholt. Entweder werden diese Elemente vom

Himmel herabgeschleudert, steigen aus der Erde empor oder Menschen lassen sie über ihre Mitmenschen kommen. So fällt beispielsweise in Offenbarung 8,5,7–8 und 10 wiederholt Feuer vom Himmel. Die beiden Zeugen in Offenbarung, Kapitel 11 haben die Macht, Feuer auf jeden herabregnen zu lassen, der versucht sie anzugreifen oder ihren Dienst aufzuhalten. (Siehe Vers 5.) In Offenbarung 9,2 steigt der Rauch eines großen Ofens aus dem Abgrund empor. Jeder, der das Tier anbetet und sein Zeichen trägt, wird *„mit Feuer und Schwefel gequält werden"* (Offenbarung 14,10). Statt im Wasser ertränkt zu werden, wird die Erde dieses Mal durch die Sonne schwere Verbrennungen erleiden. (Siehe Offenbarung 16,8–9.) Im Gegensatz zu einer Überflutung wird Wasser nun extrem rar. Der winzige Rest verbleibenden Wassers wird durch einen großen *„Stern, brennend wie eine Fackel"* verseucht (siehe Offenbarung 8,10–11) oder das Wasser verwandelt sich in Blut (siehe Offenbarung 8,8–9; 16,3–4.) Zudem werden sich zahlreiche Erdbeben ereignen, wie beispielsweise in Offenbarung 8,5, 11,13 und 16,18 erwähnt. Dabei wird das Letzte die stärkste Erderschütterung aller Zeiten darstellen.

So, wie Gottes Zorn sich zur Zeit Noahs in chaotischen Wassermassen über die Erde ergoss, wird er sich als brennender Feuerofen beim zweiten Kommen des Herrn manifestieren. Die Bibel bestätigt diese Tatsache immer wieder durch so weit verstreute Abschnitte wie Psalm 21,8–10, Jesaja 66,15–16, Joel 2,1–11, Zefanja 3,8 und 2. Thessalonicher 1,6–10. Es scheint, dass Sodom nur einen Vorgeschmack dessen empfing, was für die Endzeit aufgehäuft wird. Tatsächlich heißt es in Judas 7 (S), dass Sodom und Gomorra *„als warnendes Beispiel dastehen, indem sie die Strafe eines ewigen Feuers zu erleiden haben"*. Denselben Gedanken greift Petrus in 2. Petrus 2,6 (S) auf: *„... und auch die Städte Sodom und Gomorra einäscherte, ... womit er sie künftigen Gottlosen zum warnenden Beispiel setzte."* Im Buch Genesis heißt es schließlich, dass es Feuer und Schwefel auf Sodom und Gomorra „regnete", *„vom HERRN, vom Himmel herab"* (Genesis 19,24 E; siehe auch Psalm 11,6; Lukas 17,29). Wieder warnt uns die Bibel ausdrücklich, dass es nur ein Vorgeschmack dessen war, was die gesamte Erde erwartet.

Viele dieser flammenden Strafgerichte werden voraussichtlich menschengemacht sein. Offenbarung Kapitel 6 berichtet über vier Reiter, die zu Beginn der Trübsal losgeschickt werden, um den Frieden von der Erde zu nehmen und weitverbreitete Konflikte und Kriege zu verursachen. Dabei werden Menschenmassen durch Mord, Hunger und den Drang nach Eroberung getötet. Das bedeutet, dass Länder hitzige Kriege gegeneinander führen werden. Feuer, Rauch und Schwefel gehen auch von einem Heer von Reitern aus (Offenbarung 9,17–18), die ein Drittel der Menschheit töten werden. Zudem verbrennt das große Tier am Ende die Hure mit Feuer (siehe Offenbarung 17,16–17). Ein zweites Tier hat die Macht, Feuer vom Himmel herunterregnen zu lassen (siehe Offenbarung 13,13), und die geheimnisvolle Stadt „Babylon" wird *„mit Feuer verbrannt werden"* (Offenbarung 18,8 E; siehe auch Vers 18). Um es noch einmal zu sagen: Bei vielen dieser Ereignisse scheint der Mensch seinen eigenen brennenden Zorn an seinen Mitmenschen auszulassen. Darüber hinaus hat es den Anschein, dass sich viele der schlimmsten Befürchtungen über die Erderwärmung in der Offenbarung bewahrheiten. Tatsächlich heißt es in Offenbarung 11,18 (S), dass Gott kommen wird, um die zu verderben, „welche die Erde verderben!" Doch erst gegen Ende wird Gottes ganzer Zorn schließlich über der Erde ausgegossen (Offenbarung 16). Sehr viel von dem, was zuvor geschieht, wird wahrscheinlich durch uns selbst verursacht werden! Jesus selbst sagte, in den letzten Tagen würden „sich Nation gegen Nation erheben und Königreich gegen Königreich" (Matthäus 24,7 E). Dies alles passt zu dem biblischen Grundsatz, dass sich die Rebellischen durch ihre eigenen Sünden zerstören, was auch Paulus vertritt.

Paulus' Warnungen

Im dritten Kapitel dieses Buches haben wir näher betrachtet, wie der Apostel Paulus seinen Brief an die Römer beginnt – mit einem Rückblick auf den moralischen Abstieg des Menschen, nachdem dieser dem Götzendienst verfallen ist. Die Annahme, dass Paulus hier spezifisch über die Rebellion vor der Sintflut schreibt, erscheint schlüssig. Denn er spricht davon, dass die Menschheit *„seit Erschaffung der Welt"* den einen wahren Gott kannte, sich jedoch von ihm abwandte und anfing, Götzen anzubeten. (Siehe Römer 1,18–23.) Das früheste Beispiel, das Paulus hierfür herangezogen haben könnte, waren die Tage vor der Flut, und zwar beginnend mit Genesis 4,26.

Hinzu kommt, dass Paulus erwähnt, dass Frauen *„den natürlichen Verkehr in den unnatürlichen verwandelt"* hätten (Römer 1,26 E), bevor er davon spricht, dass Männer *„den natürlichen Verkehr mit der Frau"* verließen (Vers 27). Uns wird berichtet, dass Frauen in der vorsintflutlichen Welt unnatürliche sexuelle Beziehungen mit gefallenen Engeln eingingen, was offensichtlich dazu führte, dass viele Männer in der damaligen Zeit sich dann damit begnügten, miteinander zu schlafen.[5]

Doch Paulus lässt nicht nur vergangene Ereignisse Revue passieren; er warnt auch davor, dass sich derselbe moralische Verfall erneut ereignen könnte. Wir erkennen es daran, dass er die Akteure zunächst mit *„sie"* bezeichnet, d. h. die Menschen, die früher gesündigt hatten. Allerdings ist er in Kapitel 2 mit einer ernsten Mahnung zum *„du"* übergegangen. Dabei wendet er sich an die Menschen des griechisch-römischen Kulturkreises, für den ein ganzer Götterhimmel, notorische sexuelle Freizügigkeit und gnadenlose Gewalt typisch waren. So warnte er die römischen Gläubigen, dass die Gesellschaft um sie herum „sich selbst Zorn anhäufte", der am *„Tag des Zorns"* ausgegossen würde (Römer 2,5 S).

Paulus erklärt, wie dieser Zorn Gottes *„vom Himmel her"* (Römer 1,18 E) geoffenbart wird. Dort wird er unsichtbar aufgespeichert, bis Gott ihn schließlich auf alle ahnungslosen Sünder ausgießt. Seine Warnung konzentriert sich auf die fatalen Folgen der Anbetung anderer Götter. Diese Praxis führt wie ein rutschiger Pfad abwärts, in sexuelle Unmoral, Gewalt, Bosheit, verzerrte Erkenntnis etc. hinein. Doch sein ursprüngliches und vorrangiges Anschauungsbeispiel ist die Generation zur Zeit der Sintflut. Damals gab es eine Rebellion ungehorsamer Engel gegen Gott, auf die man zu Paulus' Lebzeiten in Rom sogar nostalgisch verklärt zurückblickte.

Es war nicht so, dass die Menschen Gott nicht gekannt hätten – sie kannte ihn tatsächlich, doch sie unterdrückten dieses Bewusstsein und entschieden sich stattdessen für falsche Götter und ein pervertiertes Wissen. Paulus betont, dass Gott aufgrund der Fülle des Beweismaterials in der Natur erkennbar sei, eine Tatsache, die Psalm 19,1 (E) beschreibt: *„Der Himmel erzählt die Herrlichkeit Gottes, und das Himmelsgewölbe verkündet seiner Hände Werk."*

Daher haben Götzenanbeter keine Entschuldigung; sie werden Gott gegenüber undankbar für das Leben und die Schöpfung; sie hegen nutzlose Gedanken und haben törichte, verfinsterte Herzen; sie sind mit unsauberen Lüsten und verwerflichen Leidenschaften erfüllt, die zu Verdorbenheit und sexueller Unreinheit führen. Dies hat zur Folge, dass sie die natürliche Ordnung verlassen und sich homosexuellen Praktiken sowie anderen gottlosen Verhaltensweisen zuwenden. Dies alles hat große Ähnlichkeit mit den Menschen zur Zeit der Sintflut, die in Genesis Kapitel 6 beschrieben werden. Dort heißt es, dass ihre Gedanken *„allezeit nur böse"* waren (Vers 5 S) und ihr Fleisch *„verdorben"* wurde (Vers 12 E).

Bis zur Mitte des ersten Jahrhunderts war die römische Lebenswelt ähnlich dekadent geworden, insbesondere die Hauptstadt Rom selbst. Als sich das Reich ausbreitete, wurden viele römische Bürger in seinem riesigen Herrschaftsgebiet zerstreut und sahen den Monarchen nur selten. Daher begannen sie, sich Bilder der Herrscher herzustellen, die sie wie Götzen verehrten. Julius Cäsar und seine Nachfolger verstärkten diese Praxis, indem sie sich zu Halbgöttern erklärten. Gleichzeitig gaben sich die Römer immer stärker unbiblischen sexuellen Leidenschaften hin. Von den ersten 15 römischen Herrschern waren 14 praktizierende Homosexuelle. Die Stadt Rom wurde zu einem Hort der Homosexualität. Paulus prangert diese Sünde an und verdammt auch viele andere unmoralische Verhaltensweisen.[6]

Zweifellos bezieht sich Paulus nicht nur auf einen Prozess des „Zorns", der in der Gegenwart auf einzelne Menschen kommt, sondern auch auf einen künftigen Tag des Gerichts über die gesamte Menschheit. Es gab bereits eine biblische Tradition, dass der verheißene Messias beim zukünftigen Weltgericht den Vorsitz innehaben würde. (Siehe beispielsweise Psalm 98,9; Jesaja 11,3–4.) Paulus sagt tatsächlich in Römer 2,16, dass ein derartiges Konzept Teil „seines Evangeliums" sei. In 1. Thessalonicher 1,9–10 (E) beschreibt er Jesus als den Einen, der aus dem Himmel zurückkehren und Gläubige vor *„dem kommenden Zorn"* retten werden. Paulus stellt Jesus in 2. Thessalonicher 1,6–10 (E) als jemanden dar, der in „flammendem Feuer" kommt, um Rache an denen zu üben, die immer noch im Götzendienst gefangen sind, während Christus *„in seinen Heiligen verherrlicht und in allen denen bewundert"* wird, „die geglaubt haben."[7]

Es gibt noch einen Aspekt in diesem Abschnitt des Römerbriefs, der eine ausführlichere Erklärung verdient, da er für meine gesamte Abhandlung von zentraler Bedeutung ist. Paulus fordert uns in Römer 2,4 (E) auf, den Reichtum von Gottes Güte, Geduld und Langmut nicht zu *„verachten"*. Man verachtet Gottes Geduld, wenn man die Möglichkeit, die er zur Buße schenkt, nicht zu schätzen weiß. Wenn wir bei Gott eine moralische Grenze überschreiten und sich der Boden nicht sofort unter uns öffnet, um uns zu verschlingen, sollten wir diesen Aufschub des Gerichts niemals als göttliches Einverständnis für unser Verhalten werten. Die Geduld, die Gott mit der Generation der Sintflut angesichts ihrer krassen Unmoral hatte, war kein Zeichen dafür, dass ihr Benehmen akzeptabel war. Sein Schweigen war vielmehr ein Aspekt seiner Geduld, während er gleichzeitig den Zorn, der einer derartigen Sünde angemessen war, aufhäufte.

Der Bibellehrer R.C. Sproul nennt diesen Vers „einen beängstigenden Abschnitt, weil Paulus hier jemanden beschreibt, der etwas hortet. Der Sinn des Ansammelns besteht darin, einen Vorrat anzulegen für Notzeiten … Paulus spricht über das Horten von Strafe, das Anhäufen von Zorn, den man aufhäuft und auftürmt."[8]

Bei der römischen Gesellschaft wird uns eine genauere Betrachtung ihres moralischen Verfalls helfen, besser zu verstehen, warum Paulus die Menschen warnte, dass sie sich Zorn aufhäuften, sollten sie nicht umkehren. Öffnen wir das Geschichtsbuch Roms noch etwas weiter, werden uns unerfreuliche Verhaltensweisen begegnen. Doch dieser Einblick wird uns ermöglichen, die Grundwahrheiten zu erfassen, die der Apostel verkündigte. Er wird uns auch ein weiteres Modell liefern, anhand dessen wir ablesen können, wo unsere eigene Gesellschaft heute steht.

7

DIE DEKADENZ ROMS

„Weh wir armen Würstchen, wie ist alles Menschliche nichtig! So werden wir alle sein, sobald uns der Orcus hinwegrafft. Also leben wir, solange es uns gut gehen kann!"
Gaius Pompeius Trimalchio in „Das Gastmahl des Trimalchio" von Gaius Petronius Arbiter[1]

„Wenn die Toten nicht auferstehen, dann ‚lasst uns essen und trinken; denn morgen sind wir tot!'"
Apostel Paulus (1. Korinther 15,32)

Das Römische Reich und sein griechischer Vorläufer gelten heute bei vielen als die Säulen der westlichen Zivilisation. Allerdings kann man durchaus sagen, dass Rom zu Lebzeiten des Paulus so dekadent war, dass es niemals als nachahmenswertes Vorbild dienen sollte. Doch erlag es im selben Ausmaß einer moralischen Rebellion wie die Menschheit vor der Flut? Und glaubte Paulus, dass es kurz davorstand, sich Gottes Zorn zuzuziehen? Ein kurzer Blick auf die Sünde und Selbstgefälligkeit Roms offenbart tatsächlich, dass sich das vorsintflutliche Muster erneut entfaltete: Götzendienst führte zu Gewalt und sexueller Unmoral.

Götzendienst

Rom war sehr stark von der griechischen Mythologie beeinflusst, daher gab es in der Stadt viele heidnische Tempel und Kultstätten. Der Götzendienst hatte oft eine sexuelle Komponente, und Sex mit einer Tempelprostituierten wurde sogar als ein Reinigungsritual betrachtet, das den Göttern gefiel und ihre Gunst zur Folge hatte.[2] Dies war insbesondere der Fall, wenn die beliebteste Göttin der Stadt daran beteiligt war – Venus.

Venus (in der griechischen Überlieferung Aphrodite genannt) gehörte zu den am meisten verehrten Gottheiten in der römischen Gesellschaft. Sie galt sogar als Mutter und Beschützerin der Römer. Julius Cäsar beanspruchte sie als seine göttliche „Schutzheilige" und behauptete, sie gehöre als Göttin zu seiner Vorfahren-Linie, dem julianischen Geschlecht. Ihre persönliche Gunst habe seine Familie an die Macht gebracht und ihr halbgöttlichen Status verliehen. Sein Erbe, Augustus, übernahm beide Behauptungen, um seine angeborene Eignung für das Amt des Herrschers nachzuweisen.[3] So brachte die Anbetung der Venus auch den imperialen Kult eines vergöttlichten römischen Herrschers hervor.

Venus galt als Verkörperung von Liebe, Schönheit und Verführung. Aus diesem Grund brachten römische Bräute ihr vor ihrer Hochzeit Opfer und Geschenke dar. Tatsächlich symbolisierte sie die Schönheit der irdischen Frauen, die einst die unsterblichen Götter dazu verlockt hatten, auf die Erde zu kommen, um mit ihnen geschlechtlich zu verkehren. Das bedeutet, dass der römische Venus-Kult eine himmlisch-irdische Verbindung verehrte, die für das biblisch-hebräische Verständnis schändlich war. Durch die Anbetung der Venus und anderer mythischer Götter verklärten die Römer gerade die Sünde, die zur Flut geführt hatte.

Sexuelle Unmoral

In der römischen Gesellschaft drehte sich alles um männliche Dominanz zum eigenen Vergnügen – was Augustinus später als den animalischen Trieb verhöhnen würde, „Bauch und Lende" zu befriedigen.[4] Rom überhöhte die Männlichkeit derart, dass es männlichen Bürgern erlaubt war, dem sexuellen Vergnügen fast grenzenlos nachzugehen. Ein römischer Mann durfte sich in aller Freiheit sexuellen Handlungen außerhalb der Ehe hingeben, sei es mit anderen Männern oder Frauen von niederem Rang, so lange er der dominante Partner blieb.[5] Im römischen Recht wurden Sklaven als Eigentum angesehen. Daher galt es weder als ungesetzlich noch unmoralisch, sie als Sexobjekte zu missbrauchen. Vergewaltigung war ein allgegenwärtiges Thema in der römischen Mythologie; daher wurde es für römische Männer zur Routine, sich jeder Person von niedrigerem Status aufzuzwingen. Auch Prostitution und Bordelle waren im gesamten Römischen Reich zu allen Zeiten zu finden.[6]

Die Homosexualität im antiken Rom unterschied sich ein wenig von unserer zeitgenössischen Sicht, die eine gleichberechtigte Beziehung zwischen zwei einverstandenen Erwachsenen beinhaltet. Vielmehr ging es damals um eine grundsätzlich ungleiche Verbindung zwischen einem dominanten Mann und seinem ihm unterworfenen Opfer.[7] Die männlichen Partner konnten Sklaven, Freigelassene einer niedrigeren Gesellschaftsschicht – *Infames* – sein, doch Jungen im Teenageralter schienen von den meisten bevorzugt zu werden.[8]

Kindermord

Ein weiterer beunruhigender Aspekt der römischen Kultur war ihre Haltung zu Kindern, insbesondere zu Säuglingen – ein geeigneter moralischer Gradmesser für jede Gesellschaft. Statt Kinder vor der Geburt abzutreiben, folgten die Römer dem griechischen Beispiel, Neugeborene den Elementen auszusetzen, wenn sie krank, deformiert, unehelich, von „falschem" Geschlecht oder eine finanzielle Last waren. Nach der griechischen Tradition war es die Aufgabe des Vaters, ein Kind direkt nach der Geburt auf „Fehler" zu untersuchen und es dem Tod zu überlassen, wenn es irgendwelche Schwächen aufwies. In Sparta traf ein Kreis von Ältesten diese Entscheidung für jedes neugeborene Kind.[9] Diese Methode der „Entsorgung" galt nicht als Mord, da das Neugeborene theoretisch von den Göttern oder einem Passanten gerettet werden konnte.[10]

Die weitverbreitete Praxis des Kindermords hatte ihre Wurzeln in der griechischen Mythologie, in der sie immer wieder vorkam. Die legendären Gründer Roms, die Zwillinge Romulus und Remus, überlebten einen derartigen Mordversuch. Nachdem man sie in den Fluss Tiber geworfen hatte, wurden sie von Wölfen gerettet und aufgezogen. Die Römer griffen oft auf Kindermord zurück – Briefe aus der damaligen Zeit zeigen, dass er ziemlich bedenkenlos gehandhabt wurde.[11] Eine aktuelle Untersuchung von Begräbnisstätten in antiken römischen Städten, von Britannien bis nach Israel, hat ergeben, dass Kindermord in der römischen Lebenswelt weitverbreitet war, auch durch Ersticken. [12] Erst mit der Christianisierung des Römischen Reichs wurde Kindermord endlich als todeswürdiges Verbrechen geahndet.

Die römische Gier nach Gewalt

Rom war eine ausgesprochene Macho-Gesellschaft, in der man Gefallen daran fand, zuzuschauen, wie anderen Schmerzen und Leid zugefügt wurden, sogar im Sport. Das Römische Reich überdauerte 1000 Jahre, was hauptsächlich an seinen hochentwickelten Waffen, seiner überlegenen Militärtaktik und dem Gebrauch brutaler Gewalt lag. Rom beherrschte die Eisenzeit, weil es den Einsatz von Eisen meisterte. Das Metall wurde in die gesamte Ausrüstung einfacher Soldaten eingearbeitet, einschließlich ihrer zweischneidigen Schwerter, Säbel, Schilde, Helme, Körperpanzerungen, Wurfspieße und Speere. Man verwendete es für die besten Rammböcke, Belagerungstürme, Katapulte, Armbrüste und andere Angriffswaffen. Und der gnadenlose Einsatz seiner Überlegenheit brachte dem Römischen Reich seinen wohlverdienten Ruf der Grausamkeit ein.

Wir könnten unzählige Schlachten anführen, um die absolute Brutalität der römischen Legionen zu demonstrieren. Doch für unsere Zwecke genügt es zu betrachten, wie Rom den jüdischen Aufstand von 66–72 n. Chr. niederschlug. Damals gehörten die Juden zu den größten Minderheitengruppen im Römischen Reich, sie machten zirka zehn Prozent der Gesamtbevölkerung aus. Daher konnte es unangenehm werden, wenn die Juden versuchten, gegen Rom Widerstand zu leisten. Die Bösartigkeit Roms kann man an den drei großen

Belagerungen erkennen, die während des sechsjährigen jüdischen Aufstands gegen die jüdischen Rebellen verhängt wurden. In Gamla auf den Golanhöhen sprangen rund 5000 jüdische Männer, Frauen und Kinder lieber von einer Klippe in den Tod als sich zu ergeben. Während der Belagerung Jerusalems bekämpften und töteten sich jüdische Verteidiger, die innerhalb der Stadtmauern festsaßen, gegenseitig – ihr Streitpunkt war, ob sie bis zum letzten Mann Widerstand leisten oder sich ergeben und römische Sklaven werden sollten. Schließlich verübte der verbleibende Überrest von zirka 1000 Zeloten bei der Belagerung Massadas gemeinschaftlichen Selbstmord, um der Gefangennahme zu entkommen. Allein diese Taten sagen uns etwas über die harte Hand der Römer.

Die Stunde des Evangeliums

Wir können zweifellos erkennen, warum Paulus glaubte, dass die Römer sich den Zorn Gottes anhäuften. Es gab tatsächlich verräterische Anzeichen einer Abwärtsspirale, die aus Götzendienst, Gewalt und sexueller Unmoral bestand. Andererseits fand damals kein Geschlechtsverkehr zwischen gefallenen Engeln und Menschen statt, sondern nur sehr viel Götzendienst, der von dieser rebellischen Episode der Vorzeit inspiriert war. Zudem war kein flutähnliches Strafgericht am Horizont erkennbar, da genau genommen die Zeit für die Verkündigung des Evangeliums gekommen war, das sich im gesamten Römischen Reich ausbreitete. Jesus war gerade erst für die sündige Menschheit gestorben, und die Welt musste dies erfahren. Paulus schätzte daher seine Zeit richtig ein und versuchte, Rom zu erreichen, um dort die gute Nachricht zu verkünden, sogar dem Kaiser selbst, wenn möglich. (Siehe beispielsweise Apostelgeschichte 19,21; 23,11; Römer 1,15.)

Es geht also darum, zu erkennen, in welcher Zeit wir leben, und die Pläne und Strafgerichte Gottes richtig einzuordnen. Es gibt Zeiten, in denen sein Königreich aufgebaut werden soll, und andere Zeiten, in denen der König anzukündigen ist, der alle Menschen richten wird. Jesus forderte seine Jünger eindringlich dazu auf, das Evangelium allen Völkern zu verkünden – und danach würde das Ende kommen. (Siehe Matthäus 24,14.) Mit seinem Brief an die römischen Gläubigen wollte Paulus bewirken, dass diese von allen kulturellen Belastungen des römischen Heidentums und der Dekadenz Roms frei würden, die ihren Glaubensweg mit Gott behindern könnten. Doch irren wir uns nicht, der Apostel warnte auch sehr deutlich vor einem Tag des Zornes und der Abrechnung Gottes, der auf die Welt zukommt.

Wenn wir uns nun dem zweiten Teil dieses Buches zuwenden, werden wir das bisher Gelernte auf unsere heutige Welt anwenden. Uns wird schnell klar werden, dass eine wachsende Rebellion gegen Gott im Gange ist – ähnlich dem Aufstand in den Tagen der Flut und vergleichbar mit der Dekadenz Roms. Doch es gibt einen großen Unterschied! Heute ist das Evangelium bereits fast allen Völkern verkündet worden. Daher hat die Welt sogar noch weniger eine Entschuldigung für ihre Rebellion. Der Westen entwickelt sich schnell zu einer nachchristlichen Gesellschaft. Die Menschen haben Gott den Rücken zugekehrt und die Kraft des Kreuzes verleugnet. Die Bibel sagt sehr deutlich, dass es ihnen aus diesem Grund schlechter ergehen werde als den Menschen im antiken Rom und sogar schlimmer als den Bewohnern Sodoms oder den Menschen vor der Flut. Die Menschen im Westen haben einst eine großartige Wahrheit angenommen, die sie rettet, und lehnen sie nun ab – wenn sie nicht umkehren, gibt es keine Heilung. Dann werden sie die Konsequenzen tragen müssen.

Doch ich sage euch: Es wird dem Land von Sodom erträglicher ergehen am Tage des Gerichts als dir.
(Matthäus 11,24 L)

TEIL ZWEI

DIE MODERNE REBELLION

8

DER PARALLELE ABSTURZ

„Ich hinterfragte Gottes Schweigen ... Ich habe darauf keine Antwort. Bedeutet es, dass ich aufhörte zu glauben? Nein. Ich glaube, doch ich hinterfrage es."
Eli Wiesel[1]

„Denn es wird sich ein Volk gegen das andere erheben und ein Königreich gegen das andere; und es werden Hungersnöte sein und Erdbeben hier und dort. Das alles aber ist der Anfang der Wehen."
Jesus von Nazareth (Matthäus 24,7–8 L)

Betrachten wir unsere moderne Welt, so können wir die Tatsache kaum leugnen, dass sie sehr dekadent geworden ist, wie die Menschen zur Zeit Noahs. Viele mögen denken, dass sie immer weiter vorwärtsgehen und sich auf dem „aufsteigenden Ast" befinden, sowohl intellektuell als auch technologisch und ethisch-moralisch. Doch eigentlich ist die Menschheit in vielerlei Weise im Rückschritt begriffen. Und um diese krasse Realität zu offenbaren, kehren wir nach Berlin zurück. Berlin ist nicht nur der Standort des Pergamon-Altars, dieses schaurigen Symbols der vorsintflutlichen Rebellion, sondern es beherbergt auch eines der berüchtigtsten Wahrzeichen unseres aktuellen moralischen Verfalls: das Museum „Haus der Wannsee-Konferenz", die Villa Wannsee. In diesem exklusiven Herrenhaus am See trafen sich im Januar 1942 Nazi-Größen, um die Ermordung der europäischen Juden zu koordinieren. Der Völkermord der Nazis an den Juden gilt als größte Grausamkeit, die jemals von Menschen verübt wurde – doch er ereignete sich nicht zur Zeit der Römer oder der Mongolen, sondern in der Moderne. Allein aus diesem Grund hat die heutige Menschheit keinerlei Berechtigung, sich den vorangegangenen Generationen überlegen zu fühlen, auch nicht gegenüber der Generation direkt vor der Sintflut.

Das düstere Erbe von Wannsee

Am 20. Januar 1942 trafen sich 15 hochrangige Nazi-Funktionäre in dem vornehmen Anwesen ihrer Partei am Wannsee vor den Toren Berlins, um die „Endlösung der Judenfrage" zu diskutieren. Das Treffen war vom hochrangigen Nazi-Offizier Reinhard Heydrich einberufen worden, der einen Plan vorstellte, Juden aus ganz Europa in den Osten zu deportieren. Dort sollten die Arbeitsfähigen in Straßenbauprojekten eingesetzt werden und sich schließlich zu Tode arbeiten. Laut dem überlieferten Protokoll des Treffens würde man alle Überlebenden vernichten. Dieser ursprüngliche Plan wurde aufgrund der Entwicklungen im Zweiten Weltkrieg bald abgeändert. Als die sowjetischen und alliierten Truppen die deutschen Linien an der Front im Osten und Westen immer weiter zurückdrängten, wurden die meisten Juden im von den Nazis besetzten Europa in Vernichtungslager geschickt oder von umherziehenden Todeskommandos erschossen. Folglich ist die Wannsee-Konferenz der deutlichste Beweis, der eine Anklage der gesamten Nazi-Führung rechtfertigt, und zwar wegen eines gemeinschaftlichen mörderischen Komplotts, das europäische Judentum auszurotten.[2]

In den Wochen vor der Wannsee-Konferenz wendete sich das Blatt des Krieges. Als sich Amerika nach Pearl Harbour militärisch engagierte, wurde der Nazi-Führung bewusst, dass der Krieg länger dauern würde als erwartet. Es würde nicht genügend Nahrungsmittel für alle geben, daher veränderten sich die Gesprächsinhalte – es ging nicht mehr um die Evakuierung der Juden, sondern um ihre Vernichtung. Am 18. Dezember 1941 traf sich Heinrich Himmler mit Hitler. Er machte sich folgende Notiz: „Judenfrage: als Partisanen zu vernichten.“[3]

Ein paar Wochen später bestellte Heydrich hochrangige Regierungsvertreter in die Villa Wannsee, um ihnen seinen Plan zur Vernichtung der europäischen Juden zu erläutern. Sein Assistent Adolf Eichmann bezifferte ihre Anzahl auf elf Millionen. Heydrich erklärte, dass die neue Strategie, Juden in den Osten zu evakuieren, nur „vorläufig“ sei, da man bereits „praktische Erfahrungen“ für die „Endlösung der Judenfrage“ sammeln würde.[4] An ihrem endgültigen Schicksal ließ er keine Zweifel: „Der allfällig endlich verbleibende Restbestand wird, da es sich bei diesem zweifellos um den widerstandsfähigsten Teil handelt, entsprechend behandelt werden müssen, da dieser, eine natürliche Auslese darstellend, bei Freilassung als Keimzelle eines neuen jüdischen Aufbaues anzusprechen ist.“[5]

Was Heydrich damit meinte, war für die Anwesenden offensichtlich, da sie sich alle in der Rassentheorie der Nazis gut auskannten. Das betraf auch den von Heydrich erwähnten „widerstandsfähigsten Teil“ und die natürliche Auslese. Niemand erhob moralische Einwände. Heydrich hatte zumindest etwas Widerstand in dem Sinne erwartet, dass die Kriegsanstrengung zu priorisieren sei, doch es regte sich nichts. Jeder Teilnehmer verstand, dass die Nazi-Oberen der Vernichtung der Juden Priorität eingeräumt hatten.[6]

1947 fand ein amerikanischer Staatsanwalt bei den Nürnberger Prozessen eine Kopie des „Wannsee-Protokolls“ – Eichmanns Aufzeichnungen über das Treffen. Das Töten wurde nicht erwähnt, nur dass „verschiedene Arten der Lösungsmöglichkeiten besprochen wurden“. Diese Formulierung verstand man erst in ihrer vollen Bedeutung, als der Eichmann-Prozess 1962 in Israel stattfand. Eichmann gab zu, dass gegen Ende des Wannsee-Treffens Cognac gereicht und die Atmosphäre weniger formell wurde. „Die Herren sind beisammengesessen und haben hier in sehr unverblümten Worten, nicht in den Worten, wie ich sie dann ins Protokoll geben musste, in sehr unverblümten Worten die Sache genannt“, sagte Eichmann. „Es wurde vom Töten und Eliminieren und Vernichten gesprochen.“[7]

Es saßen also 15 erwachsene Männer beisammen, die meisten von ihnen gebildete Akademiker, und nippten an ihrem Cognac, während sie ungezwungen den Tod einer ganzen Volksgruppe planten. Natürlich waren viele Nazi-Vertreter Schulabbrecher und Straßengauner. Doch mindestens acht der 15 leitenden Funktionäre in der Villa Wannsee hatten Doktortitel, sechs von ihnen in Rechtswissenschaften. Andere waren Bankiers und Ökonomen. Einer von ihnen war der Sohn eines Pfarrers, die meisten kamen aus guten katholischen oder protestantischen Familien.[8]

Zur damaligen Zeit war Deutschland in seiner Gesamtheit eines der gebildetsten und fortschrittlichsten Länder überhaupt.[9] Es verfügte über mehrere weltweit führende Universitäten und Wissenschaftler, ebenso wie eine große Anzahl von Hochschulabsolventen. Aus diesem Grund ist der Holocaust ein derart abschreckendes Beispiel der extremen Bosheit, die heute immer noch in unserer Welt lauert. Wie konnte eine deutsche Bevölkerung, die so belesen, gebildet und fortschrittlich war, von einer dermaßen diabolischen Figur wie Hitler verführt werden? Er vertrat öffentlich radikale Rassentheorien, die eine menschliche Volksgruppe glorifizierten, während sie eine andere Menschengruppe als so unterlegen verachteten, dass sie die Vernichtung verdient hätte. Doch die Massen hängten sich an ihn. Die in der Villa Wannsee Versammelten befürworteten Hitlers Vision so vollständig, dass sie keine moralischen Skrupel verspürten, Millionen von Juden abzuschlachten. Folglich überführt das Geschehen von Wannsee die moderne Menschheit in zutiefst beunruhigender Weise ihrer enormen Fähigkeit, sich selbst zu täuschen – für wie klug oder fortschrittlich wir uns auch halten mögen.

Wo ist das deutsche Volk auf Abwege geraten? Was hat es dazu bewegt, die Idee einer arischen Überlegenheit und des ungehemmten Antisemitismus so begeistert aufzunehmen, dass es die industrielle Abschlachtung von mehr als sechs Millionen Juden vollzog? Viele Historiker vertreten die Ansicht, dass die Nazis von der mystischen Legende einer uralten übermenschlichen Rasse angetrieben wurden, die durch den modernen Triumph der arischen Völker wiederbelebt werden könnte. Die meisten Deutschen waren zudem vom klassischen christlichen Antisemitismus durchdrungen, der jahrhundertelang in ganz Europa verbreitet war. Das stimmt alles! Doch die Nazis rechtfertigten ihren Völkermord an den Juden auch mit wissenschaftlichen Konzepten, die erst in der Moderne entwickelt wurden. Viele Holocaust-Experten gehen sehr vorsichtig mit der Frage um, wie unmittelbar der Einfluss dieser Konzepte auf die

Nazis war. Man muss den deutschen Kuratoren des Wannsee-Museums jedoch zugutehalten, dass sie den wissenschaftlichen Rassismus der Nazis in aller Offenheit auf die Verbreitung von Darwins Evolutionstheorie zurückführen.

Die Nazis und der Sozialdarwinismus

Im Museum der Villa Wannsee hängt eine Tafel an der Wand, die klar und deutlich aussagt, dass der wissenschaftliche Rassismus der Nazis im Darwinismus verwurzelt war. Die sehr informative Katalogbroschüre „Die Wannsee-Konferenz und der Völkermord an den europäischen Juden“[10] bekräftigt diesen Punkt:

> *Rassismus und Antisemitismus waren seit ... den 1920er-Jahren zentrale Bestandteile der nationalsozialistischen Ideologie, doch sie waren auf bereits bestehende Vorurteile und pseudo-wissenschaftliche Theorien zurückzuführen. Im 18. Jahrhundert begannen neue wissenschaftliche Entdeckungen ein modernes, wissenschaftliches Weltbild zu generieren, welches das Monopol der Religion, den Menschen die Welt zu erklären, verdrängte. Rassismus und Antisemitismus waren die negativen Folgen dieser Entwicklung. Wer Juden feindlich gesinnt war, modernisierte seine Argumente und behauptete, seine rassistische Weltsicht beruhe auf einer wissenschaftlichen Basis.*[11]

Im Jahr 1859 stellte der Naturkundler Charles Darwin seine Evolutionstheorie in „On the Origin of Species“ (Über die Entstehung der Arten) vor. Sein Hauptwerk versuchte zu erklären, wo die Vielfalt von Pflanzen und Tieren herkam, wobei seine Ansichten zum Ursprung des Menschen erst später veröffentlicht wurden. Doch seine Ideen stießen unter Wissenschaftlern, Historikern und anderen „Sozialdarwinisten“ schnell auf positiven Widerhall. Sie nutzen seine Evolutionskonzepte dazu, ihre eigenen Rassenideologien zu untermauern – dazu gehörte auch der Gedanke einer Hierarchie der Rassen. Einige verwendeten sogar Argumente aus der Biologie, um sogenannte Rassenhygiene-Programme der Regierung zu unterstützen, die unter den verschiedenen Volksgruppen eine „Auslese und Ausjäte“ bewirken sollten.[12]

So abstoßend es uns heute auch erscheinen mag, einige der wissenschaftlichen Methoden, die angewendet wurden, um zwischen überlegenen und unterlegenen Rassen zu unterschieden, galten zur damaligen Zeit als akzeptabel. Das schloss auch die Untersuchung menschlicher Schädel ein, um den idealen Rassetypus zu finden. Zusätzlich zur Phrenologie *[der irrigen Anschauung, dass aus den Schädelformen auf bestimmte geistig-seelische Veranlagungen zu schließen sei, Anmerkung der Übersetzerin]* untersuchte das neue Wissenschaftsfeld der Philologie die Sprachen, um zu bestimmen, welche Rassen fortschrittlicher waren. Der Begriff „Antisemitismus" selbst war ein wissenschaftlicher Terminus, den der deutsche Publizist Wilhelm Marr in den 1870er-Jahren prägte. Er bezog sich dabei auf Untersuchungen der indo-europäischen Sprachen. Man nahm an, dass die deutsche Sprache einen „überlegenen" arischen Ursprung hatte, während Hebräisch als eine „minderwertigere" semitische Stammessprache eingeordnet wurde. Das Wort „Antisemitismus" wurde bald zu einem Schlagwort für Judenhass.

Der klassische Antisemitismus bestand hauptsächlich aus einer religiös begründeten Ablehnung der Juden als Außenseiter, die Christus getötet hätten. Doch gegen Ende des 19. Jahrhunderts verbreiteten sich neue Formen von rassischem Antisemitismus, die auf darwinischen Konzepten basierten – sie attackierten sogar assimilierte jüdische Gemeinschaften. Viele Menschen wollten die Gleichberechtigung der Juden rückgängig machen und sie eventuell aus Deutschland vertreiben, während manche sogar von der „Vernichtung" der Juden sprachen.[13]

Dieser moderne rassische Antisemitismus hatte die deutsche Gesellschaft bereits vor dem „Großen Krieg" infiziert. Doch als Deutschland den Ersten Weltkrieg verlor und eine Zeit lang unter hoher Inflation litt, wurde diese Form des Judenhasses Teil der politischen Mehrheitsmeinung. Deutsche, die es in der Weimarer Republik schwer hatten, fanden bald einen Retter in Adolf Hitler und den Nationalsozialisten – mit deren kompromissloser Befürwortung der Eugenik, der „arische Herrenrassen" und des wissenschaftlichen Antisemitismus.[14]

Als die NSDAP an die Macht kam, unternahm die Nazi-Partei große Anstrengungen, um ihre Mitglieder und die deutsche Öffentlichkeit mit ihrem wissenschaftlichen Rassismus zu indoktrinieren. In den 1930er-Jahren erhielt jedes frisch verheiratete Ehepaar in Deutschland als Hochzeitsgeschenk eine Ausgabe von Hitlers „Mein Kampf". Angesehene Universitäten wurden in Ausbildungszentren der rassistischen Nazi-Ideologie verwandelt. Von den Kommandanten der Waffen-SS und den Todesschwadronen der Einsatzgruppen studierten zirka 80 Prozent an der Universität. Die Hälfte von ihnen schlossen ihre Promotion ab.

Daher konnte Reinhard Heydrich die Massentötung der Juden problemlos mit seinen Kollegen in Wannsee diskutieren, indem er Begriffe wie „widerstandsfähige Stämme" und „natürliche Auslese" verwendete. Heute mögen Wissenschaftler vor der Aussage zurückschrecken, dass der Holocaust der Nationalsozialisten irgendetwas mit der Evolutionstheorie Darwins zu tun hatte – und man hat intensiv auf den Geschichtsrevisionismus zurückgegriffen, um Darwin gegen diese Anschuldigung zu verteidigen. Schließlich könnte dieser Vorwurf der Wahrnehmung und Lehre der Evolutionstheorie sehr schaden. Doch selbst Darwin gestand ein, dass Bauern Pferde und andere Tiere züchteten, um überlegene Stämme zu produzieren und schwächeres Vieh von der Vermehrung abzuhalten.[15]

Das „Schweigen" des Himmels

Leider endete die zerstörerische Wirkung der faulen Frucht, die der Darwinismus produziert hatte, nicht mit dem Holocaust. Nach meiner Überzeugung hatte die Annahme der Evolutionstheorie Darwins durch die moderne Welt viele weitere fatale Folgen; insbesondere, weil diese Theorie den hohen Wert ablehnt, den die Bibel dem Menschen als besonderer Schöpfung Gottes zuweist. Indem die Menschheit ihr Selbstbild herabsetzte und sich als Abkömmlinge affenähnlicher Wesen betrachtete, die sich folglich nicht von den Tieren unterscheiden, hat sie das menschliche Leben entwürdigt und es mehr denn je der Willkür ausgeliefert. In diesem Prozess haben viele Menschen im Westen auch Gott verworfen und meinen sich nicht mehr vor ihm verantworten zu müssen.

Diese gewaltigen Veränderungen haben zu einer endlosen Ernte zerstörerischer Früchte geführt. Die Plagen der Abtreibung und Euthanasie in unserer Zeit gehören dazu. Mediziner haben sich ihres Hippokratischen Eides, nämlich die verwundbarsten Menschen besonders zu schützen, einfach entledigt. Diese

Entwicklungen haben unsere Ethik untergraben, wie man an der wachsenden Akzeptanz der Homosexualität und anderer unbiblischer Praktiken erkennen kann. Sie haben die Verbreitung des atheistischen Kommunismus gefördert und heizen jetzt den militanten Säkularismus an. Sie sind auch der Motor dafür, biomedizinischen Fortschritt anzustreben, der an unserer ureigenen menschlichen Natur herumpfuscht. Schlussendlich hat dieser Prozess eine wachsende Rebellion gegen den Schöpfer ausgelöst, die letzten Endes eine Ausgießung seines Zorns nach sich ziehen wird. Das Kerngebot des noachidischen Bundes wurde verletzt, nämlich alle Menschen als ebenbildliche Geschöpfe Gottes zu betrachten. Daher erwartet die Welt göttliches Strafgericht.

Ein Großteil der heutigen Menschheit will sich keinerlei göttlichen Normen fügen und hat sich der moralischen Beliebigkeit zugewandt. Die meisten glauben, dass es keine absolut verbindlichen ethischen Werte gibt. Nehmen sie dann doch ethisch-moralische Bewertungen vor, verwechseln sie Richtig und Falsch. Viele haben die Ehrfurcht vor Gott verloren und verspotten diejenigen, die immer noch an ihn glauben. Von denen, die an einen Schöpfer glauben, betrachten unzählige die Welt als derart zerbrochen, dass sie meinen, sie hätten einen besseren Job machen können als Gott selbst. Doch wenn die Menschen ihr Bild Gottes herabsetzen, beschließen, ihn nicht länger zu brauchen, ihn aus ihrem Bewusstsein entfernen und beginnen, die natürliche Ordnung zu verlassen, dann stehen sie in der Gefahr, sich seinen Zorn zuzuziehen. Laut der Bibel ist genau das in der vorsintflutlichen Welt geschehen. Und wie wir bereits festgestellt haben, hat Jesus selbst gesagt, dass unser jetziges Zeitalter in einer ähnlichen Rebellion und einem vergleichbaren göttlichen Strafgericht enden werde.

Ich persönlich glaube, dass wir uns seit der weitverbreiteten Annahme der Evolutionstheorie Darwins bereits in eine gewissen „Wartezeit" befinden – zwischen Gottes Entscheidung, die Welt zu richten, und dem tatsächlichen Vollzug dieser Entscheidung. Die Bibel beschreibt es so: *„als Gott in Geduld ausharrte zur Zeit Noahs"* (1. Petrus 3,20 L). Damals wartete Gott 120 Jahre – von seiner Entscheidung, die Menschheit zu richten, bis zum Eintreffen der Flut. Wie wir bereits gesehen haben, tat er dies, weil sein rechtschaffener Charakter verlangt, dass er die Menschheit auf eine bestimmte Art und Weise richtet. Gott handelt immer gerecht, er warnt uns immer vor und er gibt uns immer Zeit zur Umkehr. Legt man den Präzedenzfall der Flut zugrunde, so glaube ich, dass er heute genau dasselbe tut.

Ich lege allerdings keine Daten fest. Ich weiß nicht genau, wann Gott diese Entscheidung getroffen hat, uns zu richten. Genauso wenig weiß ich, wie lange er warten wird, bis er dieses Strafgericht vollzieht. Allerdings bin ich überzeugt: Die wachsende moralische Rebellion gegen Gott ist ein klares Zeichen dafür, dass er bereits beschlossen hat, die Menschen auf ihrem Weg weitergehen zu lassen – damit ihre Sünde reif wird für seine gerechte Strafe! Unterdessen häuft er Zorn auf für eine ahnungslose Welt und am Ende werden sich die *„Schleusen"* dieses Zorns öffnen. Wer sich jedoch weigert, sich dieser Rebellion anzuschließen, und stattdessen Gott treu bleibt und an der Erlösung durch Jesus Christus festhält, wird als gerechter Überrest auf der Erde bewahrt werden; genau wie damals Noah und seine Familie gerettet wurden.

Ich treffe diese Aussagen sowohl mit großer Beklemmung als auch mit großer Überzeugung. In meinen Augen passt der moralische Verfall dieser Welt nämlich deutlich zu dem biblischen Muster, das Paulus und die jüdischen Weisen dargelegt haben – ein Muster, bei dem Götzendienst zu zügelloser Gewalt und sexueller Unmoral führt, um schließlich in göttlichem Zorn zu enden. Viele Menschen im Westen erreichen dasselbe Stadium wie die vorsintflutliche Welt, allerdings auf einem etwas anderen Weg. Die Generationen vor der Flut gaben die Anbetung Gottes auf und wendeten sich den Götzen zu. (Siehe Genesis 4,26; Römer 1,20–23.) Heute sind viele zu kultiviert für die alberne Anbetung von Götzen. Stattdessen haben sie sich Gottes entledigt, indem sie beschlossen, dass unsere Welt sich durch den „Urknall" vor zirka 13,8 Milliarden Jahren selbst erschaffen hätte – und dass die Menschen später als ein Zufallsprodukt der Evolution entstanden wären. Die Anbetung, die sie Gott eigentlich schulden, richtet sich nun auf die Natur oder auf sie selbst und insbesondere auf ihren menschlichen Intellekt. Weil sie die Wahrheit unterdrückt haben (siehe Römer 1,28), hat er sie ihrem minderwertigen Verstand und ihren blühenden Fantasien überlassen. Als Folge entwickeln sie verrückte Theorien über unsere Welt. Sie mögen sich für klug halten, sind jedoch zu Narren geworden (siehe Römer 1,22), da einige der Ideen vom Ursprung des Menschen und des Universums genauso albern sind wie Götzendienst. Sie können zudem regelrecht gefährlich werden, wie die Nationalsozialisten es auf so düstere Art und Weise demonstriert haben. Gott hat sie auch ihrer „Unreinheit", ihren „Begierden" und „schändlichen Leidenschaften" ausgeliefert, sodass sie die natürliche Ordnung verlassen und sich der Homosexualität, dem Transsexualismus und anderen unbiblischen Praktiken zuwenden. Millionen von Frauen handeln der Natur zuwider, indem sie ihre ungeborenen Kinder abtreiben. Alles in allem überlässt Gott die westliche Welt der Selbsttäuschung und dem moralischen Verfall, weil er fest entschlossen ist, sie schlussendlich zu richten. Dieser Prozess ist bei Weitem noch nicht abgeschlossen und wird sich noch verschlimmern; doch alles zu seiner Zeit.

In der Zwischenzeit sammelt Gott den Zorn an, den die rebellierende Menschheit verdient; wie bereits beschrieben, wird er eines Tages in Flammen von Feuer, Feuer und noch mehr Feuer ausbrechen. Wenn man glaubt, dies sei alles Nonsens, weil der Himmel nicht auf unsere Rebellion zu reagieren scheint, betrügt man sich nur selbst. Es kommt kein Blitzschlag vom Himmel, und auch die Erde öffnet sich nicht, um die Rebellen zu verschlingen – daher setzen sie ihren moralischen Absturz fort. Sie werden in einen trügerischen Optimismus über die Zukunft eingelullt, vor dem uns Jesus mit Blick auf die Tage Noahs und Lots gewarnt hat. Und diese Menschen erkennen nicht, dass Gott seinen Zorn zurückhält, weil er geduldig ist. (Siehe Römer 2,4–5.) Sie nehmen eine Fehlinterpretation unserer Zeit vor und glauben, dass sie künftig nur Gutes erwartet, während wir tatsächlich auf eine Katastrophe zusteuern.

All dies begann mir klarzuwerden, als ich mir ernsthaft die Frage stellte, warum Gott Deutschland nie für den Holocaust bestraft hat. Um es ganz deutlich zu sagen: Menschen haben Deutschland bestraft. Sie haben seine Städte bombardiert und Deutschland für die Dauer einer Generation geteilt. Doch das Land erholte sich und wurde innerhalb von zwanzig Jahren nach seiner Niederlage zu einer Wirtschaftsmacht. Im Gegensatz dazu gibt es keinen Wiederaufbau, wenn Gott wirklich Gericht übt. Erinnern wir uns daran, dass Archäologen immer noch versuchen, die Überreste von Sodom und Gomorra zu finden. Während sich der Holocaustüberlebende und Nobelpreisträger Eli Wiesel also mit der Frage nach dem „Schweigen" Gottes zur Zeit der Schoah abplagt, ringe ich auch mit seiner Stille danach.

70 Jahre nach dem Holocaust steht Deutschland weiterhin unter der Gnade Gottes, die diesem Volk ermöglichen soll, zu zeigen, dass sich sein Land wirk-

lich verändert hat. Es geht mir nicht darum, an diesem einen Volk herumzukritisieren. Viele Deutsche wissen um die schwere Last der Verantwortung, die sie aufgrund dessen tragen, was ihre Vorväter den Juden angetan haben. Aus diesem Grund sprechen deutsche Politiker oft über ihre besondere Verpflichtung, die Existenz Israels zu sichern.

Gleichzeitig sind viele heutige Deutsche verärgert, dass sie weiterhin für den Holocaust büßen sollen. Sie wollen nicht länger die Schuld der vergangenen Generationen tragen. Manche bleiben sogar mit Blick auf Hitlers Gräueltaten reuelos oder sie projizieren die Bösartigkeit der Nazis auf Israel. Diese neue Art des Antisemitismus verleumdet obsessiv den „kollektiven Juden“, der durch Israel repräsentiert wird. Während der traditionelle Antisemitismus die Juden als von Grund auf böse attackierte, wird Israel jetzt als größte Bedrohung des Weltfriedens angesehen.

Mehrere aktuelle Studien zeigen, dass dieser neue Antisemitismus nicht nur in Deutschland, sondern in ganz Europa weit verbreitet ist. Eine Umfrage der Universität Bielefeld aus dem Jahr 2011 ergab, dass 48 Prozent der Deutschen glauben, Israel würde einen „Vernichtungskrieg“ gegen die Palästinenser führen, vergleichbar dem Völkermord der Nazis an den Juden.[16] Eine frühere Studie derselben Universität zeigte, dass 51 Prozent der Deutschen folgender Aussage zustimmten: „Was der Staat Israel heute den Palästinensern antut, ist im Prinzip das Gleiche, was die Nazis mit den Juden im Dritten Reich gemacht haben.“ Die Umfrage kam zu dem Schluss, dass eine derart weit verbreitete Kritik an Israel zu einem gewissen Grad als Tarnung für antisemitische Haltungen dient.[17]

Dies klingt mit Sicherheit nicht nach einem Volk, das wahrhaftig Buße getan hat. Hätte Gott Deutschland wirklich für den Holocaust bestraft, würden dann dermaßen viele Deutsche so schnell den Spieß umdrehen und sich gegen Israel wenden? Allerdings sollte niemand glauben, dass das deutsche Volk mit seinen absurd negativen Ansichten über Israel allein ist. Die Umfrage der Universität Bielefeld aus dem Jahr 2011 stellte Bürgern aus sechs anderen europäischen Ländern dieselbe Frage, nämlich ob Israel einen „Vernichtungskrieg“ gegen die Palästinenser führen würde. Die Ergebnisse zeigten, dass eine beunruhigend hohe Anzahl der Befragten dem zustimmte. So rangierten beispielsweise Ungarn (41 Prozent) und das Vereinigte Königreich (42 Prozent) direkt hinter Deutschland (48 Prozent), während Portugal (49 Prozent) und Polen (63 Prozent) noch höhere Umfragewerte zeigten.[18]

Eine Untersuchung des Eurobarometers aus dem Jahr 2003 stellte den Europäern ebenfalls die Frage, welche Länder sie als Bedrohung des Weltfriedens betrachteten. Israel wurde am häufigsten erwähnt, von 59 Prozent der Befragten, noch vor den Zweitplatzierten Iran und Nordkorea (beide 53 Prozent). Unterdessen ergab eine Umfrage der BBC 2013, dass 52 Prozent der Europäer Israel als ein Land ansahen, das einen negativen Einfluss auf die Welt ausüben würde; mehr Prozentpunkte erhielt nur der Iran (59 Prozent).[19]

Das wirft die Frage auf, ob die Welt tatsächlich irgendetwas aus dem Holocaust gelernt hat. Wir sind darauf bedacht, die Juden zu ehren, die in dieser gewaltigen Tragödie ums Leben kamen. Doch viele Menschen machen dann eine Kehrtwendung und kritisieren heute lebende Juden für ihren Versuch, sich in Israel selbst zu verteidigen. Sie proklamieren, dass sie „niemals wieder" zulassen werden, dass ein Volk als „nutzlose Untermenschen" behandelt wird – und gleichzeitig entschuldigen und ignorieren sie die völkermörderische Hetze gegen den jüdischen Staat, die aus dem Iran und anderen Regionen der Welt hervorbricht. Das kann man nur als absolute Heuchelei auf globaler Ebene bezeichnen!

Daher stelle ich die Frage: Haben wir tatsächlich die Lektionen aus der Verdorbenheit der Nazis gelernt? Verstehen wir wirklich, worum es dabei eigentlich ging? Sollte dies der Fall sein: Wie kommt es dann, dass so viele Menschen heute Israel für genauso bösartig halten? Haben wir wirklich ein neues Kapitel aufgeschlagen?

Moralische Desorientierung hängt wie eine Wolke über unserer heutigen Welt. Erneut haben die Menschen Gott den Rücken zugekehrt und leben so weiter, als würde er gar nicht existieren. Die Folge ist, dass Gottes Geist sich nicht mehr mit ihnen abgibt, sondern sie ihrer eigenen Verblendung überlässt. Als Ergebnis ist unsere Welt von moralischen Kompromissen, willkürlicher Gewalt und zügelloser sexueller Unmoral erfüllt, genau wie in den Tagen vor der Sintflut. Viele glauben, wir seien ausschließlich vorwärts und aufwärts unterwegs, doch darin irren sie sich gewaltig. Die Beweise umgeben uns von allen Seiten, angefangen mit der brodelnden Gewalt unserer Tage.

9

ZERSTÖRERISCHE GEWALT

„Man kann nicht behaupten, dass die Zivilisation keine Fortschritte machen würde ... in jedem Krieg töten sie dich auf eine neue Art und Weise."
Will Rogers[1]

„Errette mich, HERR, von den bösen Menschen;
behüte mich vor den Gewalttätigen,
die Böses planen in ihrem Herzen und täglich Krieg erregen."
Psalm 140,1–2 L

Betrachten wir das vergangene Jahrhundert durch ein Weitwinkel-Objektiv, erkennen wir zunächst, dass die Menschheit in einem Weltkrieg epischen Ausmaßes versank. Dabei verfielen „zivilisierte" europäische Staaten darauf, feindliche Truppen zu vergasen – in dem verzweifelten Versuch, aus der Pattsituation des Stellungskriegs auszubrechen. Die Schrecken dieses Flächenbrandes führten zur Verabschiedung internationaler Abkommen, die den Einsatz chemischer Kampfstoffe verboten. Nichtsdestoweniger brach nur zwei Jahrzehnte später ein zweiter weltweiter Konflikt aus, in dessen Verlauf Millionen unschuldiger Zivilisten aufgrund ihrer „rassischen

Unreinheit" vergast wurden. Konsequenterweise setzte man moralisch unanfechtbare Verträge in Kraft, die Völkermord und ethnische Säuberungen ächteten. Allerdings endete dieser zweite Krieg damit, dass die Welt die Schwelle zur Atombombe überschritt und menschliches Leben in unvorstellbarem Ausmaß zerstörte. Zudem entwickelte man noch weitere grausame Vernichtungswaffen wie beispielsweise Brandbomben und Streumunition, während Zivilisten in diesem Rückgriff auf den „totalen Krieg" zu Freiwild wurden.

Seither hat die Welt eine ununterbrochene Abfolge bewaffneter Konflikte erlebt, die sich auf jeden Kontinent erstreckten und jedes Land der Welt beeinflussten. Zwischen dem Ende des Zweiten Weltkriegs 1945 und dem Jahr 2007 hat es 242 größere Kriege gegeben, an denen reguläre Armeen mindestens eines Staates beteiligt waren, zusätzlich zu vielen weiteren bewaffneten Auseinandersetzungen zwischen nichtstaatlichen Milizen.[2] Einige dieser Konflikte waren durch ethnische Säuberungen und versuchten Völkermord gekennzeichnet, wie beispielsweise in Kambodscha, Bosnien, Ruanda, Sudan und heute im Irak und in Syrien. Auch die Rückkehr chemischer Waffen konnten wir beobachten, zuletzt im syrischen Bürgerkrieg. Viele Staats- und Regierungschefs, die „nie wieder" geschworen hatten, unternahmen nichts dagegen, wodurch sie andere quasi dazu einluden, auch künftig atomare, chemische oder biologische Waffen einzusetzen.

Nicht nur Kriege zwischen Staaten haben zu extrem hohen Opferzahlen geführt. Professor Rudolph Rummel schätzt, dass während des zwanzigsten Jahrhunderts insgesamt 262 Millionen Menschen auf der ganzen Welt durch Regierungen umgebracht wurden, die humanistisch-weltliche, kolonialistische und marxistische Ziele verfolgten. Staatlich angeordneter „Demozid" *[Massentötungen von bestimmten Menschengruppen durch eine Regierung, Anmerkung der Übersetzerin]* hat sechsmal mehr Menschen das Leben gekostet als alle Kriege des letzten Jahrhunderts zusammengenommen.[3]

In der Zwischenzeit sind unsere schlagkräftigsten Armeen damit beschäftigt, präzisionsgelenkte Munition, Laserwaffen und andere hochentwickelte Systeme zu entwickeln, um ihre Feinde noch effektiver beseitigen zu können. Zur Kompensation dieser strategischen Vorteile gibt es die asymmetrische Kriegsführung, die wir immer häufiger beobachten können. Dabei verwenden Terrormilizen und sogar Staaten Kampfmethoden, die den Vorsprung ihres Gegners im Bereich konventioneller oder hochentwickelter Waffen neutralisieren. Diese Art der Kampfführung missbraucht Zivilisten als menschliche Schutzschilde und greift die Zivilbevölkerung vorsätzlich an. Die Genfer Konventionen bezeichnen beide Methoden als Kriegsverbrechen. Einer der Hauptingenieure dieser neuen asymmetrischen Kriegsführung ist der Iran, der weltweit größte Förderer von globalem Terrorismus. Gleichzeitig stellt das Land eine sich abzeichnende atomare Bedrohung dar.

Die wahren „Nazis" unserer Tage

Ich bin sehr vorsichtig damit, Vergleiche zum Holocaust anzustellen, weil es sich um ein so beispiellos schreckliches Geschehen handelte. Wenn allerdings heute jemand die Bezeichnung „Nazi" verdient, dann ist es das islamische Regime in Teheran. Iranische Politiker haben wiederholt ihre Absicht bekundet, „Israel von der Landkarte zu tilgen". Der Iran demonstriert diese völkermörderische Absicht voller Stolz in Form von Inschriften auf seinen Raketenflugkörpern bei Militärparaden. Die iranische Führung verwendet Hetzparolen, die der widerlichsten Nazi-Propaganda gleichen. Sie hat Israel und die Juden unter anderem als „Ursache von Pest und Typhus", „Brunnenvergifter", „Parasiten", „Krebsgeschwüre, die entfernt werden müssen" und einen „Keim des Verderbens" bezeichnet.[4] Teheran veranstaltet Wettbewerbe für Holocaustleugner, während es gleichzeitig Konferenzen über eine „Welt ohne Zionismus" durchführt. Der frühere iranische Präsident Haschemi Rafsandschani bezeichnete Israel einmal als ein „Ein-Bomben-Land".[5] Während westliche Staats- und Regierungschefs 2015 alles dransetzten, um eine Vereinbarung mit dem Iran über sein zweifelhaftes Atomprogramm zu erzielen, stand der oberste iranische Führer Ajatollah Ali Chamenei an der Spitze derjenigen, die „Tod für Israel" skandierten.[6]

Angesichts derart widerlicher antisemitischer Hetze besteht kaum ein Zweifel daran, dass das iranische Atomprogramm die schwerwiegendste Bedrohung des jüdischen Volkes seit der Nazizeit darstellt. Teheran mag beteuern, eine friedliche Nutzung der Atomkraft anzustreben, doch für 90-prozentig angereichertes Uran gibt es nur eine bekannte Verwendungsmöglichkeit: die militärische Nutzung. Da sich mittlerweile die Hälfte aller Juden weltweit wieder in ihrer alten Heimat Israel versammelt hat, könnte der Iran rein theoretisch innerhalb weniger Minuten das erreichen, wofür die Nazis sechs Jahre gebraucht haben. Dieser Gedanke lässt uns erschauern, doch für den radikalen schiitischen Klerus stellt er tatsächlich eine begrüßenswerte Idee dar. Denn er ist von einem Hadith (islamische Tradition) beseelt, der besagt, dass Muslime Juden *in Massen* töten müssten, um das Kommen des Jüngsten Gerichts zu beschleunigen.[7]

Die schwächliche Reaktion des Westens auf Irans mörderisches Komplott gegen Israel zeigt erneut, dass er aus dem Holocaust kaum etwas gelernt hat. Die Welt ist ein ebenso gefährlicher Ort wie damals, als die Nazis an der Macht waren. Niemand glaubte, Hitler würde jemals seinen radikalen Plan ausführen, den er so deutlich in „Mein Kampf" dargelegt hatte.[8] Doch er tat genau das, und aufgrund dieses Präzedenzfalls sind wir nicht zu entschuldigen, wenn wir die aktuelle iranische Bedrohung für Israel ignorieren. Ich bin wirklich davon überzeugt, dass mächtige Geister der Verführung in unserer heutigen Welt am Werk sind, vergleichbar mit damals, als die Staats- und Regierungschefs sich über Hitlers wahre Absichten täuschten. Die Bibel warnt uns tatsächlich vor Geistern der Verführung und mächtigen Täuschungen, die in der Endzeit wirken. (Siehe Matthäus 24,24; 2. Timotheus 3,1–13; 2. Thessalonicher 2,9–12.) Eine dieser irrigen Vorstellungen argumentiert, dass kein Land in den letzten 70 Jahren Atomwaffen eingesetzt habe. Dadurch verleitet sie die Menschen zu glauben, dass es nie wieder geschehen werde. Die Experten behaupten auch, das Atomprogramm des Irans wäre nur als eine Garantie gegen einen Regimewechsel initiiert worden, während sein wahres Ziel doch darin besteht, als ein furchterregendes Instrument islamischer Eroberung zu dienen. Dies bringt uns zu der Geißel des islamischen Terrorismus – und auch bei diesem Thema scheint die Welt eigentümlich verblendet zu sein.

Das Schwert des Islam

Auch wenn es stimmt, dass aktuell weniger Menschen in bewaffneten Konflikten sterben als in den letzten Jahrzehnten, fühlt sich heute aufgrund der allgegenwärtigen Bedrohung durch den islamischen Terrorismus niemand mehr sicher. Er hat sich zu einer chronischen Gefahr für alle Gesellschaften entwickelt, und ständige Wachsamkeit und neue Erfindungen sind vonnöten, um den Terroristen immer einen Schritt voraus zu sein. Hätte uns vor 20 Jahren jemand erzählt, dass Reisende auf Flughäfen sich vor Sicherheitsscanner stellen müssten, die ihren gesamten nackten Körper zeigen, hätten wir alle widersprochen. Doch seit den Terroranschlägen vom 11. September 2001 unterzieht sich fast jeder freiwillig dieser Prozedur, weil das Schwert des radikalen Islam nun den gesamten Globus bedroht. Dennoch fürchten sich viele westliche Staats- und Regierungschefs nach wie vor, diese wachsende Bedrohung als das zu sehen, was sie wirklich ist: eine apokalyptische Vision der Welteroberung. Sie verteidigen den Islam immer wieder als eine „Religion des Friedens" und behaupten, Dschihadisten wie die des Islamischen Staates seien keine wahren Muslime.

Wer uns dazu auffordert, zwischen moderaten Muslimen und den zehn bis zwanzig Prozent zu unterscheiden, die radikalisierte Dschihadisten sind, hat damit nicht unrecht. Doch selbst die gemäßigtsten Muslime glauben an die Vision des Koran und hegen die Erwartung, dass der Islam eines Tages die Welt beherrschen wird. Aktuell gibt es drei radikal-islamische Hauptströmungen, die darum wetteifern, welche von ihnen die muslimischen Massen in dieses versprochene „goldene Zeitalter" hineinführen wird. Dann wird die gesamte Welt dem Diktat der Scharia, des islamischen Rechts, unterstellt. Zwei von ihnen sind sunnitische Bewegungen: die von Al-Kaida und dem IS repräsentierten Salafisten und die etabliertere Muslimbruderschaft. Die dritte Strömung ist die schiitische Revolution, die vom Iran angeführt wird. Jede Gruppe strebt danach, die Vorhut dieser letzten dschihadistischen Welle zu sein, die alle muslimischen Gläubigen bei der finalen Welteroberung anführen wird. Alle drei verbindet eine religiöse und ideologische Verpflichtung zur Gewaltanwendung, um dieses Ziel zu erreichen. Und sie alle teilen die prophetische Vision, dass dieser Tag der absoluten islamischen Vorherrschaft erst kommen wird, wenn alle Juden ausgerottet worden sind.

Wir können also feststellen, dass sowohl viele Sünden der Nazis als auch Reproduktionen ihrer rassistischen und völkermörderischen Ideologien nach wie vor auf unserer heutigen Welt existieren, insbesondere im Nahen Osten – und die Juden sind immer noch das Angriffsziel dieses monströsen Geistes der

Gewalt. Die Welt ist auch jetzt noch ein extrem explosiver Standort, an dem es zu fanatischer Hetze, Völkermord, ethnischen Säuberungen, dem Einsatz von Chemiewaffen, einem eskalierenden atomaren Rüstungswettlauf und vielem mehr kommt.

Es sollte jeden Menschen beunruhigen, dass radikale Muslime Gefallen daran finden, „Ungläubige" zu töten, und gleichzeitig glauben, dass dies auch Allah erfreuen würde. Es bedeutet, dass der göttliche Imperativ, unsere Mitmenschen nicht zu ermorden, auf den Kopf gestellt wurde. Dadurch ist der „ewige Bund" (siehe Jesaja 24,5) Gottes mit Noah ernstlich verletzt worden, der beinhaltet, dass jeder Mensch nach dem Abbild Gottes geschaffen wurde. Wenn sich Islamisten ihrer Lust an Gewalt und Tod rühmen, wenn sie Mord als moralisch gerechtfertigt betrachten und so viel unschuldiges Blut vergießen – und gleichzeitig so viele andere Menschen sie verteidigen und ihre Gewalt entschuldigen, dann überschreitet die Welt eine Grenze, jenseits derer Buße meiner Meinung nach nicht mehr möglich ist, genau wie in den Tagen vor der Sintflut. Kann Gottes Gericht dann noch lange auf sich warten lassen?

Ich könnte die Liste der Gewalt und Gesetzlosigkeit, die unsere moderne Welt plagen, unendlich fortsetzen. Allerdings habe ich mich auf Kriege und Bedrohungen konzentriert, die eine Parallele zum Nazi-Holocaust aufweisen, der schlimmsten Gräueltat der Menschheitsgeschichte. Es ging mir einfach darum, zu verdeutlichen, wie sehr wir immer noch im Sumpf des Antisemitismus feststecken. Gleichzeitig gibt es auch noch Drogen- und Bandenkriege, Konflikte um Blutdiamanten, Rassenausschreitungen und Gewaltverbrechen, die überall auf unserem Planeten stattfinden. Befürchtungen vor Kämpfen um die Lebensmittelvorräte steigen, die durch Engpässe und Naturkatastrophen entstehen könnten. Die internationalen Mechanismen, die die Verbreitung von Atomraketen und ballistischen Raketen unterbinden wollen, sind im Zusammenbruch begriffen. Und viele Menschen haben Angst davor, dass Terrorgruppen nichtkonventionelle Waffen – einschließlich biologischer Kampfstoffe – in städtischen Zentren einsetzen könnten. Wir haben vermutlich erst „den Anfang der Wehen" (Matthäus 24,8 L) miterlebt.

Diese Entwicklungen bringen uns nun zu einem weiteren beunruhigenden Trend. Die Bibel sagt, dass er einsetzen wird, wenn wir gegen Gott rebellieren: Es geht um die grassierende sexuelle Unmoral unserer Zeit. Der Inhalt des folgenden Kapitels ist größtenteils eine unangenehme Lektüre, doch die Auseinandersetzung damit ist notwendig, um einen ehrlichen Blick auf unseren aktuellen und unumkehrbaren moralischen Verfall zu werfen.

10

DIE SEXUELLE REVOLUTION

„Die Tatsache, dass Unmoral im ganzen Land um sich greift, macht sie nicht besser!"
Rev. Billy Graham[1]

„Der Gottlosen Weg aber ist wie das Dunkel; sie wissen nicht, wodurch sie zu Fall kommen werden."
Sprüche 4,19 L

Gott häuft sich seinen Zorn auf wegen der ungezügelten sexuellen Unmoral dieser Welt – davon bin ich überzeugt. Ganz ähnlich wie zur Zeit der Rebellion in der vorsintflutlichen Welt deutet jetzt alles darauf hin, dass Gottes Geist die westliche Welt ihren Begierden und schändlichen Leidenschaften übergibt. In der Folge verlassen die Menschen die natürliche Ordnung, wie wir es an der wachsenden Akzeptanz der Homosexualität, des Transsexualismus und anderer unbiblischer Praktiken erkennen können. Erneut entsagen Frauen ihrer natürlichen Aufgabe, Leben in die Welt zu bringen, und treiben Millionen von Ungeborenen ab. Unterdessen sind Christen frustriert, dass sie ständig entscheidende Schlachten in den stattfindenden

„Kulturkämpfen" verlieren. Wir wundern uns, wie das Böse derart blühen und gedeihen kann, während das Richtige zum Falschen wird und man das Falsche zum Richtigen erklärt. Wir fragen uns, warum Gott nicht eingreift. Allerdings wird dies eines Tages passieren! Doch zunächst erlaubt Gott, dass die Sünde so reif wird, dass sie seine gerechte Strafe verdient.

Die sexuelle Revolution in den 1960er-Jahren war ein wichtiger Wendepunkt, an dem man göttlichen Werten den Rücken zukehrte. In den Sechzigern trennte man im Grunde das Streben nach sexuellem Vergnügen von der Notwendigkeit der Fortpflanzung. Diese wesentliche Veränderung im Sozialverhalten beschleunigte die moralische Dekadenz der nachfolgenden Generationen. In Amerika erreichte diese Transformation 1965 mit der bahnbrechenden Entscheidung des Obersten Gerichtshofs *„Griswold v. Connecticut"* ihren kritischen Punkt. In dieser Rechtssache entdeckten die Richter plötzlich in der Verfassung ein „Randgebiet" von Rechten auf Privatsphäre, in die der Staat nicht eindringen dürfte. Dieses Urteil beschäftigte sich nur mit Rechten innerhalb der Ehe, doch sie sind seither auf andere Beziehungen zwischen einvernehmlichen Erwachsenen ausgedehnt worden, einschließlich schwulen und lesbischen Paaren. Die Lockerung moralischer Standards in unseren Gesetzen und Gerichtsentscheidungen hatte zur Folge, dass sexuelle Praktiken, die früher als tabu angesehen wurden, heute stolz in der Öffentlichkeit zur Schau gestellt werden.

Die traditionelle Familie ist zum größten Opfer dieser Revolution geworden, doch auch die Gesellschaft als Ganzes hat dafür einen hohen Preis bezahlt. Seit die verschuldensunabhängige Scheidung so leicht zu haben ist, sind die Scheidungsraten in der Gesamtbetrachtung aller verheirateten Paare in Amerika auf 40 bis 50 Prozent hochgeschnellt.[2] Diese Entwicklung hat den Familienverbund geschwächt, der schon immer der wichtigste Stabilitätsfaktor der Gesellschaft war – und die negativen Konsequenzen sind breit gefächert.

Mehrere aktuelle Untersuchungen haben ergeben, dass eine gesunde Ehe die physische und mentale Gesundheit des Paares fördert. Auch Kinder profitieren von einer stabilen Ehebeziehung, die sie vor mentalen, physischen, schulischen und sozialen Problemen schützt.[3] Diese Vorteile werden nun durch hohe Scheidungsraten untergraben. Weniger Kindern steht ein positives Beispiel dafür zur Verfügung, wie eine gesunde Ehe aussieht. Kinder aus zerbrochenen Ehen haben die Tendenz, selbst zerbrochene Ehen zu produzieren. Störungen in der Ehe führen zu Störungen in der Gesellschaft, da der Nachwuchs aus diesen Familien anfälliger dafür ist, die Schule abzubrechen, in Drogen- oder Alkoholsucht abzurutschen oder straffällig zu werden.

Tod durch Abtreibung

Als ein weiteres negatives Ergebnis der sexuellen Revolution ist die Legalisierung von Abtreibungen zu verzeichnen. Vor der Flut verließen Frauen die natürliche Ordnung, indem sie mit rebellischen Engeln schliefen. Heute geben sie ihre natürliche Fähigkeit, Kinder zu gebären, auf, um ihre Körper „zu befreien“. Männer tragen eine beträchtliche Mitschuld an diesem Übel, da sie sich sowohl in ihrem sexuellen Verhalten als auch im Hinblick auf ihre Pflichten als Ehemänner und Väter unverantwortlich verhalten. Das ändert jedoch nichts an der traurigen Realität, dass der Preis für die „Freiheit“ der Frauen im routinemäßigen Mord an Millionen unschuldiger Menschen besteht.

In vergangenen Zeiten betrachteten Frauen es als eine Ehre, Leben zu schenken. Sie verspürten eine besondere Verpflichtung, alles zu tun, um Kinder in die Welt zu setzen. Diese natürlichen Gefühle entsprangen dem starken Mutterinstinkt, der in allen Frauen angelegt ist. Doch dies gilt heute nicht mehr; daher ist die Abtreibung ein deutliches Beispiel dafür, dass die moderne Menschheit die natürliche Ordnung Gottes verlässt.

Zudem fingen die Abtreibungsraten an zu steigen, als Ärzte den professionellen Hebammen die Kontrolle über den Geburtsvorgang entrissen. Seit der Antike gehörte das Kindergebären fast ausschließlich in den Verantwortungsbereich von Frauen, weil sie diesen sensiblen Vorgang aus eigener Erfahrung kannten. Tatsächlich waren Hebammen in fast allen Kulturen und zu allen Zeiten üblich.[4] Erst in der Moderne übernahmen Ärzte die Herrschaft über die Geburt. Dieser Trend war teilweise darauf zurückzuführen, dass immer mehr schwangere Frauen, die sich an zwielichtige Abtreiberinnen gewandt hatten, starben. Doch es gab auch einen finanziellen Anreiz, da die Schwangerenbetreuung ein lukratives Geschäftsfeld darstellt.

Heute kommt es weltweit jedes Jahr zu über 40 Millionen Abtreibungen, dabei werden viele weitere Fälle statistisch nicht erfasst. Im Durchschnitt endete jede fünfte Schwangerschaft durch einen derartigen Abbruch. In Entwicklungsländern ist die Rate oft höher als 25 Prozent.[5] Würden Abtreibungen als Tötungen gelten, wären sie in Amerika die Todesursache Nummer eins![6]

Die Gesamtzahl aller Abtreibungen in den USA beträgt seit der Legalisierung durch das Urteil *„Roe v. Wade"* über 56 Millionen. Das sind rund 1,3 Millionen Schwangerschaftsabbrüche pro Jahr, in einem Land, in dem seit Jahrzehnten sichere und effektive Verhütungsmethoden wie die Pille oder andere Kontrazeptiva problemlos erhältlich und auch erschwinglich sind. Doch die Massentötung wertvoller junger Menschen geht weiter. Dies geschieht, obwohl die Mehrheit der Amerikaner Abtreibungen moralisch immer noch für falsch hält. Gemäß einer Gallup-Umfrage war der Prozentsatz der Abtreibungsbefürworter noch nie höher als der Anteil derjenigen, die einen Schwangerschaftsabbruch aus ethischen Gründen ablehnen.[7]

Auch in Europa verfügt man über leicht erhältliche und erschwingliche Methoden der Empfängnisverhütung, zusammen mit einer aggressiven Sexualaufklärung, die bereits bei Fünfjährigen beginnt. Doch 30 Prozent aller Schwangerschaften europäischer Frauen enden immer noch mit einer Abtreibung, eine schockierende Rate, die in Osteuropa sogar noch höher ist.[8]

Über die Hälfte aller Schwangerschaftsabbrüche auf der ganzen Welt wird jedes Jahr in Asien durchgeführt, was zum Teil daran liegt, dass dort grob geschätzt die Hälfte der gesamten Weltbevölkerung lebt. Allerdings gibt ein Aspekt der Abtreibungsmaschinerie in Asien zusätzlichen Anlass zur Sorge – es wurde sogar ein neuer Begriff für dieses Übel geprägt: „Genderzid". Weibliche Föten werden viel öfter abgetrieben als männliche, was in vielen asiatischen Ländern zu einem massiven Mädchenmangel im Vergleich zu den Jungen führt, insbesondere in Indien und China. Weibliche Ungeborene werden millionenfach abgetrieben. 1990 bezifferte ein indischer Wirtschaftswissenschaftler die Anzahl der jungen Frauen, die der Gesellschaft fehlten, auf 100 Millionen. Doch diese Zahlen sind heute sogar noch höher.[9]

Akzeptanz der Homosexualität

Als Nächstes wenden wir uns der wachsenden Akzeptanz der Homosexualität zu. Im Westen galt sie traditionell als eine Verletzung göttlichen Rechts und als Verbrechen gegen die Natur, bis Sozialreformer wie Havelock Ellis anfingen, der Annahme zu widersprechen, Homosexualität sei unnormal. Doch die Gay-Bewegung, wie wir sie heute kennen, erhielt erst während der sexuellen Revolution der 1960er-Jahre Auftrieb, als man das Streben nach sexuellem Vergnügen von der Fortpflanzung isolierte. Diese neue sexuelle Freiheit wurde hauptsächlich im Kontext heterosexueller Beziehungen geschmiedet, doch Gays und Lesben entwickelten sich zu Trittbrettfahrern, die ähnliche Rechte verlangten. Die Ausschreitungen von Stonewall in Greenwich Village 1969 gelten als Schlüsselmoment – damals formierten sich Homosexuelle erstmals zu einer Bewegung und begannen, öffentliche Sympathiebekundungen zu erhalten.

Nach jahrzehntelanger Lobbyarbeit war Dänemark 1989 das erste Land, das gleichgeschlechtlichen Paaren die Eintragung einer Lebenspartnerschaft gestattete. In der Folge erkannte Holland 2000 als erste Nation gleichgeschlechtliche Ehen an. Seither haben sich 24 weitere Länder diesem Trend angeschlossen.[10] Die USA gehören seit dem Juni 2015 ebenfalls dazu, als der Oberste Gerichtshof im Fall „*Obergefell v. Hodge*" alle staatlichen Verbote von gleichgeschlechtlichen Ehen für verfassungswidrig erklärte. Im selben Jahr erkannte die Republik Irland als erstes Land gleichgeschlechtliche Ehen aufgrund einer Volksbefragung an.

Der unbestreitbare Trend geht in Richtung einer noch umfassenderen Akzeptanz von Homosexualität und gleichgeschlechtlichen Ehen. Die alljährliche Gallup-Umfrage zeigt, dass die Zustimmung zu schwulen und lesbischen Beziehungen von 38 Prozent im Jahr 2002 auf 58 Prozent im Jahr 2015 gestiegen ist.[11] Eine Umfrage des Pew-Forschungszentrums von 2015 ergab, dass die sogenannten Millennials (geboren nach 1980) gleichgeschlechtliche Ehen sogar in einem noch größeren Ausmaß, nämlich mit 70 Prozent befürworten.[12]

Folglich ist die Akzeptanz der Homosexualität durch die breite Masse wahrscheinlich unumkehrbar. Das rückt Paulus' Warnung in Römer 1,32 in ein ziemlich ernstes Licht, nämlich, dass Menschen, die derartigen unmoralischen Praktiken zustimmen, genauso schuldig werden wie diejenigen, die sie durchführen. Zweifellos ist Homosexualität eine bewusste Abweichung von der natürlichen Ordnung, die letztendlich Gottes Zorn heraufbeschwören wird. Gott übersieht dieses große Unrecht nicht, nur weil sich sein Zorn bisher noch nicht über die Menschheit ergossen hat. Und die Tatsache, dass die meisten Menschen in westlichen Ländern Homosexualität jetzt gutheißen, zeigt meiner Ansicht nach, dass Gott bereits beschlossen hat, uns zu richten. Er übergibt uns unseren verwerflichen Leidenschaften und unserem moralischen Selbstbetrug, genau wie er es mit der vorsintflutlichen Welt getan hat. Diese wachsende Rebellion wird einfach weiterreifen bis zu dem Tag, an dem „Gottes Zorn … vom Himmel her offenbart (wird) über alles gottlose Leben und alle Ungerechtigkeit der Menschen“ (Römer 1,18 L).

Sexueller Kindesmissbrauch

Wie ein Volk Frauen und Kinder behandelt, taugt als ein Barometer zur Bestimmung seiner ethisch-moralischen Gesundheit. Nach diesen Maßstäben befindet sich die Welt in einem schlechteren Zustand, als vielen von uns bewusst ist. Es ist einfach schrecklich, wie sich unsere neuentdeckten Freiheiten auf unzählige verwundbare Frauen und Kinder ausgewirkt haben! Heute werden Millionen von Frauen und Kindern auf der ganzen Welt zu Opfern moderner Sklaverei und sexuellen Missbrauchs. Diese Zwillingsübel überschneiden sich häufig; schätzungsweise 200 Milliarden Dollar werden damit im Jahr verdient.[13]

Sexueller Kindesmissbrauch ist weiter verbreitet, als viele annehmen. Ein Forscher geht davon aus, dass jeder fünfte männliche Erwachsene in den USA irgendeine Form von sexuellem Kindesmissbrauch begeht. Doch nur ein Drittel aller Missbrauchsfälle werden angezeigt. Drei Viertel aller Täter sind Verwandte oder Bekannte, die sich innerhalb des vertrauten Umfelds des Opfers bewegen.[14] Die meisten Täter nehmen Mädchen ins Visier, während Straftäter, die Jungen missbrauchen, normalerweise über viele Jahre hinweg zahlreichen verschiedenen Opfern nachstellen.[15] Traurigerweise ist sexueller Missbrauch von Kindern eines der häufigsten Verbrechen unserer Tage, während es gleichzeitig am seltensten zur Anzeige gebracht wird; entweder sind die Opfer zu jung, zu beschämt oder zu verängstigt, um anderen zu berichten, was ihnen zugestoßen ist.[16]

Das Problem sexuellen Kindesmissbrauchs, insbesondere durch Autoritätspersonen, denen das Kind vertraut, hat in letzter Zeit viel Aufmerksamkeit erfahren. Das liegt beispielsweise an so prominenten Fällen wie dem Missbrauchsskandal in der katholischen Kirche und Anschuldigungen gegen Popsänger Michael Jackson oder den BBC-Moderator Jimmy Savile. Selbst die Sportwelt hat diese Epidemie erschüttert. Nahezu alle diese Vorfälle werden von Vertuschungsversuchen begleitet, die das Leid der Opfer nur noch weiter verlängern. Trotz aller öffentlichen Aufmerksamkeit bleibt sexueller Kindesmissbrauch das größte Übel in unseren zivilisierten westlichen Gesellschaften. Mittlerweile weiß man auch, dass dieser Missbrauch bei Kindern aufgrund seiner lebenslangen Folgen schwere Schäden hervorruft.

Da Opfer sexuellen Kindesmissbrauchs so zögerlich sind, darüber zu berichten, erwies sich eine Umfrage der Krankenversicherung „Kaiser HMO“ in San Diego Mitte der 1990er-Jahre als eine der genausten Untersuchungen zu diesem Problem. Der Gesundheitsdienstleister stellte 17 000 Mitgliedern eine Reihe vertraulicher Fragen darüber, wie sexueller Kindesmissbrauch ihre Gesundheit als Erwachsene beeinflussen würde. In diesem anonymen Rahmen waren die Befragten offener. Die Umfrage ergab, dass zirka 16 Prozent der Jungen und 25 Prozent der Mädchen vor ihrem 16. Lebensjahr sexuell missbraucht worden waren.[17]

Eine europaweite Umfrage aus dem Jahre 2003 hat ergeben, dass sexueller Kindesmissbrauch ein bedeutendes Gesundheitsproblem darstellt, das dringend der Aufmerksamkeit bedarf. Als die Meinungsforscher umfassende Definitionen für sexuellen Missbrauch verwendeten, einschließlich Konfrontation mit Pornografie und ungewollte Berührung der Geschlechtsorgane, berichteten 50 Prozent der Frauen und 25 der Männer über Fälle sexuellen Missbrauchs als Minderjährige.[18]

Andere Untersuchungen zeigen, dass sich dieses Übel selbst perpetuiert, da viele Menschen, die im Kindesalter missbraucht wurden, im Erwachsenenalter selbst dazu übergehen, sich an Kindern zu vergreifen. Zudem wird das Problem immer schlimmer, weil Kinderpornografie und andere Formen der „Erwachsenenunterhaltung" im Internet leicht zugänglich sind.

Unterdessen boomt der Sextourismus mit Kindern. Es ist ein milliardenschweres Geschäft, das schätzungsweise zwei Millionen Kinder pro Jahr zu Opfern macht. Pädophilen ist es ein Leichtes, im Internet Informationen über Orte mit der besten Verfügbarkeit von Kinderprostituierten zu finden und auszutauschen. Die Mehrheit der ausgebeuteten Kinder ist jünger als 12 Jahre.[19]

Ein weiteres wachsendes Problem ist der sogenannte Survival Sex, d. h. Geschlechtsverkehr für das Überleben. Dabei tauschen arme und obdachlose Frauen und Kinder Sex gegen Lebensmittel, ein Dach über dem Kopf oder Drogen ein.[20] Wissenschaftler schätzen, dass jeder dritte obdachlose Jugendliche in Nordamerika sich in irgendeine Form von Survival Sex verstrickt hat. Dies erhöht die Wahrscheinlichkeit, dass er sich in anderer Form kriminell betätigt, Drogen nimmt, versucht, Selbstmord zu begehen, schwanger wird oder sich mit Geschlechtskrankheiten ansteckt.[21] Survival Sex ist mittlerweile auch in Flüchtlingslagern auf der ganzen Welt recht alltäglich geworden.[22]

Der Vorstoß zur Legalisierung der Pädophilie

Alle diese erwähnten Formen von sexuellem Kindesmissbrauch geschehen, obwohl die meisten Länder strenge Gesetze haben, um Minderjährige vor gefährlichen Erwachsenen zu schützen. Doch diese Gesetze, die ein Mindestalter für einvernehmliche sexuelle Handlungen festlegen, werden von einer Reihe von Parteien angegriffen. Sie wollen sexuelle Aktivitäten mit Minderjährigen entkriminalisieren. Das schließt traditionelle Muslime, die Kinderbräute befürworten, genauso ein wie Aktivisten der Homosexuellen-Lobby, die schamlos behaupten, auch Kinder hätten ein „Recht auf Sex".

Nachdem die LGBT-Bewegung ihre Schlacht zur Legalisierung gleichgeschlechtlicher Ehen in vielen westlichen Ländern gewonnen hat, ist zu befürchten, dass sie sich nun darauf konzentrieren wird, sexuelle Beziehungen zwischen Erwachsenen und Kindern für rechtmäßig zu erklären. Derartige Bemühungen gibt es seit Jahrzehnten in Ländern wie Großbritannien, Holland und Südafrika, oft unterstützt durch prominente liberale Politiker.[23] Einige Verhaltensforscher haben diese Pläne dadurch befeuert, dass sie Pädophilie als „normal" einstuften, wenn die daran Beteiligten diese Handlungen unversehrt einstellen könnten.

Im Grunde genommen dreht sich diese Schlacht um das Gewissen. Homosexuelle und Pädophile wollen bei ihren Handlungen von jeglichem Schuldgefühl frei sein. Insbesondere wollen sie nicht von Christen daran erinnert werden, dass ihre Taten falsch sind. Daher verlangen sie von uns Toleranz und Schweigen. Doch wir dürfen ihrer Kampagne, uns zum Schweigen zu bringen und unsere Werte zu verleugnen, niemals nachgeben.

Doch die langsame Erosion unserer ethischen Standards, die zur Normalisierung der Homosexualität geführt hat, setzt sich bereits bei der Transsexualität und in gewissem Maße auch bei der Pädophilie und Polygamie fort. Manche Psychiater beschreiben „Pädophilie" schon als eine „sexuelle Orientierung", die nicht verändert werden kann. Es ist dasselbe Argument, das bei der Homosexualität zum Erfolg führte. Unsere Pfadfinderorganisationen, die YMCA (Young Men's Christian Association, vergleichbar dem deutschen „Christlichen Verein Junger Menschen", CVJM) und andere, denen wir unsere Jugend anvertrauen, werden dazu gedrängt, der LGBT-Agenda nachzugeben. Bereits seit geraumer Zeit sind unsere Jugendschutzvorschriften und unsere Kinder einem konzertierten Angriff ausgesetzt.

Prostitution und Menschenhandel

Dies führt uns zu einem weiteren Thema, nämlich zu Gewalt und sexuellem Missbrauch an Frauen. Viele Menschen wollen Prostitution und die damit einhergehenden Übel einfach ignorieren, indem sie sie beschönigend als das „älteste Gewerbe der Welt" bezeichnen. Die westliche Kultur tendiert dazu, Prostitution zu verherrlichen, wie an dem Hollywoodfilm „Pretty Woman" aus dem Jahr 1990 deutlich wird. Allerdings sind die Männer, die am häufigsten zu Prostituierten gehen, keine reichen und sensiblen Typen wie Richard Gere. Normalerweise gehören sie zu der Sorte Mann, die gegenüber Frauen am gewalttätigsten wird.

In ihrem Enthüllungsbuch „Paid For: My Journey Through Prostitution" (Bezahlt: mein Leben als Prostituierte) beschreibt Rachel Moran drei Gruppen von Männern, die Stammkunden bei Prostituierten sind: Die erste Gruppe nimmt an, dass die Frauen, die sie sich kaufen, keine menschlichen Regungen besäßen, die zweite Gruppe hält eine solche Frau zwar für ein menschliches Wesen, beschließt jedoch, diese Tatsache zu ignorieren, während die dritte Gruppe sexuelles Vergnügen dabei empfindet, die Frauen, für die sie bezahlt, zu entwürdigen.[24] Die Sozialforscherin Melissa Farley erklärt, dass nur sehr wenige Frauen, die zu Prostituierten werden, diese Entscheidung freiwillig treffen (5 Prozent). Die meisten weiblichen Prostituierten, so Farley, wurden bereits als Kinder sexuell missbraucht, einschließlich der Frauen, die als Begleitdamen arbeiteten. Sie fand auch heraus, dass die Mehrheit der Prostituierten aussteigen will.[25]

Traurigerweise wird eine wachsende Anzahl von Frauen heute durch Menschenhändler in die Prostitution gelockt. Weltweit sind 77 Prozent aller Opfer des Menschenhandels weiblichen Geschlechts, darunter viele Kinder. In 87 Prozent aller Fälle werden die Opfer dazu gezwungen, sich sexuell ausbeuten zu lassen.[26] Laut dem „Global Slavery Index" (weltweites Verzeichnis der Sklaverei) sind aktuell 45,8 Millionen Männer, Frauen und Kinder auf der ganzen Welt in moderner Sklaverei gefangen. Menschenhandel und Sklaverei erwirtschaften jeweils zirka 150 Milliarden Dollar illegalen Profit.[27] Das Hauptziel dieser Zwangsprostitution und des Menschenhandels ist es, die schlimmsten Gruppierungen der Sexindustrie zu bedienen.[28]

Sklaverei und Sexhandel stellen besonders im Nahen Osten ein akutes Problem dar, was größtenteils an den zahlreichen Konflikten, politischen Umwälzungen und der islamischen Kultur liegt, die die Sklaverei und die Unterdrückung von Frauen traditionell gutheißt. In dieser Region der Welt bewegt sich der Missbrauch von Frauen auf Rekordniveau, was sich beispielsweise an der weitverbreiteten Praxis von Zwangsehen und Kindsbräuten zeigt.[29]

Dieser kurze Überblick über die sexuelle Ausbeutung von Frauen und Kindern hat sich noch nicht mit den Massenvergewaltigungen in Asien, den Kindersoldaten in Afrika oder den jungen Drogenkurieren in Lateinamerika beschäftigt. Auch wurden so schmutzige Trends wie „Date Rape" (erzwungener sexueller Kontakt bei der ersten Verabredung) und häusliche Gewalt bisher nicht beleuchtet. Sind wir also tatsächlich den Römern oder den Menschen, die in der Sintflut ums Leben kamen, moralisch überlegen?

Viel vom Inhalt dieses Kapitels eignet sich nicht für die artige Konversation. Doch ich bin mir sicher, dass meine Ausführungen den Leser mit der Realität des aktuellen moralischen Verfalls konfrontiert haben. Wir mögen annehmen, dass sich die Menschheit mit unserer modernen sexuellen Revolution weiterentwickelt hat. Doch die jüdischen Gelehrten betrachteten sexuelle Unmoral als die Sünde, die die Menschen der Flut-Generation am meisten deformierte, hauptsächlich, weil sie der Überzeugung waren, ihr Verhalten sei rechtmäßig. Wenn Rebellierende dieses Stadium erreichen, gibt es für sie kein Zurück.

Alle verderblichen Einflüsse, die in der Geschichte der Sintflut vorkommen, sind heute in unserer modernen Welt zu finden. Zur Zeit Noahs gingen die Menschen von Götzendienst zu gesetzloser Gewalt und zügelloser sexueller Perversion über. Heute wendet sich die westliche Welt von Gott ab, unterdrückt die Wahrheit, verlässt die natürliche Ordnung und vertauscht Richtig und Falsch – das Ergebnis sind moralische Verwirrung und große Schäden. Doch trotz dieses schwerwiegenden moralischen Zusammenbruchs bleibt sie mit Blick auf die Zukunft optimistisch. Gleichzeitig ist sie völlig ahnungslos, dass ihr demnächst quasi das Dach über dem Kopf einstürzen wird. Gottes Gericht für die Todesfabriken der Abtreibung und die Sünden der Homosexualität und des Kindesmissbrauchs wird diese Welt am Ende noch treffen.

Wie sind wir nun in diese missliche Lage geraten? Wo genau sind wir falsch abgebogen? Diesen Fragen werden wir im nächsten Kapitel nachgehen.

11

WO SIND WIR FALSCH ABGEBOGEN?

„Sollte es denn möglich sein! Dieser alte Heilige hat in seinem Walde noch nichts davon gehört, dass Gott tot ist!"
Friedrich Nietzsche, „Also sprach Zarathustra"[1]

„Das geschah aber, damit wir unser Vertrauen nicht auf uns selbst setzten, sondern auf Gott, der die Toten auferweckt ..."
Apostel Paulus (2. Korinther 1,9 L)

Viele Menschen vertreten die Irrlehre, dass Wissenschaft und Religion grundsätzlich unvereinbar seien. Tatsächlich jedoch riefen Christen während der Reformation die moderne Wissenschaft ins Leben. Der Forscher Rodney Stark untersuchte die 52 Persönlichkeiten, die in der wissenschaftlichen Revolution federführend waren, und fand heraus, dass 50 von ihnen dem christlichen Glauben anhingen.[2] In seinem Werk „Das Buch der Mitte" erklärt der Philosoph Vishal Mangalwadi, dass diese Pioniere der Wissenschaft das Universum studierten, weil sie daran glaubten, dass Gott es geschaffen, ihm Ordnung gegeben und die Naturgesetze in Kraft gesetzt hatte.

Sie glaubten auch, dass Gott den Menschen schuf, um über die Schöpfung zu herrschen.[3]

Viele dieser frühen Naturwissenschaftler wie beispielsweise Kopernikus, Kepler, Galileo und Newton waren Astronomen. Sie gingen davon aus, dass die größten Wunder der Schöpfung im Universum zu finden seien. Inspiriert wurden sie durch den Psalm-Vers: *„Der Himmel erzählt die Herrlichkeit Gottes, und das Himmelsgewölbe verkündet seiner Hände Werk. Ein Tag sprudelt dem anderen Kunde zu, und eine Nacht meldet der anderen Kenntnis"* (Psalm 19,2–3 E). Daher konzentrierten sie sich auf die Himmelskörper und entdeckten die Gesetzmäßigkeiten, die ihren Bewegungen zugrunde lagen.

Nachdem die Wissenschaft viele dieser „himmlischen" Geheimnisse entschlüsselt hatte, wandte sich der Fokus der Wissenschaft der Erde selbst zu. Allerdings stieß das neue Forschungsgebiet der Geologie auf Zeichen, dass die Erde älter sei als gedacht. So fingen Wissenschaftler an, nicht nur den Schöpfungsbericht, sondern auch die gesamte Bibel in Zweifel zu ziehen, während sie nach alternativen Erklärungsmodellen für den Ursprung des Lebens auf der Erde Ausschau hielten.

In dieser Ära begannen zudem viele Menschen, den göttlich begründeten Herrschaftsanspruch von Kirche und Krone in Frage zu stellen. Diese Entwicklung nahm zunächst mit mutigen Reformern wie Martin Luther und Johannes Calvin ihren Anfang, die die Monarchen und das Papsttum der Korruption und der Unterdrückung bezichtigten. Sie wiesen mit Nachdruck darauf hin, dass es biblische Gesetze und Grundwahrheiten gebe, die der menschlichen Autorität übergeordnet seien, auch der Macht von Königen und Päpsten. Dieses Prinzip hatte zur Folge, dass die Regierungsgewalt in unseren Verfassungen beschränkt wurde. Später versuchten weltliche Reformer und Atheisten, die Macht der Könige und des Klerus dadurch auszuhöhlen, dass sie die Autorität der Bibel attackierten.

Während dieser Epoche der Aufklärung, in der man den menschlichen Verstand über die göttliche Offenbarung erhob, wurde ein neuer „Mittelweg" populär: der Deismus. In diesem Glaubenssystem gab es immer noch ein höheres Wesen. Allerdings ging man davon aus, dass es das Universum zwar geschaffen und in Gang gesetzt, sich dann aber zurückgezogen hätte – wie ein großer Uhrmacher, der den Dingen, vergleichbar einer einmal aufgezogenen

Uhr, seinen Lauf ließ und sich damit begnügte, alles aus der Entfernung zu beobachten. Folglich lehnte diese Sicht die traditionelle Behauptung ab, dass bestimmte Monarchen oder Geistliche von Gott dazu bestimmt worden seien, die Welt zu beherrschen.

Schließlich zeichnete sich diese Ära durch große, weltumspannende Entdeckungsreisen aus. Sie begünstigten einen dritten Faktor, der viele Menschen dazu brachte, die Bibel infrage zu stellen. Insbesondere europäische Reisende entdeckten extrem unterschiedliche Volksgruppen, als sie den Globus erkundeten, und fragten sich, wie diese alle von einem einzigen Paar abstammen könnten, nämlich von Adam und Eva. Mit der Zeit entwickelten diese „zivilisierten" Europäer eine herablassende Einstellung gegenüber anderen Volksstämmen, insbesondere gegenüber Schwarzafrikanern. Ihrer Ansicht nach waren diese Menschen minderwertiger Herkunft, auch wenn ihre Ursprünge noch nicht erklärt werden konnten. All dies schaffte optimale Voraussetzungen für die Evolutionstheorie von Charles Darwin.

Der Beginn des Darwinismus

Charles Robert Darwin (1809–1882) entstammte einer wohlhabenden englischen Familie; er war der Sohn eines Arztes und der Enkel des berühmten Poeten Erasmus Darwin, der sich für die Abschaffung der Sklaverei einsetzte. Charles studierte Medizin an der Universität von Edinburgh und Theologie in Cambridge, fühlte sich jedoch, wie sein Großvater Erasmus, zu den Naturwissenschaften hingezogen. Erasmus hatte einen der ersten Erklärungsversuche zur Entstehung der Welt unternommen.

Während seiner Zeit in Edinburgh lernte Darwin den Geologen James Hutton kennen, den Erfinder des Konzepts des „geologischen Zeitalters". Huttons schottischer Landsmann Charles Lyell führte Huttons Werk in „Principles of Geology" (Grundsätze der Geologie) weiter aus. Darin versuchte er, Veränderungen der Erdoberfläche zu erklären, die sich über große Zeiträume hinweg ereigneten und auf Kräften beruhten, die noch heute am Wirken sind. Sein Buch, das Darwin sorgfältig studierte, gehörte zu den ersten, die den Begriff „Evolution" im Kontext biologischer Artenentstehung verwendeten.[4]

Sir John Herschel war ein weiterer Wissenschaftler, der Darwin beeinflusste. Der Cambridge-Professor propagierte einen wissenschaftlichen Ansatz, der auf gründlicher Beobachtung und der Entwicklung von Theorien beruhte, um eine einzige umfassende Erklärung für ein Phänomen zu finden. Herschel war eine wichtige Inspirationsquelle für Darwin, was dieser pflichtgemäß in den Anfangszeilen seines Werkes „Über die Entstehung der Arten“ vermerkte.[5]

Der dritte Gelehrte, der den jungen Darwin maßgeblich prägte, war Alexander von Humboldt, der größte Forschungsreisende seiner Zeit. Humboldt bereiste den Erdball, um später seine unterschiedlichen Landschaften, Pflanzen und Tierarten unter wissenschaftlichen Gesichtspunkten in einem umfangreichen mehrbändigen Reisetagebuch zu beschreiben, das er über einen Zeitraum von 21 Jahren verfasste. Seine blumige Sprache und seine tiefgründigen Einblicke in die Natur inspirierten nicht nur Wissenschaftler wie Darwin, sondern auch Romanautoren und Dichter wie Wordsworth und Thoreau. Er ist als eine der populärsten Persönlichkeiten in die Geschichte eingegangen. Dabei halten ihm manche sogar zugute, den durch Menschen verursachten Klimawandel vorausgesagt zu haben.[6] Darwin gab später zu, ohne den Einfluss Humboldts hätte er wahrscheinlich niemals die Einladung angenommen, 1831 zu einer offiziellen Forschungsreise an Bord der „HMS Beagle“, eines Segelschiffs mit Kurs auf Südamerika, aufzubrechen.

Diese fünfjährige Reise sollte schließlich die Welt verändern. Ihre Route führte Darwin um Südamerika herum und über den Südpazifik, mit Zwischenstopps auf den Galapagos und anderen Südseeinseln sowie in Neuseeland und Australien, bis er schließlich wieder in Cornwall anlegte. Darwin führte ein ausführliches Tagebuch über seine Reise, das als Hauptquelle seiner späteren Veröffentlichungen diente.

Als Darwin in England fortfuhr, die Pflanzen- und Tierwelt zu studieren, wurde seine Vorstellungswelt durch einen Aufsatz von Reverend Robert Malthus angeregt, der folgende Warnung ausgab: Sollte sich das Wachstum der Weltbevölkerung weiterhin so schnell vervielfältigen, ohne in irgendeiner Weise kontrolliert zu werden, würde das die Produktion von Lebensmitteln bald erschöpfen. Daraus zog Darwin später den Schluss, dass es an den Umweltbedingungen läge, die als Werkzeuge einer „natürlichen Auslese“ fungierten, dass manche Arten überlebten, andere jedoch nicht. Dieser Auswahlprozess war der

Hauptmechanismus, neben der Vererbung bestimmter Eigenschaften, mit dem erklärt wurde, wie sich Arten langsam von einer ursprünglichen Form organischen Lebens in ihre heutigen, vielfältigen Variationen verwandelten: die Idee der Makroevolution. Diese Prinzipien von Vererbung und Anpassung, die man auch „Abstammung mit Veränderung" nennt, sollten zu den beiden Hauptsäulen der Evolutionstheorie von Darwin werden.[7]

Allerdings zögerte Darwin, seine Ideen zu veröffentlichen. Nicht nur, weil er von Natur aus vorsichtig war, sondern auch, weil zwei frühere Werke zum selben Thema zu wütenden öffentlichen Protesten geführt hatten. 1809 hatte der französische Naturforscher Jean-Baptiste Lamarck sein Werk „Philosophie zoologique" (Philosophie der Zoologie) veröffentlicht, einen frühen Versuch, eine zusammenhängende Theorie der Evolution vorzustellen, die auf den Naturgesetzen beruhte, und zwar vorrangig auf der Vererbung erworbener Eigenschaften. Doch seine Ideen wurden weitgehend abgelehnt, und selbst Wissenschaftler betrachteten seine Überzeugung mit Skepsis, dass die Evolution ihrem Wesen nach progressiv sei. Nach Lamarck brüteten Biologen und Naturforscher über drei Hauptfragen: (1) Ist die Evolution von Natur aus progressiv oder willkürlich oder sogar regressiv? (2) Kann der Evolutionsprozess während der Lebensdauer eines Organismus beeinflusst werden oder ist die Vererbung bestimmter Eigenschaften quasi in Stein gemeißelt? (3) Ist Gott durch sein direktes Eingreifen beteiligt oder dadurch, dass er einfach nur die Naturgesetze in Gang setzt – und gibt es ihn überhaupt? Darwin sollte zu seiner Zeit behaupten, dass der Evolutionsprozess langsam, willkürlich und brutal vonstattenginge, ohne einen Gott, der auf wundersame Weise eingriff. Nur den stärksten und anpassungsfähigsten Lebensformen gelänge es zu überleben. Daher gab er sich widerwillig einem „dumpfen und schwer fassbaren Gefühl" hin, dass Fortschritt über lange Zeiträume hinweg möglich sei.[8]

Das zweite große Werk zur Evolution, das vor Darwin verrissen wurde, hieß „Vestiges of the Natural History of Creation" („Natürliche Geschichte der Schöpfung des Weltalls, der Erde und der auf ihr befindlichen Organismen"). Es wurde 1844 anonym von Robert Chambers veröffentlicht.[9] Als erste wissenschaftliche Publikation kombinierte es die astronomischen Entdeckungen Newtons und Galileos mit den neueren Forschungsergebnissen der Geologen und Biologen, um zu einer umfassenden Theorie über die Entstehung der Welt zu gelangen. Chambers vertrat die Ansicht, Gott habe die Naturgesetze zur Mutation der Arten in Gang gesetzt und sie dann sich selbst überlassen, sodass sich schließlich der Mensch entwickelt habe. Seine Theorie der „vorherbestimmten Transmutation“ passte gut zum Deismus, wandte sich jedoch von der traditionellen Annahme ab, dass Gott den Menschen als besonderen und krönenden Abschluss der Schöpfung ins Leben gerufen habe. Daher erfuhr sein Werk unter Klerikern und Konservativen viel Kritik. Dennoch wurde es zu einem populären Bestseller, der an den Königshöfen Europas für Furore sorgte. Prinz Albert las Königin Viktoria das gesamte Buch vor.[10]

Chambers Werk bleibt bemerkenswert, da er darin als erster eine Reihenfolge für das Auftreten des Lebens auf der Erde festlegte, an der Evolutionisten bis heute festhalten. Er betrachtete das Universum als eine chaotische Masse, die durch die Naturgesetze geordnet wurde; als die Erde abkühlte, erschien die Pflanzenwelt; dann die Tierwelt, die sich aus dem Wasser entwickelte; im Wasser lebende Wesen mutierten zu Vögeln, die später auf das trockene Land zogen, um zu Landtieren zu werden; und schließlich erschien der Mensch. Da er immer noch an einen biblischen Gott glaubte, entnahm Chambers diese Progression zweifellos dem Schöpfungsbericht, da er seiner Abfolge exakt folgt. Die größte Ironie der heutigen Evolutionsdebatte besteht folglich darin, dass ihre Befürworter darauf bestehen, die Welt habe sich in denselben Phasen entwickelt, wie sie die Bibel beschreibt. Daher stellt sich die Frage: Woher kannte der Verfasser des Buches Genesis die Reihenfolge der Evolution, Tausende von Jahren bevor die Wissenschaft sie enträtselte?

Darwin war aufgrund der hitzigen Kontroversen, die diese früheren Werke umgaben, vorsichtig und zögerte daher die Veröffentlichung seiner eigenen Theorie der Evolution so lange hinaus, bis er auf alle möglichen Einwände eine Antwort hätte. Doch 1858 wurde er gezwungen, an die Öffentlichkeit zu gehen, als ein Wissenschaftskollege, Alfred Russel Wallace, beim Thema natürliche Auslese zu denselben Schlussfolgerungen kam. Um jeglichem Streit vorzubeugen, einigten sich die beiden, der Linné-Gesellschaft in London ihre Ergebnisse vorzulegen und dadurch ihre gemeinsame Entdeckung dieses Prinzips bekanntzugeben.[11]

Im darauffolgenden Jahr veröffentlichte Darwin sein Werk „Über die Entstehung der Arten“, in dem er seine Theorie im Detail erläuterte.[12] Die Theorie war immer noch umstritten, selbst unter Wissenschaftlern, die die Frage stellten, ob die natürliche Auslese für die Artenbildung ausreichte und ob die Evolution derart ungesteuert war, wie Darwin behauptete. Doch das Buch fand schnell seine Anhänger. Was Darwin in gewissem Maß glaubwürdig machte, waren die vielen langen Jahre, die er damit verbracht hatte, in mühevoller Kleinarbeit Pflanzen und Tiere zu beobachten, sowohl zu Hause als auch im Ausland. Allerdings sprach er die Herkunft des Menschen in seinem Werk überhaupt nicht an. Vielmehr erklärte er nur, durch seine neue Theorie werde „Licht fallen auf den Ursprung der Menschheit und ihre Geschichte."[13]

Es sollte länger als 12 Jahre dauern, bis Darwin seine Theorie öffentlich mit menschlichen Wesen in Verbindung brachte, und zwar in seinem 1871 erschienen Buch „Die Abstammung des Menschen und die geschlechtliche Zuchtwahl".[14] Allerdings veröffentlichten mindestens sechs andere Wissenschaftler und Theoretiker in der Zwischenzeit ihre eigenen Bücher, in denen sie Darwins Theorie auf die Menschheit anwendeten.[15] Einer von ihnen war Thomas Henry Huxley, der das erste Buch schrieb, das sich ausschließlich der menschlichen Evolution widmete. Doch eine zweite Persönlichkeit, die sich sehr schnell Darwins Theorie zu eigen machte, sollte einen noch größeren Einfluss ausüben. Es handelte sich um den extravaganten deutschen Biologen Ernst Haeckel, den ersten bekannten Wissenschaftler, der unmissverständlich behauptete, Darwins Evolutionsprozess erkläre auch den Ursprung des Menschen.

Die Grenze wird überschritten

Ernst Heinrich Philipp August Haeckel (1834–1919), ein blonder und blauäugiger Hüne, forschte 47 Jahre lang als Professor für Zoologie an der Universität Jena und wurde sowohl in Deutschland als auch in ganz Europa berühmt. Als er 1860 „Über die Entstehung der Arten" las, fand er die Antwort auf alle seine Fragen in „einem einzigen magischen Wort: Evolution". Er besuchte Darwin in London und begann vor überfüllten Hörsälen über die natürliche Auslese zu lehren. Als passionierter Künstler ergänzte Haeckel seine Vorlesungen durch Zeichnungen, die dem farblosen Zweig der Biologie Leben einhauchten. Seine illustrierten Lehrbücher wurden zu Hunderttausenden verkauft, viel mehr als Darwins Werke. Tatsächlich war es damals üblich, Darwins Theorie als „Haeckelismus“ zu bezeichnen.

Haeckels erstes großes Werk, „Natürliche Schöpfungsgeschichte“, erschien 1868 in Deutschland. Das Buch wurde in den nächsten 50 Jahren zur wichtigsten Quelle für die Förderung des Darwinismus in Deutschland.[16] Zu Beginn lobte Haeckel die Anwendung der Theorie Darwins auf Pflanzen und Tiere, wies jedoch nachdrücklich darauf hin, dass ihr Wert von einer einzigen Schlussfolgerung, die man aus ihr ziehen müsste, nahezu übertroffen würde, und zwar: *„die Lehre von der thierischen Abstammung des Menschengeschlechts“* (Hervorhebung durch Haeckel selbst).[17] Er fügt hinzu: „Wir gelangen also in Folge der von Darwin reformirten Descendenztheorie zum ersten Male in die Lage, eine *natürliche Entwickelungsgeschichte des Menschengeschlechts* wissenschaftlich begründen zu können … von affenartigen Säugethieren“ (Hervorhebung durch Haeckel selbst).[18]

Haeckel behauptete zudem, dass rassische Ungleichheiten biologisch festgelegt seien. Daher mache es keinen Sinn zu versuchen, „primitive Rassen“ zu unterrichten und ihre Lebensumstände zu verbessern. Vielmehr sagte er voraus, dass alle minderwertigen Rassen „den übermächtigen Mittelländern [europäischen Rassen] im Kampf ums Dasein früher oder später gänzlich erliegen“ würden.[19] Weiter führte er aus: „Selbst wenn diese Völker sich reichlicher fortpflanzten als die weiße Menschenart Europas, würden sie dennoch früher oder später der letzteren im Kampfe um’s Dasein erliegen.“[20]

Anders als Darwin hatte Haeckel keinerlei Skrupel, sich mit dem religiösen Establishment anzulegen, und verspottete es sogar öffentlich. In seinem zweiten großen Werk konzentrierte sich Haeckel ganz direkt auf die evolutionäre Herkunft des Menschen und griff den „arroganten“ Glauben an die biblische Schöpfung direkt an. In seiner Schrift „Stammesgeschichte des Menschen“ (1874) verhöhnte er den „eitlen Wahn“, dass der Mensch „der Mittelpunkt der irdischen Natur und das ganze Getriebe derselben nur dazu da sei, um dem Menschen zu dienen“.[21]

Haeckel identifizierte 22 einzelne Entwicklungsstufen, durch die sich die Menschheit langsam aus einer spontan entstandenen einzelligen Amöbe zu ihrer heutigen Humanform entwickelt hätte. Die 21. Stufe wird heute als das

„Missing Link“ [fehlendes Bindeglied] bezeichnet; Heckel identifizierte es als einen „sprachlosen Affenmenschen“.[22]

Haeckel offenbarte schließlich sein rassistisches Vorurteil, indem er erklärte, Schwarzafrikaner gehörten zu den „minderwertigen Rassen der Menschen“, weil sie beim Erklettern von Bäumen immer noch mit beiden Händen und Füßen den Stamm ergriffen, ähnlich wie Menschenaffen. Seine Illustration dieser Behauptung war noch weniger subtil: die Zeichnung eines kleinen „Negermannes“, der neben einem Gorilla, einem Orang-Utan und einem Schimpansen auf einem Ast hockte, wobei alle vier eine ähnliche Körperhaltung zeigten.[23] [Folgen Sie bitte dem Weblink in Endnote 23, um Haeckels Illustration der Evolution des Menschen zu betrachten.] Haeckel fügte hinzu, dass ein Kehlkopf für die Sprache und ein größeres Gehirn für umfangreichere Sprachfähigkeiten die Menschen von den Affen unterschieden. Allerdings hätten sich manche Rassen schneller entwickelt als andere, wobei die komplexeren Sprachen zu den höheren Rassen gehörten (d. h. zu den Ariern).[24]

Andere vor Haeckel hatten bereits die ähnliche Anatomie zwischen Affen und Menschen bemerkt und daraus auf gemeinsame Vorfahren geschlossen. Das Besondere an Haeckel war jedoch, dass er als erste bekannte Persönlichkeit mit wissenschaftlichen Qualifikationen diese Annahme öffentlich als bewiesene Tatsache hinstellte und die herrschende Meinung anzweifelte, dass der Mensch als Ebenbild Gottes geschaffen sei. Wo Darwin zögerte, preschte Haeckel dreist voran!

Wenn ich genau bestimmen müsste, wo die Menschheit in der Moderne falsch abgebogen und mit ihrem Schöpfer in Konflikt geraten ist, würde ich genau auf diesen Punkt verweisen! Ernst Haeckel, ein beliebter Universitätsprofessor, überschritt eine Grenze mit Gott, indem er Darwins Argumente benutzte, die er mit Rassismus durchtränkte – und die Menschheit folgt ihm seitdem auf diesem rebellischen Pfad.

Es erscheint eigenartig, dass so wenige Menschen diese wichtige Tatsache der Wissenschaftsgeschichte kennen. Die meisten nehmen einfach an, dass Charles Darwin als erster die Verbindung zwischen Affen und Menschen hergestellt hätte – und er wird als eine der größten Koryphäen der modernen Wissenschaft verehrt. Gäbe es allerdings irgendwelche Verbindungen zwischen Darwin und diesem rassistischen deutschen Wissenschaftler, würde dies ihn und seine Evolutionstheorie beflecken. Ich glaube, dass so wenige Leute von Haeckels zentraler Rolle in der Entwicklung und Förderung der Evolutionstheorie Darwins wissen, weil die Wissenschaft versucht hat, diese Fakten zu vertuschen. Doch Haeckels Einfluss wird noch fragwürdiger, wie wir feststellen werden, wenn wir ihm zur Last legen, die rassistische Ideologie Adolf Hitlers inspiriert zu haben.[25]

Eine Familienangelegenheit

Darwins Verbindungen zu Haeckel und anderen, die begannen, den Gedanken der Evolution auf ein derart verwerfliches Ziel auszurichten, sind tatsächlich umfangreich. In seinem Buch „Die Abstammung des Menschen und die geschlechtliche Zuchtwahl" verwies Darwin elfmal auf Haeckel und rühmte dessen Ansichten zur menschlichen Evolution dermaßen, dass er fast zu glauben schien, sein eigenes Buch sei überflüssig. Darwin war dem gefeierten deutschen Wissenschaftler besonders dankbar, dass dieser Darwins eigene Ideen in das Bewusstsein der Öffentlichkeit katapultiert hatte. Schließlich war es Haeckel, der den Darwinismus der Bevölkerung nahebrachte und seine Unterrichtung an den staatlichen deutschen Schulen forcierte.[26]

Eine weitere Verbindung zwischen Darwin und der Kehrseite der Evolution lag in seiner eigenen Familie begründet, durch seinen Cousin Sir Francis Galton (1822–1911). Galton war ein Mann von bemerkenswerter Begabung, der in der Anthropologie, Geografie, Psychologie, Soziologie und anderen Wissenschaftszweigen bewandert war. Er wirkte auch daran mit, die Kriminologie, Meteorologie und Statistik aus der Taufe zu heben, indem er Konzepte wie die Standardabweichung, den Korrelationskoeffizienten und die Regression zur Mitte entwickelte. Zu guter Letzt war Galton auch der Vater der Eugenik oder Erbgesundheitslehre.[27]

Als er „Über die Entstehung der Arten" las, wurde Galton von den Ideen seines „Cousin Charles" geradezu ergriffen und begann mit großem Ernst, die Evolution zu studieren, und zwar insbesondere die Vererbungslehre. Er war der erste, der an Zwillingen forschte, um den Einfluss der Vererbung im Gegensatz zu Umweltfaktoren zu bestimmen. Dabei gelangte er zu dem Schluss, dass die Natur wichtiger sei als die Erziehung, um die Eigenschaften eines Menschen zu formen. Infolgedessen argumentierte er, „wenn sich begabte Männer mit begabten Frauen paarten … von Generation zu Generation, könnten wir eine reine menschliche Rasse erschaffen." Würde man andererseits Alkoholiker, Arme und Kriminelle von der Fortpflanzung abhalten, könnten deren unglückliche Charaktereigenschaften aus der Rasse „herausgezüchtet" werden.[28]

1883 prägte Galton den Begriff der Eugenik, um seine Konzepte zur Verbesserung der menschlichen Art durch kontrollierte Fortpflanzung zu beschreiben. Er stellte sich eine zweigleisige Strategie vor: „Positive Eugenik" sollte die gesündesten Mitglieder der Gesellschaft dazu ermutigen, mehr Kinder zu bekommen, während „negative Eugenik" die Fortpflanzung unter den Ungeeigneten zu verhindern suchte. Später bezeichneten Eugeniker diese Agenda salopp als das Prinzip von „Auslese und Ausjäte". Galton schlug sogar vor, der Staat sollte den antiken Brauch der Spartaner anwenden, die schwächliche Säuglinge töteten, eine Idee, die bereits Haeckel eingebracht hatte.[29] Trotz all seiner geschmacklosen und rassistischen Ansichten blieb Galton eine Ikone des viktorianischen Zeitalters. Er wurde im Alter von 31 Jahren als Mitglied in die „Royal Geographical Society" gewählt [eine britische Gelehrtengesellschaft zur Wissenschaftspflege]. Später erhob ihn der König in den Ritterstand.

Viele der Ideen Galtons unterstützte sein Cousin Charles vorbehaltlos, und die beiden tauschten regelmäßig ihre Ansichten zum Thema Eugenik aus, einschließlich der Frage, ob weiße Europäer ihre eigene Rasse aktiv stärken sollten. In „Die Abstammung des Menschen" pries Darwin das „geniale" Werk Galtons und bekräftigte die zentralen Dogmen der Eugenik.[30] Er stimmte ihm auch darin zu, dass die „unverantwortlichen, niedrigeren und oft bösartigen Mitglieder der Gesellschaft sich in der Regel schneller vermehrten als ihre vorausschauenden und grundsätzlich tugendhaften Mitglieder." Darwin war besorgt, dass dies zur rassischen Degeneration führen könnte, und kam einer Befürwortung der negativen Eugenik gefährlich nahe. In „Die Abstammung des Menschen" schrieb er:

„Auf der anderen Seite thun wir civilisierte Menschen alles nur Mögliche, um den Process dieser Beseitigung aufzuhalten. Wir bauen Zufluchtsstätten für die Schwachsinnigen, die Verkrüppelten und Kranken; wir erlassen Armengesetze; und unsere Ärzte strengen die größte Geschicklichkeit an, um das Leben eines Jeden bis zum letzten Moment noch zu erhalten. ... Hierdurch geschieht es, dass auch die schwächeren Glieder der civilisierten Gesellschaft ihre Art fortplanzen. Niemand, welcher der Zucht domesticierter Thiere seine Aufmerksamkeit gewidmet hat, wird daran zweifeln, dass dies für die Rasse des Menschen im höchsten Grade schädlich sein muss.[31]

Der Aufstieg des Sozialdarwinismus

Wir können also erkennen, dass Darwin selbst mit radikalen Vorschlägen liebäugelte, in den natürlichen Lauf der Menschheitsentwicklung einzugreifen, um sie zugunsten des „edleren" weißen europäischen Volkes zu steuern. Heute ist die Evolution Darwins durch Geschichtsrevisionismus vollständig zensiert worden und wird ausschließlich als reine Wissenschaft präsentiert. Doch Darwin selbst war sehr bewusst, dass seine Theorie mehr war als nur ein biologisches Konzept – in den darauffolgenden Jahrzehnten strebten viele ihrer Verfechter danach, ihre Anwendung auf alle Lebensbereiche auszudehnen. Innerhalb eines Vierteljahrhunderts nach der Veröffentlichung von „Über die Entstehung der Arten" kam es zu einer Eruption von Schriften: Wissenschaftler, Historiker und politische Theoretiker bezogen Darwins Ideen auf alle Aspekte der menschlichen Gesellschaft. Dieser wachsende Kreis von „Sozialdarwinisten" behauptete, die Menschheit unterliege denselben Gesetzen, die auch die Natur bestimmten, einschließlich natürlicher Auslese und des Überlebenskampfes. Die große Verführungskraft des Sozialdarwinismus bestand darin, dass er einen wissenschaftlichen Vorwand lieferte, alteingesessene Institutionen und soziale Ordnungen wegzuerklären – einschließlich des Adels und der Kirche.[32]

Darwin wusste, dass andere seine biologischen Konzepte verwendeten, um wirklich radikale Ideen zu fördern, beispielsweise die Überlegenheit der „arischen Rasse“ oder den Gedanken, dass Krieg ein lohnenswerter Motor des Fortschritts sei. Andere, immer wiederkehrende Themen unter Sozialdarwinisten waren: die Behauptung, Menschen mit nicht weißer Hautfarbe wären nicht intelligent; die Aufforderung zur Isolierung, Sterilisation oder Eliminierung von Kranken, Geistesgestörten und Kriminellen; die Theorie, dass die Menschheitsgeschichte aus dem Kampf verschiedener Rassen bestünde. Viele Sozialdarwinisten schrieben schließlich Bildungs- und Hilfsprogramme für die unteren Bevölkerungsschichten ab, die man größtenteils als fehlgeleitete christliche Nächstenliebe betrachtete. Besser wäre es doch, diese minderwertigen Menschen dem Aussterben zu überlassen – oder diesen Prozess durch staatlich veranlasste negative Eugenik oder sogar durch direkte Kriegsführung zu befördern.[33]

Darwin selbst formulierte keine Rassentheorien per se, doch wie die meisten Europäer seiner Zeit unterschied er zwischen den überlegenen „zivilisierten“ Rassen und den ihnen hinterherhinkenden „wilden“ Rassen. Gleichwohl lehnte er die afrikanische Sklaverei ab und hoffte, seine Forschungen würden schließlich beweisen, dass die „minderwertigen Rassen“ genauso lern- und fortschrittsfähig seien wie die weißen Europäer.[34] Allerdings kann man es nur als bittere Ironie bezeichnen, dass Darwins offensichtliche Bemühungen zugunsten einer Rasse am Ende das Fundament für die fast erfolgreiche Vernichtung einer anderen Volksgruppe legten: des jüdischen Volkes.

12

DER WENDEPUNKT

„Darwin wusste gar nicht, welch eine bittere Satire er auf die Menschheit geschrieben hatte."
Friedrich Engels[1]

„Denn so spricht der HERR Zebaoth,
nachdem seine Herrlichkeit mich gesandt hat
zu den Völkern, die euch berauben:
Wer euch antastet, der tastet seinen Augapfel an."
Sacharja 2,12 L

Die Wende vom 19. zum 20. Jahrhundert war eine berauschende Zeit für unsere Welt. Im Jahr 1900, bei der Weltausstellung in Paris, markierten die französischen Gastgeber voller Stolz „la fin de siècle" (das Ende des Jahrhunderts), indem sie die „Art nouveau", den Jugendstil propagierten. Gleichzeitig wurden mehrere neue Erfindungen vorgestellt, darunter der Tonfilm, das Telegraphon und der Dieselmotor. Auf Bitte der umweltbewussten französischen Regierung fuhr der Diesel-Prototyp mit Erdnussöl.[2] Die Fülle neuer Modeerscheinungen und raffinierter Geräte ließ das Leben schön und die Zukunft rosig erscheinen.

Doch das „Millenniums-Fieber" hatte auch eine düstere Seite. 1899 waren nicht weniger als sechs Bestseller veröffentlicht worden, die für die Zivilisation und insbesondere für die Juden nichts Gutes verhießen. Ihre simultane Veröffentlichung kann man nur als sehr bizarres zeitliches Momentum bezeichnen. Der wissenschaftliche Fortschritt während des 19. Jahrhunderts war äußerst vielversprechend. Dies betraf auch Darwins Evolutionstheorie, die viele Geheimnisse der Naturwissenschaften entschlüsselte. Doch sie wurde ebenfalls dazu benutzt, rassistischen Fanatismus und radikale Ideologien zu fördern. Dieser besorgniserregende Trend kippte 1899 vollkommen ins Negative, da die in diesem Jahr neu erschienenen Bücher nicht nur die öffentliche Meinung in der Zukunft beeinflussen würden, sondern bereits den Zeitgeist wiedergaben. Darwins Konzepte befeuerten jetzt die Eugenik und den wissenschaftlichen Rassismus. Gleichzeitig wurde die damalige Zeit vom Nationalismus geprägt, sodass sich die Vermischung von Wissenschaft und rassistischen Vorurteilen schon bald als ein gefährliches Gebräu erweisen sollte.

Insbesondere Deutschland wurde von einer nationalistischen Sehnsucht nach seiner mythischen Vergangenheit mitgerissen. Gleichzeitig suchte die junge zionistische Bewegung unter Theodor Herzl verzweifelt nach einer nationalen Heimstatt für die unerwünschten Juden Europas. Die doppelte Gefahr des Antisemitismus und der Assimilation motivierte Herzl zum Handeln. Religiös begründete Pogrome in Russland stellten eine immerwährende Bedrohung dar. Doch nachdem er 1894 über die Dreyfus-Affäre in Paris berichtet hatte, wurde Herzl bewusst, dass selbst die emanzipierten Juden in Westeuropa nicht willkommen waren. Viele Menschen machten die Vermischung ursprünglich europäischer Rassen mit vermeintlich unterlegenen Volksgruppen für ihre sozialen und wirtschaftlichen Probleme verantwortlich – und zu den „minderwertigen Rassen" gehörten die Juden. Immer häufiger verlangte man nach „Rassereinheit" und der Beseitigung schwacher Elemente aus der Gesellschaft. Die extremste Form dieses rassistischen Elitedenkens war der Arier-Kult. Zweifellos ließ der Anblick von Büchern, die die arische Überlegenheit und den Judenhass auf wissenschaftlicher Grundlage propagierten, Herzl erschauern. Sie fanden zur Jahrhundertwende reißenden Absatz.

Die Theorie der arischen Herrenrasse

Gemäß der Theorie der „arischen Herrenrasse“ war die weiße arische Rasse allen anderen Volksgruppen überlegen. Sie war der Schöpfer allen Fortschritts und der Inhaber des natürlichen Rechts, die Welt zu beherrschen. In Deutschland war es eher üblich, die legendären Teutonen als die eigenen Vorfahren zu bezeichnen, während man sich in Amerika vorzugweise auf die „nordische Rasse“ berief. Doch alle diese Bezeichnungen verwiesen auf den Stereotyp des Nordeuropäers: groß, blond und blauäugig. Der Mann, dem die Nazis ihre arische Rassentheorie verdankten, war der französische Diplomat Joseph Arthur de Gobineau (1816–1882). Er stammte aus einer aristokratischen Familie und machte die Demokratie für den Verfall seines Landes nach der Französischen Revolution verantwortlich. Um sich zu trösten, besann er sich folglich auf seine germanischen Wurzeln. Mitte der 1850er-Jahre veröffentlichte er das maßgebende und gleichzeitig verbittert-pessimistische vierbändige Werk „Versuch über die Ungleichheit der Menschenrassen“. Es war der erste Vorstoß, die Menschheitsgeschichte vorrangig anhand von Rassenkämpfen zu erklären.[3]

Gobineau unterteilte die Menschheit in drei ungleiche Rassen: Weiße, Schwarze und Gelbe. Weiße Europäer waren die weit überlegene Rasse, bekannt für ihr „Monopol an Schönheit, Intelligenz und Stärke“. Allerdings verwässerte die Vermischung der Rassen ihren Bestand, wobei die Arier immer noch die „reinste Rasse“ darstellten.[4] Gobineau glaubte, eine überlegene Rasse würde Verfall erleben, wenn sie sich mit einer unterlegenen vermischte, so, wie es dem Römischen Reich widerfahren wäre. Der französische Graf sah sich in der Pflicht, seine arischen Brüder vor dieser Gefahr zu warnen. Doch für ihn zählten nicht nur Schwarzafrikaner zu den unterlegenen „Wilden“, sondern auch die bäuerlichen Gallier in Südfrankreich, die die edlen Arier oder nördlichen Franken in der Französischen Revolution abgesetzt hatten. Die „arische Rasse“ stand nun in der Gefahr, auszusterben, was dazu führen würde, dass die Welt in ihren primitiven Zustand zurückverfiel.[5] Nachdem er die meisten seiner Landsleute verunglimpft hatte, fand er für seinen Essay in Frankreich nur wenige Leser. Doch in Deutschland stieß er auf Anhänger, zu denen auch Friedrich Nietzsche und Richard Wagner gehörten. Ein weiterer empfänglicher

Leser war Adolf Hitler, dessen Anleihen bei Gobineau sich sehr deutlich in „Mein Kampf" zeigen:

> *Die Geschichtliche Erfahrung bietet hierfür zahllose Belege. Sie zeigt in erschreckender Deutlichkeit, dass bei jeder Blutsvermengung des Ariers mit niedrigeren Völkern als Ergebnis das Ende des Kulturträgers herauskam. … Alle großen Kulturen der Vergangenheit gingen nur zugrunde, weil die ursprünglich schöpferische Rasse an Blutsvergiftung abstarb. … Alles, was wir heute auf dieser Erde bewundern – Wissenschaft und Kunst, Technik und Erfindungen – ist nur das schöpferische Produkt weniger Völker und vielleicht ursprünglich einer Rasse. Von ihnen hängt nun aber der Bestand dieser ganzen Kultur ab. Gehen sie zugrunde, so sinkt mit ihnen auch die Schönheit dieser Erde in das Grab.*[6]

Lapouge und die arische Pflicht

Gobineau überzeugte viele weitere Enthusiasten. Im Schlüsseljahr 1899 brachte ein ebenfalls adliger französischer Landsmann eine nachdrückliche Befürwortung seines arischen Glaubensbekenntnisses zu Papier, mit dem Titel „L'Arien: Son Rôle Social (Der Arier und seine Bedeutung für die Gemeinschaft). Graf Georges Vacher de Lapouge legte seiner Rassenhierarchie unterschiedliche Schädelformen zugrunde, wobei wiederum die Nordeuropäer ganz oben standen, gefolgt von den kleineren und dunkleren Völkern aus den Alpen und dem Mittelmeerraum Südeuropas mit flacheren Gesichtern. Sie waren es angeblich gewöhnt, ihre Muskelkraft einzusetzen, um ganz instinktiv der arischen Intelligenz zu dienen.[7]

Genau wie Gobineau ärgerte sich Lapouge darüber, dass die Franken der Oberschicht in der Französischen Revolution abgesetzt worden waren; daher zog auch er sich auf seine germanischen Wurzeln zurück. Allerdings war er optimistischer als sein Landsmann und bezeichnete die Eugenik-Programme von Haeckel und Galton als Mittel der Wahl, um den arischen Adel wieder an die Macht zu bringen. Diese Methoden würden benötigt, da sich die Alpenbewohner schneller vermehrten. Doch Lapouge beschuldigte auch die Arier selbst, ihrer Pflicht, sich fortzupflanzen, nicht nachzukommen, und warnte sogar vor „Rassenselbstmord".[8] Die Antwort sah er in staatlich verordneten Eugenik-Programmen, die reine Arier erzeugen und das Wachstum anderer Rassen eindämmen sollten.[9]

Was die Juden betraf, so sah Lapogue sie nicht als eine eigenständige Rasse, sondern als eine ethnisch-religiöse Gruppe, die als rücksichtslos, gierig, listig und arrogant bekannt war. Schlimmer noch, die „parasitären Juden" befanden sich seiner Ansicht nach in derselben Liga wie die minderwertigen europäischen Rassen, die das Ziel hatten, die Arier kleinzuhalten – durch Demokratie, Betrug und andere Machenschaften.[10]

Als anerkannter Anthropologe wurde Lapouge zu einem der stärksten Befürworter und Förderer der „arischen Herrenrasse". Zu seinen größten Bewunderern gehörte Kaiser Wilhelm II, der ihn als „den einzigen großen Franzosen" pries.[11] Lapouges Abhandlung „L'Arien" aus dem Jahr 1899 wurde auch von den Nazis sehr geschätzt, die bis in die 1940er-Jahre immer wieder neue Ausgaben herausbrachten.[12] Lapouge zeichnete sich zudem dadurch aus, dass er mit unheimlicher Vorahnung ankündigte, wohin der Rassenkampf in Europa führen würde: „Der Konflikt der Rassen wird jetzt beginnen", orakelte er 1887 ominös. „Ich bin davon überzeugt, dass sich im nächsten Jahrhundert die Menschen gegenseitig millionenfach abschlachten werden, aufgrund einer Abweichung von einem Grad oder zwei im Schädelindex."[13]

Haeckel und das arische Glaubensbekenntnis

Das zweite beachtenswerte Buch, das 1899 veröffentlicht wurde, hieß „Die Welträtsel", verfasst von unserem alten Freund Ernst Haeckel.[14] Der gefeierte deutsche Biologe hatte bereits erklärt, der Mensch stamme vom Affen ab, wobei Schwarzafrikaner immer noch ihren tierischen Vorfahren ähnelten. Jetzt war die Zeit gekommen, andere Volksgruppen herabzusetzen, insbesondere die Juden. „Die Welträtsel" wurde zum absoluten Bestseller und erreichte in den nächsten drei Jahrzehnten höhere Verkaufszahlen als die Bibel.[15]

Kurz zusammengefasst: Sein Werk revolutionierte mit seiner streng sozialdarwinistischen Botschaft das Verständnis der modernen Welt von Grund auf. Haeckel erklärte die Politik zur „angewandten Biologie". Juden seien den Ariern von Natur aus unterlegen, das Christentum fördere die Schwachen und Eugenik-Programme würden gebraucht, um die weiße Gesellschaft zu schützen. Allerdings präsentierte das Buch eine höchst positive Zukunftsperspektive, da Haeckel behauptete, dass die Wissenschaft alle Rätsel des Universums entweder schon gelöst hätte oder bald lösen würde. Die Wissenschaft sei in der Lage, wirklich alles zu erklären, daher könne man ihr wie einer Religion vertrauen.[16]

Haeckel gelangte über den Polygenismus zu seiner arischen Grundüberzeugung. Darwin war davon ausgegangen, dass alle Rassen einen gemeinsamen Ursprung hätten. Im Gegensatz dazu stützte Haeckel sich auf Sprachstudien, um zu behaupten, dass sich verschiedene Rassen unabhängig voneinander, ausgehend von verschiedenen affenartigen Vorfahren, zu unterschiedlichen Zeiten entwickelt hätten. Haeckel identifizierte mindestens zehn verschiedene Rassen, wobei die Arier die fortschrittlichste waren, während die primitiveren weit abgeschlagen dem Aussterben entgegengingen.[17]

Haeckel fürchtete insbesondere die „Verwässerung" arischen Blutes durch den Geschlechtsverkehr mit „minderwertigen Arten". Er forderte, der Staat müsse tätig werden, um die Gesetze der Evolution zu vollstrecken und die biologische Reinheit des deutschen Volkes zu erhalten. Als erster Schritt müsste die „Masseneinwanderung" „dreckiger" Juden aus Osteuropa gestoppt werden, die er als unmittelbarste Bedrohung im Sinne der „Rassenvermischung" ansah. Da die unterlegenen Rassen „den Säugetieren (Affen und Hunden) näherstehen als den zivilisierten Europäern, müssen wir folglich ihrem Leben einen völlig anderen Wert beimessen"[18], erklärte er.

Als man ihm den jüdischen Beitrag zur westlichen Zivilisation in Erinnerung rief, hielt Haeckel dagegen, „aktuelle historische Forschungen" hätten ergeben, Jesus sei nicht Jude, sondern Arier gewesen.[19] Gleichzeitig wütete Haeckel gegen das Christentum, insbesondere, weil es postulierte, dass Gott alle Menschen gleichberechtigt erschaffen habe. Er fürchtete auch, dass jüdisch-christliche Werte, namentlich die Fürsorge zugunsten der Schwachen, gepaart mit dem medizinischen Fortschritt den Evolutionsprozess rückgängig machen würden.[20]

In seiner permanent kirchenfeindlichen Haltung postulierte Haeckel, die „Hauptfrage" sei nicht, ob Deutschland eine Monarchie oder eine Demokratie sein solle, sondern ob der „moderne Kulturstaat geistlich oder weltlich" zu sein habe.[21] Er schlug sogar eine neue weltliche Religion vor, die das Christentum ersetzen sollte: den Monismus. Diese Weltanschauung behauptete, jede geistliche Energie im Universum sei schon vor langer Zeit in die materielle Welt absorbiert worden. Die Anbetung Gottes wurde dabei durch eine mystische Verehrung der Natur ersetzt.[22] Er erhob sogar die Sonne zu einem Kultobjekt, das als Quelle allen Lebens zu verehren sei.[23]

Als Frontalangriff auf das Christentum im Namen von Wissenschaft und Fortschritt wurde „Welträtsel" zum führenden anti-christlichen Manifest des frühen zwanzigsten Jahrhunderts.[24] Die deutsche Romantik Ende des neunzehnten Jahrhunderts sehnte sich nach dem vorchristlichen Heidentum ihrer volkstümlichen Überlieferungen. Haeckel gelang es, die Konservativen in dieser Bewegung mit den Fortschrittsgläubigen zu verbinden, die Wissenschaft und Moderne schätzten. Dies sollte den Nationalsozialisten schließlich ein viel umfangreicheres Fundament bieten, auf dem sie aufbauen konnten, insbesondere bei ihrer Militarisierung der deutschen Gesellschaft.

Gestärkt durch den Erfolg seines Buches wurde Haeckel zum Helden der nationalen und rassistischen Renaissance in Deutschland. Der Kaiser verlieh ihm 1907 den Titel „Exzellenz", während die Linné-Gesellschaft in London ihn 1908 mit der prestigeträchtigen Darwin-Wallace-Medaille auszeichnete.[25] Doch seine bemerkenswerteste Unterstützung erhielt er mehrere Jahrzehnte später durch Adolf Hitler, den „Bewahrer der Herrenrasse". Tatsächlich ist es angemessen, Haeckel als einen der Stammväter der nationalsozialistischen Ideologie zu bezeichnen.

Chamberlain und der arische Held

Ein weiteres beliebtes Buch, das 1899 erschein, wurde von Houston Stewart Chamberlain (1855–1927) verfasst, mit dem Titel „Grundlagen des neunzehnten Jahrhunderts". Chamberlains Lebensgeschichte ist außergewöhnlich: Als Brite zog er nach Deutschland, wo ihn die teutonische Sagenwelt verzückte. Besonders fesselte ihn die Musik und Philosophie Richard Wagners. Chamberlain wurde zu einem der größten Verbreiter des Bayreuther Kultes, einer Hauptquelle des deutschen Antisemitismus. Chamberlain kam Wagner so nahe, dass er schließlich dessen Tochter Eva heiratete.

Als er in Wien lebte, begegneten ihm russische Juden, die in Fluchtwellen den Pogromen des Zaren entkamen; Chamberlains Antisemitismus verstärkte sich dadurch nur noch mehr. Aufgrund ihrer andersartigen Kleidung und ihrer Bräuche betrachtete er sie als „dreckiges menschliches Gesindel", das die „überlegenen" angestammten Arier durch Rassenvermischung bedrohte. Daher mahnte Chamberlain in seinem Werk, diese jüdische „Pest" müsse gestoppt werden, bevor sie „sich wie ein Gift auf der ganzen Welt" verbreitete.[26] Er bezeichnete sie als ein Volk von „Bastarden" und als universelle „Verderber der Sitten".[27] Er fügte noch hinzu, die Juden seien nicht nur eine Bedrohung für den politischen Körper oder das Gemeinwesen, sondern auch für den menschlichen Körper. Von einem Sauberkeitsfimmel besessen, schien Chamberlain alle seine Ängste vor Verunreinigung auf die ärmlichen Juden zu projizieren. Daher forderte er seine Mitteutonen eindringlich dazu auf, sich von allem Jüdischen zu reinigen, um nicht zu „einer Herde pseudo-hebräischer Mestizen" zu werden.[28]

Doch Chamberlain war – aufgrund seiner intensiven Studien der Werke Charles Darwins – immer noch von Hoffnung für die „arische Rasse" beseelt. Er argumentierte, man könnte dieselben Mittel, die man bei der Tierzucht einsetzte, um reinrassige Rennpferde und preisgekrönte Jagdhunde zu erzeugen, auch bei der Fortpflanzung von Menschen einsetzen. Folglich weist er in seinem Buch beschwingt darauf hin, dass die Teutonen ihre eigene Degeneration eindämmen könnten, und zwar durch eine weise Planung ihres Paarungsverhaltens und das gesetzliche Verbot gemischtrassiger Paare.[29]

Chamberlain wandte sich ebenso gegen den Gott der Juden wie gegen das Christentum. Er verglich den brutalen Gott der Bibel mit dem heroischen „Übermenschen" des deutschen Heidentums und widmete seinem Versuch, einen arischen Jesus nachzuweisen, sogar ein ganzes Kapitel.

Sein Buch, das man mit einem Flickenteppich vagabundierender Ideen vergleichen kann, reduzierte die westliche Zivilisation auf einen ausgedehnten Konflikt zwischen den progressiven, moralischen Ariern und den geldgierigen, materialistischen Juden.[30] Die germanischen Völker wären aufgrund der Vermischung mit „minderwertigen Rassen“ im Abstieg begriffen, könnten jedoch durch entschiedene staatliche Maßnahmen gerettet werden – und schließlich fand er den Mann, der dazu imstande war, Deutschland zu erlösen.[31]

Chamberlains Buch war ein großer Erfolg, sowohl in Deutschland als auch im Ausland. In Amerika stieß es bei Teddy Roosevelt und anderen Prominenten auf höchste Anerkennung. In seiner Wahlheimat Deutschland schnellte die Popularität Chamberlains in schwindelerregende Höhen. Kaiser Wilhelm II. lobte das Werk als eine wunderbare „Hymne auf den Germanismus“.[32] Er ordnete an, es bei Hofe laut vorzulesen, und verteilte kostenlose Exemplare sowohl an Offiziere als auch an Schulen und Büchereien im ganzen Land.[33]

Als der Erste Weltkrieg ausbrach, legte Chamberlain seine britische Staatsbürgerschaft ab und verbrachte die Kriegsjahre damit, die „semitenliebenden“ Alliierten scharf zu kritisieren. Die deutsche Niederlage 1918 deprimierte ihn zutiefst, und seine Gesundheit verschlechterte sich rapide. Die letzten zehn Jahre seines Lebens verbrachte er ans Bett gefesselt. Doch sein Gemütszustand verbesserte sich 1923 erheblich durch den Besuch eines jungen Aufrührers namens Adolf Hitler. Nach diesem Besuch schrieb ihm Chamberlain:

> *„Mein Glaube an das Germanentum ist keinen Moment ins Wanken geraten, obwohl ich zugeben muss, dass meine Hoffnung sich auf einem Tiefstand befand. Mit einem einzigen Schlag haben Sie meine seelische Verfassung verändert. Dieses Deutschland bringt, in der Stunde seiner größten Not, einen Hitler hervor – das beweist seine Lebenskraft. Jetzt kann ich mich unbesorgt schlafen legen … Gott beschütze Sie!“*[34]

Auch wenn Chamberlain niemals ausdrücklich Gewalt gegen Juden propagierte, so trug er doch entscheidend dazu bei, die Judenfeindlichkeit anzuheizen. Er verherrlichte den arischen Mythos und verlieh ihm einen intellektuellen und pseudo-wissenschaftlichen Anstrich. Chamberlain war zudem die erste prominente Persönlichkeit, die die Bewegung der Nationalsozialisten begrüßte, und „der Führer“ vergaß ihm das nie. Als Chamberlain 1927 in Bayreuth verstarb, gehörte der trauernde Hitler zu den vielen Honoratioren, die an seiner Beerdigung teilnahmen.

Ripley und die arische Migration

Ein viertes Buch, das 1899 veröffentlicht wurde, zeigte, dass Amerika gegen das Gift der Sozialdarwinisten nicht immun war. William Zebina Ripley (1867–1941) war ein angesehener Ökonom und die höchste Autorität in der mächtigen amerikanischen Eisenbahnindustrie. Er beschäftigte sich ebenfalls mit der Anthropologie und der Wissenschaft der Rassenunterschiede und er erläuterte seine Ansichten in dem Werk „The Races of Europe" (Die Rassen Europas).[35]

Das Buch beginnt mit der mittlerweile bekannten Anordnung der europäischen Rassen, wobei die nordischen Teutonen an der Spitze der Pyramide stehen, gefolgt von den südlichen Bewohnern der Alpen und des Mittelmeerraums. Ripley warnte als Nächstes davor, dass die Massen von Süd- und Osteuropäern, die damals nach Amerika hineinströmten, die angelsächsische Mehrheit des Landes gefährden würden. Ungefähr zur selben Zeit kamen pro Jahr fast eine Million Migranten aus Europa ins Land. Und Ripley betrachtete diese Welle als eine Quelle von Krankheiten, Überbevölkerung, moralischer Korruption und arischer Degeneration.

Vor einer Gruppe, die in großer Zahl nach Amerika strömte, warnte Ripley besonders: den Juden. Er beschrieb ihre besonderen physischen Merkmale, angefangen mit ihren „langen Hakennasen". Ihre „sehr vollen" Augenbrauen offenbarten ihre „unterdrückte Gerissenheit". Schließlich wären Juden „anfällig für nervliche und psychische Störungen; der Wahnsinn ist unter ihnen in furchterregendem Maße verbreitet".[36] Da weitere Millionen noch in Osteuropa saßen und darauf warteten, sich der großen Migration nach New York anzuschließen, befürchtete Ripley, dass der „große polnische Sumpf armseliger (Juden), schrecklich in seinen Ausmaßen, … in unser Land abfließt".[37]

Ripleys Buch ließ ihn zu einer Autorität in amerikanischen Rassefragen werden, gerade zu der Zeit, als das Land diese Wellen verarmter Einwanderer aufnahm. Auch wenn Emma Lazarus die Neuankömmlinge in ihrem berühmten Gedicht „The New Colossus" (Der Neue Koloss) willkommen hieß, bezeichnete sie diese Menschen immer noch als „eure verzagten, eure armen, eure zusammengedrängten Massen … den armseligen Ausschuss eurer überlaufenden Gestade." Unterdessen feierte ein neues Theaterstück von Israel Zangwill Amerika als „den großen Schmelztiegel" der europäischen Völker. Doch Ripleys Buch brachte bei vielen angelsächsischen Amerikanern eine andere Saite zum Klingen: Er nährte ihre Angst, dass ihre Tage als Beherrscher Nordamerikas gezählt sein könnten.

Unter denjenigen, die durch Ripleys Panikmache aufgeschreckt wurden, war Madison Grant, der Vater der Naturschutzbewegung. Grant initiierte die ersten Kampagnen, um die Küsten-Sequoias Kaliforniens, den amerikanischen Bison, den Weißkopfseeadler und Wale zu retten. Allerdings wurde dank Ripley die Erhaltung der weißen „nordischen Rasse" zu Grants größtem Anliegen. Er postulierte dieses Anliegen in dem einflussreichsten Buch zur arischen Überlegenheit, das je in Amerika veröffentlicht wurde: „Der Untergang der großen Rasse". Diese enthusiastische Hommage an die „Herrenrasse" erregte schnell die Aufmerksamkeit Adolf Hitlers. Hitler und Grant verband bald eine tiefe Freundschaft, und Hitler ließ sich von Grant inspirieren, als er begann, die Eroberung Europas und „die Endlösung der Judenfrage" zu planen.[38]

Der russische Beitrag

Im Jahr 1899 erschien zudem ein berüchtigtes antisemitisches Pamphlet, das angeblich einen Insiderbericht über eine jüdische Verschwörung zur Erlangung der Weltherrschaft enthielt. Während ihnen jeglicher wissenschaftlicher Ansatz fehlte, waren „Die Protokolle der Weisen von Zion" doch eine extrem wirksame Zutat in dieser giftigen Mischung von Veröffentlichungen, die Anfang des zwanzigsten Jahrhunderts das jüdische Volk ins Visier nahmen. „Die Protokolle", die von der russischen Geheimpolizei verfasst wurden, gaben vor, die Niederschrift eines geheimen Treffens jüdischer Führungspersönlichkeiten zu sein, das während des Ersten Zionistischen Kongresses 1897 stattgefunden haben soll. Bei diesem Geheimtreffen planten sie angeblich, Kommunismus, Materialismus, Weltkriege, Wirtschaftskrisen, Pornografie und andere Mittel einzusetzen, um die Kontrolle über die Welt zu gewinnen. Das Pamphlet wurde später von im Ausland lebenden Russen verbreitet, die den Juden den Untergang der Romanow-Dynastie 1917 zur Last legten. Diese Anschuldigung stieß bei anti-marxistischen Elementen in Europa und Amerika auf Widerhall. „Die Protokolle" übten einen immensen Einfluss auf Schlüsselpersonen aus, beispielsweise den amerikanischen Autobaron Henry Ford und natürlich Adolf Hitler. Letzterer stützte sich bei der Abfassung von „Mein Kampf" und der Entwicklung der nationalsozialistischen Ideologie stark auf diese Verschwörungstheorie.[39]

Rohling und das sich ausweitende Netz

Im selben Jahr erschien ein sechstes Buch, das Juden als eine bösartige und zerstörerische Macht der Weltgeschichte darstellte. „Der Talmudjude" von August Rohling war eigentlich eine bereits 30 Jahre alte Abhandlung, die bestehenden antisemitischen Vorurteilen zu einer zweifelhaften intellektuellen und wissenschaftlichen Legitimität verhalf. Doch seine Übersetzung ins Arabische, gefolgt von seiner Veröffentlichung 1899 in Kairo, stellte eine weitere zeitgemäße Waffe dar, die sich gegen das Herz des europäischen Judentums richtete. In diesem Buch behauptete Rohling fälschlicherweise, dass es Juden aufgrund religiöser Schriften erlaubt sei, alle möglichen Sünden und Laster zu praktizieren, einschließlich Lügen und Täuschungen, Zinswucher und Diebstahl, Mord und Ehebruch. Zusätzlich zum klassischen christlichen Antisemitismus würzte Rohling seine Mixtur noch mit einer Dosis moderner antisemitischer Verschwörungstheorien, indem er vor jüdischen Plänen warnte, die Welt zu regieren.[40] Obwohl das Buch schon seit Langem für seinen pseudo-wissenschaftlichen Ansatz diskreditiert worden war, entwickelte es sich dennoch zu einer Hauptquelle, die den klassischen europäischen Antisemitismus unter den arabischen und muslimischen Völkern verbreitete.[41] Laut den Aussagen des Historikers Martin Gilbert stellte das Erscheinen des „Talmudjuden" auf Arabisch 1899 eine zusätzliche Sorge für Theodor Herzl dar. Denn das Buch drohte den Antisemitismus in einer Region anzufachen, die Herzl brauchte, um Juden Zuflucht zu bieten, die vor Pogromen und Vorurteilen aus Europa flohen. Sollten sich die Türen in Palästina schließen, würde es für seine zionistische Bewegung zu einer Katastrophe kommen.[42]

Letztlich reflektierte dieses literarische Aufgebot den damaligen Zeitgeist: Sechs verschiedene Neuerscheinungen in einem Jahr verunglimpften und entmenschlichten ausnahmslos Juden aus wissenschaftlichen, rassistischen, religiösen und verschwörungstheoretischen Gründen. Juden waren universellem Hohn und wachsender Gefahr ausgesetzt, und selbst ihre eigenen Versuche der Selbsterhaltung wurden verzerrt und als vermeintliches Beweismaterial für ihre bösartige Natur missbraucht. Wahrhaft bemerkenswert ist, wie es zeitgleich zu so vielen ähnlichen und bizarren Vorstellungen kam, die ein Verfasser nach dem anderen vorbrachte: die Gefahr der Rassenvermischung, die zum Untergang Roms führte, die arische Überlegenheit, die sich im arischen Jesus zeigte, die biologischen „Defekte" der Juden und die Schwäche des Christentums. Diese Ideen hatten einen gemeinsamen Nenner: Sie alle gingen auf die Erkenntnisse aus dem grausamen, rücksichtlosen Überlebenskampf der Natur zurück, den Darwins Evolutionstheorie offenbart hatte. So stellte sich die Lage zu Beginn des zwanzigsten Jahrhunderts dar – kurz bevor diese widerwärtigen Ansichten über den Bereich rein theoretischer Erörterungen auf eine Art und Weise hinausgingen, wie es sich nur wenige Menschen zur damaligen Zeit hätten vorstellen können.

13

DIE VERBOTENE FRUCHT

„Seid mutig! ... Gott hat unser Volk nie im Stich gelassen; ... durch alle Jahrhunderte hin mussten Juden leiden ... die Schwachen werden ausgesucht und die Starken werden übrigbleiben und niemals untergehen!
Anne Frank, Das Tagebuch der Anne Frank[1]

„Ein guter Baum kann keine schlechten Früchte tragen und ein kranker Baum keine guten."
Jesus von Nazareth (Matthäus 7,18 Hfa)

Noch einmal: Es ist ein sensibles Unterfangen, Darwin mit dem Holocaust der Nationalsozialisten in Verbindung zu bringen. Nicht nur Wissenschaftler, sondern sogar manche Juden sind empört über diese Anschuldigung. Die „Anti-Defamation League“ *[Anti-Diffamierungs-Liga; amerikanische Organisation mit Sitz in New York City, die sich gegen Diskriminierung von Juden einsetzt; Anmerkung der Übersetzerin]* hat derartige Behauptungen als ungeheuerlich und trivialisierend bezeichnet, angesichts der vielfältigen und komplexen Gründe für die Schoah.[2] Allerdings gibt es, wie die 1899 veröffentlichten Bücher zeigen, tatsächlich eine direkte Verbindung zwischen dem Sozialdarwinismus und dem Völkermord der Nationalsozialisten an den Juden. Es stimmt natürlich, dass auch andere Faktoren eine Rolle spielten, besonders hervorzuheben sind dabei die deutsche Mystik, der christliche Antisemitismus und der moderne, verschwörungstheoretische Antisemitismus. Der religiöse Antisemitismus hilft sicherlich bei der Aufklärung der Frage, warum Hitler über so viele willige christliche Verbündete verfügte. Denn schließlich hatten die etablierten Kirchen in Europa seit Jahrhunderten gepredigt, dass die Juden verflucht seien, weil sie Christus getötet hätten. Doch das Christentum betrachtete die Juden immer noch als menschliche Wesen, da die Bibel lehrt, dass alle Menschen als Gottes Ebenbild geschaffen wurden. Wenn die Juden sich nur bekehrten, könnten sie sogar erlöst werden, lautete das Credo.

Im Gegensatz dazu benutzten die Nationalsozialisten Konzepte Darwins, um Juden auf eine untermenschliche Stufe herabzusetzen – den Ratten näher als den „höhergestellten menschlichen Rassen". Dies ging über den traditionellen christlichen Antisemitismus hinaus. Man verzerrte biologische Gesetzmäßigkeiten, um die Ausrottung einer „genetisch defekten Rasse" zu rechtfertigen. Zweifellos hatten christliche Antisemiten an den Juden zahlreiche Grausamkeiten begangen wie Inquisitionen, Pogrome, Vertreibungen und Zwangsbekehrungen. Doch nichts davon kam in seinem Ausmaß dem Holocaust gleich.

Zudem lehnte der harte Kern der Nationalsozialisten das Christentum als schwach und aus der Mode gekommen ab. Dies war ein allgemeiner Trend im Deutschland der damaligen Zeit. Manche Theologen versuchten, das Christentum umzuformen, sodass es zu der neuen arischen Ideologie passen würde. Doch der engste Führungskreis blieb davon unbeeindruckt. Tatsächlich gibt es in Hitlers „Mein Kampf" keinerlei Zitate aus dem Neuen Testament; auch wird kaum an traditionelle christliche Feindbilder gegen die Juden appelliert.

Die Nationalsozialisten hingen vielmehr dem mystischen Glauben an die arische Überlegenheit an, der in der deutschen Romantik Goethes, Bismarcks und Wagners wurzelte. Doch sie unternahmen auch große Anstrengungen, ihre rassistischen Ansichten mit einer wissenschaftlichen Grundlage zu versehen. Dabei handelte es sich nicht nur um ein intellektuelles Feigenblatt, sondern um einen vorsätzlichen Gebrauch der Wissenschaft zu teuflischen Zwecken: Sie zogen aus der Evolution die ihrer Ansicht nach logischen Schlussfolgerungen. Daher stimmen viele Forscher mittlerweile darin überein, dass die Nazis sozialdarwinistische Ideen verwendeten, um ihre Strategien zu den Themen Krieg, Eugenik und Rasse zu untermauern.[3]

Dennoch schrecken viele vor der Annahme zurück, die Evolutionstheorie Darwins hätte irgendetwas mit dem Holocaust zu tun. Revisionisten haben versucht, Darwin vor dieser schwerwiegenden Anklage zu schützen. Ganz sicher, so argumentieren sie, rechnete er niemals mit einem staatlich verordneten Massenmord. Doch in „Die Abstammung des Menschen" ereiferte sich Darwin selbst über den „biologischen Verfall", sollte die Gesellschaft die Schwachen vor dem nützlichen Prozess des „Ausjätens", der zur natürlichen Auslese führen würde, schützen. Er warnte: „Mit Ausnahme des den Menschen selbst betreffenden Falls ist wohl kaum ein Züchter so unwissend, dass er seine schlechtesten Thiere zur Nachzucht zuließe."[4] Aus diesem Gedanken entwickelte sich die Idee, den natürlichen Evolutionsprozess zu beeinflussen, um soziale Missstände durch staatliche Programme zu beseitigen. Derartige Bemühungen wurden bereits Jahrzehnte vor den Nationalsozialisten initiiert, unter anderem in England und in den Vereinigten Staaten. Haeckel beschrieb dies als „angewandte Biologie" durch aktive und passive Mittel. Andere verwendeten das Schlagwort „Ausjäte und Auslese". Bedauerlicherweise war die Wissenschaft der Eugenik entstanden!

Die Explosion der Eugenik

Seit Galton 1883 den Begriff „Eugenik" geprägt hatte, wurde sie zu einem wissenschaftlichen Forschungsgebiet. Zu Beginn fokussierte man sich auf den Schutz und die Verbesserung individueller Abstammungslinien, doch um 1900 verlagerte die Eugenik ihren Schwerpunkt auf die Erhaltung von Gruppen, was an dem Zusammentreffen mehrerer Faktoren lag. Erstens zeigten die Statistiken eine starke Abnahme der Geburtenraten von Nordeuropäern. Zweitens verspürte man in der westlichen Gesellschaft ein allgemeines Gefühl moralischer Verkommenheit, für das viele die Rassenvermischung verantwortlich machten. Ein dritter Faktor war der wissenschaftliche Fortschritt in Form der Mendel-Weismann-Synthese, die zu bestätigen schien, dass unsere physischen und geistigen Eigenschaften durch Vererbung festgelegt sind. Folglich wurden Hilfsprogramme, die schwächere Mitglieder der Gesellschaft oder „minderwertige Rassen" in der Hoffnung unterstützen sollten, „bessere" Nachkommen zu erzeugen, plötzlich als wertlos angesehen. Stattdessen musste nun alles getan werden, um ihren „befleckten Samen" davon abzuhalten, sich mit stärkeren Individuen und Rassen zu vermischen. Fast über Nacht wurde die Eugenik zum Mittel der Wahl, um den menschlichen Fortschritt zu sichern und die höheren „europäischen Rassen" zu schützen.[5]

Im ersten Jahrzehnt des zwanzigsten Jahrhunderts schossen Gruppen, die die Eugenik förderten, in über 30 Ländern weltweit wie Pilze aus dem Boden. Allerdings machte vor der Zeit des Nationalsozialismus die Bewegung in Amerika ihre größten Fortschritte. Als Hitler 1933 in Deutschland die Macht übernahm, hatten 30 US-Bundesstaaten Gesetze eingeführt, die „Schwachsinnige", „Kleinkriminelle", Landstreicher, Bettler und andere „Unerwünschte" zwangsweise sterilisieren ließen. Entscheidungen des Obersten Gerichtshofs verteidigten diese Gesetze; in seinem berüchtigten Urteil „Buck v. Bell" erhielt der Gerichtshof ein staatliches Zwangsprogramm aufrecht, das vorschrieb, die Eileiter geistig behinderter Frauen zu durchtrennen. Der beteiligte Richter Oliver Wendell Holmes erklärte: „Drei Generationen von Schwachköpfen sind genug."[6] Solche Programme zur Zwangssterilisation gab es in Amerika bis in die 1970er-Jahre. Die Eugenik kam in den USA derart in Mode, dass man auf Jahrmärkten Wettbewerbe durchführte, um die „stärkste Familie" zu bestimmen.[7] Prestigeträchtige Universitäten wie Harvard, Yale, Stanford und Princeton richteten Forschungsabteilungen für Eugenik ein. Großunternehmen wie Carnegie und Rockefeller stellten Geldmittel sowohl für diese Eugenik-Programme zur Verfügung, als auch für den Beginn der deutschen Zwillingsforschung durch Josef Mengele und andere.[8]

Unterdessen trug Madison Grant entscheidend dazu bei, den Schwerpunkt der Eugenik von einem Kampf gegen individuelle „Verunreinigungen" zu einem Krieg gegen ungeeignete Rassen zu verschieben. Sein Buch „Der Untergang der großen Rasse", das 1916 veröffentlicht wurde, warnte die angelsächsische Elite Amerikas eindringlich, dass die große „nordische Rasse" aufgrund der Vermischung mit minderwertigen Einwanderern aussterben würde, wenn sie sich nicht der Eugenik anschlösse. Für Grant, der dafür bewundert wurde, dass er die Küsten-Sequoias und den Büffel gerettet hatte, war angewandte Eugenik nichts anderes als die Tätigkeit eines Wildhüters, der eine Herde übervölkernder Hirsche ausdünnte.[9] Wer sein Manifest des wissenschaftlichen Rassismus gelesen hatte, konnte sich des Eindrucks nicht erwehren, dass die biologische Bedrohung durch minderwertige Rassen keine spekulative Theorie mehr sei, sondern eine greifbare Gefahr. Und die größte Bedrohung ging von den Juden aus. Die patriotische „nordische Rasse" wurde „aus ihrer eigenen Heimat verdrängt … durch die Schwärme polnischer Juden", die ihre Sprache annehmen, ihre Kleidung stehlen und nun anfangen würden, „ihre Frauen zu nehmen", schrieb Grant.[10]

In brutaler Ausdrucksweise, die bald von den Nationalsozialisten übernommen werden sollte, verkündete Grant Folgendes:

> *„Die Gesetze der Natur verlangen die Vernichtung der Schwachen … Dies ist eine praktische, barmherzige und unvermeidliche Lösung des gesamten Problems und kann auf den sich immer weiter ausdehnenden Kreis des sozialen Abschaums angewendet werden: angefangen mit dem Kriminellen, den Kranken und den Geistesgestörten; ausgeweitet werden kann diese Lösung schrittweise auf Arten, die man als Schwächliche statt als Fehlerhafte bezeichnen würde und wohl am Ende auch auf wertlose Rassen."*[11]

Sein Buch übte großen Einfluss auf führende Politiker in Washington aus, einschließlich der Präsidenten Calvin Coolidge and Warren G. Harding. Der Kongress begann, noch strengere Einwanderungsgesetze zu erlassen, wodurch der Ansturm neuer Immigranten in der Mitte der 1920er-Jahre von fast einer Million pro Jahr auf gerade einmal 20 000 reduziert wurde. Dieser überlebenswichtige Zufluchtsort für europäische Juden sollte selbst während des Holocaust verschlossen bleiben.[12]

Dadurch, dass er gefährdete Juden aus Amerika heraushielt, trieb Madison Grant sie tatsächlich seinem großen Bewunderer Adolf Hitler in die Arme. Die beiden schrieben sich regelmäßig und Hitler bezeichnete Grants „Der Untergang der großen Rasse" begeistert als seine „Bibel". Hitler studierte andere amerikanische Werke und Gesetze zur Eugenik und rühmte sie in „Mein Kampf". Für viele Deutsche wurde die gnadenlose Rassenpolitik der Nazis dadurch genießbarer, dass man ihnen deren amerikanische Präzedenzfälle zeigte.

Doch unter Hitler trieb Deutschland die Erkenntnisse des Darwinismus skrupellos auf die Spitze.[13]

Die Wissenschaft des Nationalsozialismus

Das besiegte Deutschland hatte nach dem Ersten Weltkrieg mit zahlreichen Problemen zu kämpfen, und viele Menschen machten die Juden für die Niederlage und die stagnierende Wirtschaft verantwortlich. Zu den radikalsten antisemitischen Elementen gehörte die Nationalsozialistische Deutsche Arbeiterpartei (NSDAP), die man heute als „die Nationalsozialisten" bezeichnet. Ihr ungestümer junger Führer, Adolf Hitler, propagierte den Kampf gegen die Juden als Lösung für alle Probleme Deutschlands. Nachdem man ihn 1923 für einen Putschversuch ins Gefängnis geworfen hatte, nutzte er die Zeit, um seine rhetorischen Fähigkeiten zu vervollkommnen und „Mein Kampf" zu schreiben. In dieser düsteren Abhandlung legte er seine Absichten offen, eine „reine Rasse" und die „Beseitigung" der Juden aus Deutschland zu erreichen. Da er in der Elite der Weimarer Republik auf Sympathien stieß, wurde Hitler frühzeitig entlassen, woraufhin seine Partei schnell Anhänger im ganzen Land gewann. Trotz begrenzter Wahlerfolge gelang es Hitler Anfang 1933, den erkrankten Präsidenten Hindenburg zu manipulieren, den Reichstagsbrand auszunutzen, seine kommunistischen Rivalen zu beseitigen und sich selbst praktisch zum Diktator auf Lebenszeit ernennen zu lassen.[14]

Sobald die Nationalsozialisten an der Macht waren, begannen sie sofort, Gesetze einzuführen, die Juden aus dem politischen, wirtschaftlichen und sozialen Leben Deutschlands ausgrenzten. Alle Versuche, diese antisemitischen Strategien unabhängig vom Einfluss des Sozialdarwinismus zu erklären, scheitern regelmäßig. Tatsächlich bestätigen aktuelle Forschungen immer eindrücklicher, dass es eine Verbindung zwischen der Naziideologie und wissenschaftlichem Rassismus gibt. Insbesondere dem Historiker Daniel Gasman ist es gelungen, eine direkte Verknüpfung in der Person Ernst Haeckels herzustellen.[15] In vergleichbarer Weise bekräftigt auch der Paläontologe Stephen Jay Gould von der Universität Harvard: „Haeckels evolutionärer Rassismus … trug zum Aufstieg des Nationalsozialismus bei."[16] Andere weisen darauf hin, dass Haeckels Berufung auf „angewandte Biologie“ oft in Nazi-Propaganda wiederauftauchte.[17]

Alles läuft also bei Ernst Haeckel zusammen, dem verehrten deutschen Biologen, der Darwin zuvorkam und die Abstammung des Menschen von den Affen verkündete; der behauptete, dass sich die verschiedenen Rassen unabhängig voneinander in unterschiedlichem Tempo entwickelt hätten, und der glaubte, Schwarze und Juden stünden immer noch ihren ursprünglichen affenartigen Vorfahren näher als der glorreichen „arischen Rasse“. Es war dieser Mann, der mehr als jeder andere den Nationalsozialisten die wissenschaftliche Rechtfertigung dafür lieferte, Juden als Untermenschen zu betrachten, die vernichtet werden müssten.

Die meisten sehen Alfred Rosenbergs Buch „Der Mythos des 20. Jahrhunderts“ als wichtigste Darlegung der Nazi-Ideologie. Doch dieses Werk wurde nie von Hitler und seinem engsten Führungszirkel als offizielle Partei-Doktrin anerkannt. Stattdessen formulierte Hitler selbst die Kernphilosophie der Partei – und sowohl seine Schriften als auch seine Rhetorik waren gespickt mit biologischen Konzepten Darwins, die in tödlichen Exzessen gipfelten.

Mit Hitlers eigenen Worten

Hitlers Schriften und Reden sind durchzogen von der wiederholten Erwähnung des Begriffs „Kampf ums Dasein“ bzw. „Lebenskampf“. Damit meinte er ausnahmslos den biologischen Kampf einer Person oder Rasse, die diese gegen die unbarmherzigen Kräfte der Natur führt, um zu überleben. Dieser Kampf bezog sich nicht auf politische Konkurrenzsituationen, sondern auf die Prinzipien Darwins. Der Ausdruck „Kampf ums Dasein“ bzw. „Lebenskampf“ erscheint auch in einem kaum bekannten Buch, das Hitler 1928 verfasste und welches erst nach dem Krieg als „Das geheime zweite Buch“[18] veröffentlicht wurde. Darin führt er aus, dass Nationen und Rassen demselben „Lebenskampf“ ausgesetzt seien wie die einfachsten Organismen.[19] Eine dritte direkte literarische Quelle, die Hitlers Ansichten enthält und uns erhalten ist, heißt „Monologe im Führerhauptquartier 1941–1944“. Das Buch enthält Hitlers Äußerungen, die er als Reichskanzler während des Krieges gegenüber hochrangigen Nazi-Offiziellen machte. Ihnen erklärte er, es sei der Kampf ums Dasein, der die Selektion der Stärksten hervorbringe.[20]

In „Mein Kampf" erläuterte Hitler, dass Rasse mehr sei als nur Kultur – sie beinhalte die Blutlinie, die kollektiv zu erhalten sei. Daher sei es als heroisch anzusehen, wenn sich Einzelpersonen für das Überleben der ganzen Rasse opferten. Da die Natur keiner bestimmten Nation oder Rasse Land zugewiesen habe, obliege es der Rasse selbst, sich das Land und die Ressourcen zu beschaffen, die sie zum Leben brauche, und zwar dadurch, dass sie mit anderen Nationen in Konflikt trete. Daher rief Hitler Deutschland dazu auf, „Lebensraum" im Osten einzunehmen, ein auf Darwin zurückgehendes Konzept, das dieser vom Geologen Friedrich Rolle[21] übernommen hatte. Krieg war notwendig, um dieses Land zu erwerben, und insofern vorteilhaft, als er die deutsche Rasse abhärten und reinigen würde. „Wenn man dem deutschen Volke etwas Gutes wünschen will, dann wäre es, alle fünfzehn bis zwanzig Jahre einen Krieg zu haben", sagte er einmal.[22]

Durch den „brutalen" und sich wiederholenden „Prozess gründlicher Selektion" vernichte die Natur die Schwachen und optimiere die Starken.[23] Dieser Kampf sei die stärkste Antriebskraft des Fortschritts[24] und habe eine Hierarchie von überlegenen und minderwertigen Rassen geformt. Hitlers Aufgabe bestand nun darin, sicherzustellen, dass die deutsche Gesellschaft dieses eiserne Prinzip der Natur verstand und widerspiegelte. Folglich schrieb er in „Mein Kampf", seine Ideologie glaube in keinerlei Weise an die Gleichheit der Rassen, sondern verlange die Unterordnung der minderwertigen oder schwächeren Rassen im Einklang mit dem ewigen Willen, der das Universum beherrsche.[25]

Der negative Einfluss der Rassenvermischung war für ein Hitler ein Naturgesetz, das sich erhärtet hatte; dieser Einfluss musste unter allen Umständen vermieden werden. „Die Stärkeren müssen die Schwachen beherrschen und dürfen sich nicht mit ihnen vermischen."[26] Natürlich war die stärkste und fortschrittlichste Rasse die arische oder germanische Rasse, während die größte Bedrohung durch Rassenvermischung von den Juden ausging. Diese jüdische Gefahr wurde mit biologischen Begriffen beschrieben – als ein „Parasit", eine „Bazille" und eine „Völkermade", die drohte, die reine arische Blutlinie zu verseuchen. Daher mussten Juden aus der deutschen Heimat ausgemerzt werden.[27]

In einer Rede, die er bei einem Aufmarsch der Partei in Nürnberg hielt, verschrie Hitler auch die „sentimentale Menschenfreundlichkeit", welche die Schwachen heranzüchten und die Starken abtöten würde.[28] Zu anderen Gelegenheiten leugnete er den Erfolg von Bildung und weiteren Bemühungen, um schwächere Individuen und minderwertige Rassen zu stärken.[29] Demzufolge initiierte er gnadenlose Eugenik-Programme, um die arische Rasse zu schützen und zu reinigen. Die Nazis führten die Zwangssterilisation für bestimmte Kriminelle, Menschen mit mentalen und physischen Beeinträchtigungen, erbliche Alkoholiker, Homosexuelle, unverheiratete Mütter und andere Menschen mit „moralischen Schwächen" ein. 1945 waren schätzungsweise 360 000 Deutsche unfreiwillig sterilisiert worden, viele durch Kastration. Als noch brutaler erwies sich das Euthanasie-Programm an geistig Behinderten. Tausende entwicklungsverzögerter Kinder wurden langsam zu Tode gehungert und Zehntausende Erwachsene vergast.[30] Unzählige deutsche Senioren wurden aus Altersheimen geholt und mithilfe von chemischen Substanzen getötet.[31]

Doch die größte staatlich veranlasste Kampagne, um jegliche unerwünschte Elemente aus der deutschen Gesellschaft auszumerzen, war der Massenmord an über sechs Millionen Juden zwischen 1938 und 1945. Eine halbe Million Sinti und Roma und Millionen slawischer Polen und Russen wurden ebenfalls ins Visier genommen. Hitler hatte in „Mein Kampf" erklärt, dass alle, die auf dieser Welt nicht zu einer guten Rasse gehörten, Spreu seien.[32] Und die Nationalsozialisten stellten sicher, dass ein Großteil dieser „Spreu" in Flammen aufging.

Stellen wir einen Zusammenhang zwischen Darwin und Hitler her, so scheint es, dass sich „der Führer" Haeckels Polygenismus zu eigen gemacht hatte. Das bedeutete, dass die verschiedenen Rassen unterschiedlichen Ursprungs waren und sich in unterschiedlichem Tempo entwickelten. Daher durften sich überlegene Rassen niemals mit „minderwertigem Blut" vermischen, selbst wenn dies ein Zurückgreifen auf Massenexekutionen bedeutete. Hitler zog sogar in Zweifel, dass die Arier von den Affen abstammten, und suchte nach einer bisher unerklärten höheren Herkunft.[33] Heather Pringles neustes Buch „The Master Plan" folgt den bizarren Expeditionen von Nazi-Archäologen, die nach Beweisen für diese mystischen arischen Vorfahren suchten.[34]

Gleichzeitig folgte Hitler immer noch einer strengen Auslegung der Evolution Darwins, was ironischerweise zu Deutschlands Niederlage beigetragen haben könnte. Manche Forscher gelangten zu dem Schluss, dass die Nazi-Führung permanent die russische Kampfkraft unterschätzte, was an ihrem Glauben lag, die slawischen Völker seien den Ariern genetisch unterlegen. Selbst am Ende stellte Hitler den Krieg immer noch als einen darwinistischen Kampf dar. Dabei erkläre er seinem Volk, sollte es verlieren, läge es daran, dass es sich als schwächer und des Sieges unwürdig erwiesen hätte.[35]

Nachdem Hitler sich im April 1945 das Leben genommen hatte, wurden viele seiner hochrangigen Offiziere in den Nürnberger Kriegsverbrecherprozessen von den Alliierten vor Gericht gestellt. Die Angeklagten zitierten zu ihrer Verteidigung eine Ansammlung von Quellen, unter anderem Madison Grants Buch „Der Untergang der großen Rasse". Sie führten auch amerikanische Sterilisierungsgesetze und Eugenik-Programme an. Letztendlich verübten die Nazis den Massenmord an den Juden, um Rassenvermischung zu verhindern, und zwar auf Grundlage ihres Verständnisses von darwinistischen Konzepten wie der natürlichen Auslese und widerstandsfähiger Stämme. Dies wurde durch das wiederaufgefundene Protokoll der Wannsee-Konferenz deutlich. Daher gehört der Holocaust der Nazis zwangsläufig zum Vermächtnis des Darwinismus dazu.

Darwinismus als Götzendienst

Nachdem die Grausamkeiten der Nazis an den Juden ans Licht gebracht worden waren, zog sich die Wissenschaft der Biologie kleinlaut in ihre Labore zurück, um sich auf das zu konzentrieren, was wir heute Genetik nennen. Doch die Evolutionstheorie Darwins hat unsere Sicht auf die Welt, auf uns als Menschen und auf unseren Schöpfer grundlegend verändert. Die Denkweise Darwins hat unser modernes Verständnis derart durchdrungen, dass wir ihre Terminologie reflexartig im Alltag verwenden. (Dass Anne Frank in ihrem Tagebuch über das Verderben der Schwachen und das Überleben der Starken schrieb, kann man nur als bittere Ironie der Geschichte bezeichnen.) Selbst die Geschäftswelt wird heute als ein animalischer „Dschungel" betrachtet, in dem nur die Stärksten den Ton angeben können. Doch viele Befürworter der Evolution geben sich mit dieser Durchdringung unserer Kultur nicht zufrieden und gehen sogar noch weiter. Sie haben das christliche Glaubensbekenntnis aus unseren Klassenräumen entfernt und wollen Gott nun aus dem gesamten öffentlichen Leben verbannen. Der giftige Baum des Darwinismus trägt also bis heute seine zerstörerischen Früchte, mit ernsten Folgen für unsere Welt.

Ich habe den Eindruck, dass seit dem Aufkommen der Evolutionstheorie Darwins etwas noch Schwerwiegenderes geschehen ist. Weil diese Täuschung in den vergangenen 150 Jahren auf immer größere Zustimmung stieß, sind wir, so glaube ich, erneut in die „Zeit Noahs" eingetreten. Der Westen hat die wichtigste Forderung des noachidischen Bundes verletzt, nämlich jeden Menschen mit Würde zu behandeln, weil er als Ebenbild Gottes geschaffen wurde. In der Folge hat Gott ein Urteil gesprochen, doch er spart sich die Strafe für den Tag der letzten Abrechnung mit der Menschheit auf. Er sorgt immer noch dafür, dass seine Pläne in den Angelegenheiten der Menschen umgesetzt werden. Doch ich bin der Ansicht, dass sich etwas verändert hat, seit wir „die Zeit Darwins" erreicht haben. Betrachten wir, wie der Erste Weltkrieg im stagnierenden Schlagabtausch der Grabenkämpfe stecken blieb, sodass beide Seiten sich mit Gas umbrachten. Offensichtlich war das menschliche Leben so wertlos geworden, dass Soldaten zu Tausenden vergiftet und erstickt werden konnten. Die Entwertung menschlichen Lebens hatte eine Ursache; sie lag in der Herabwürdigung des Bildes vom Menschen – von einer besonderen Schöpfung Gottes zu einem Tier wie jedem anderen.

Im Zweiten Weltkrieg wurde das menschliche Leben sogar noch billiger. Diesmal waren es unschuldige Zivilisten, die man zu Millionen vergaste – gerechtfertigt durch darwinistische Prinzipien. Gott sei Dank gewann die richtige Seite auch diesen Krieg. Allerdings ist die Menschheit am Ende des Krieges in das Atomzeitalter eingetreten. So haben wir einander in der Ära Darwin vergast, nuklear verseucht, mit Napalm vergiftet sowie flächendeckend, mit Streumunition und unter Tarnkappen versteckt, bombardiert. Und bald werden wir uns wahrscheinlich gegenseitig verstrahlen, lasern, mit Mikrowellen attackieren oder mit viralen Erregern angreifen. Folgt man allerdings dem darwinistischen Denkansatz, der uns mit den Tieren auf dieselbe Stufe stellt, so erscheint dies alles moralisch viel weniger verwerflich.

Es stimmt, dass Darwin die Evolution nie heranzog, um derartige Gewaltanwendungen zu befürworten oder den Atheismus zu fördern. Allerdings war ihm sehr bewusst, dass seine Theorie bedeutete, den Wert des Menschen herabzusetzen und den Glauben an Gott abzuschaffen. Schließlich wurde er von Briefen und Besuchern geradezu überschwemmt, die ihn eindringlich dazu aufforderten, seine ketzerische Theorie zurückzunehmen. Doch Darwin war stolz darauf, die natürliche Auslese als eine transzendente Kraft entdeckt zu haben – oft bezeichnete er sie als sein liebes „Kind“. Das Konzept der natürlichen Auslese hatte tiefgreifende Auswirkungen auf unsere Welt. Es stellte den traditionellen Glauben daran, dass die Natur geordnet und gut ist, in Frage und zweifelte die herausgehobene Rolle und Funktion des Menschen in der Schöpfung ebenso an wie einen gütigen Schöpfer.[36] Selbst liberale Philosophen wie Nietzsche und Hegel waren besorgt über die negativen Folgen, die eine „Abschaffung“ Gottes nach sich ziehen würde. Nietzsche wurde bewusst, dass es bedeutete, jeden Sinn für eine kosmische Ordnung oder jegliche Grundlage für moralisch absolute Werte zu verlieren, was nur zum Nihilismus führen konnte.[37]

Viele Anhänger Darwins erkannten, dass Darwins Ideen wahrhaft revolutionäres Potenzial in sich trugen, und genossen sogar den Kampf gegen etablierte kirchliche Dogmen. Manche gingen so weit, neue Religionen vorzuschlagen, die das Christentum ersetzen sollten, wie beispielsweise den Monismus Ernst Haeckels. Heute ist dieser „immanente Ansatz“ – die uralte griechische Idee, dass Gott in der Natur aufgegangen sei – unschwer in der Anbetung Gaias und anderen „Öko-Kulten“ erkennbar. Dennoch ist es gar nicht notwendig, eine vollkommen neue Religion aus dem Darwinismus herauszuarbeiten, da er automatisch die Verehrung, die dem Schöpfergott gebührt, auf ein anderes Objekt überträgt. Ob es sich dabei um die Natur, den Intellekt des Menschen oder einen anderen Abgott handelt, das Endergebnis ist Götzendienst.

Dr. Randy Guliuzza vertritt die Ansicht, dass Darwinisten tatsächlich dem Götzendienst in die Falle gegangen seien. Er erklärt, der Kardinal-Grundsatz der Evolution laute, dass „die Natur auswählt“. Dies erfordere allerdings einen bewussten Akteur, der über Willen und Verstand verfügt, um zwischen verschiedenen Optionen wählen zu können. Demzufolge schreiben Darwinisten der Natur mysteriöse Kräfte zu, um „Selektion zu betreiben“, „zu handeln“, „zu bestrafen“ oder „zu begünstigen“. Wir haben es also mit Menschen zu tun, welche die eigenen mentalen und willentlichen Fähigkeiten der Menschheit auf die leblose Welt übertragen und ihr das zuschreiben, was nur Gott tun kann.[38]

Zudem gibt es keinen Grund mehr, Ehrfurcht vor Gott zu empfingen oder sich vor ihm zu verantworten, wenn Gott für „tot" erklärt wird. Alle moralisch verbindlichen Werte sind dann genauso gestorben. Ist die Menschheit einmal von diesen Einschränkungen befreit worden, wird sie sich dann jemals wieder seiner moralischen Autorität unterstellen?

Ich behaupte, dass die Akzeptanz der Evolutionstheorie Darwins durch die breite Masse in der westlichen Welt eine Rebellion gegen Gott anheizt, die in jeder Hinsicht genauso götzendienerisch ist wie die Rebellion vor der Sintflut. In der vorsintflutlichen Welt führte die Verwerfung Gottes zu willkürlicher Gewalt und ungezügelter sexueller Unmoral, was schließlich Gottes Gericht nach sich zog, und derselbe Prozess der Korruption und Degeneration ist bereits in unserer Zeit wieder voll im Gange. Da der christlich geprägte Westen seinen biblischen Kompass von Wahrheit und Moral langsam, aber sicher verloren hat, ist die bösartige Frucht der darwinistischen Rebellion von den Gaskammern der Nazis in den 1940er-Jahren bis zu den unerbittlichen Mühlen der Abtreibung in unserer Zeit weitergereicht worden.

Die Menschheit hat bei Gott eine Grenze überschritten, als sie ihr Selbstbild herabwürdigte und behauptete, von den Affen abzustammen, statt die Krone der Schöpfung Gottes darzustellen. Sie verletzte dadurch das einzige Gebot des noachidischen Bundes. Daher glaube ich, dass Gott sie seither ihrer Selbsttäuschung und ihren Perversionen überlassen hat, um sie am Ende zu richten. Die sexuelle Revolution unserer Tage sucht ständig nach neuen Wegen, um alle Grenzen des Anstands zu verletzen. (Wir verlassen die natürliche Ordnung und wenden uns der Homosexualität, der Transsexualität und anderen unbiblischen Praktiken zu.) Jeder, der dieses unmoralische Verhalten in Frage stellt, wird als feindlich und intolerant beschimpft. Diese Rebellen sind davon überzeugt, dass ihre Taten nicht sündig, sondern moralisch richtig seien – was sie zur Buße unfähig macht.

Christen, die immer noch an biblischen Werten festhalten, sollten nicht frustriert darüber sein, dass sie die aktuellen „Kulturkämpfe" zu verlieren scheinen. Das Böse erweckt den Anschein, zu blühen und zu gedeihen, während wir uns fragen, warum Gott noch nicht eingegriffen hat. Doch genau dies wird noch geschehen. Allerdings glaube ich, dass es eine weitere Grenze gibt, die die Menschheit noch überschreiten muss, bevor ihre Rebellion so reif geworden ist, dass Gott sie in Gerechtigkeit richten wird. Diese Grenze hat damit zu tun, dass wir als Folge der Evolutionstheorie Darwins an unserer ureigenen menschlichen Natur herumpfuschen.

14

DIE NÄCHSTE REVOLUTION

„Wenn ich die Folgen geahnt hätte,
wäre ich Schuster geworden."
Albert Einstein, nach Hiroshima[1]

„Ich danke dir dafür, dass ich wunderbar
gemacht bin."
Psalm 139,14 L

Das erste moderne Werk der Science-Fiction-Literatur war der Roman „Frankenstein" von Mary Shelley aus dem Jahr 1818. Als er erschien, war die Elektrizität immer noch eine neue Erfindung, deren mysteriöse Eigenschaften viele Menschen faszinierten. Man setzte diesen Durchbruch mit einer zweiten Entdeckung des Feuers gleich. Die Wissenschaft beeilte sich, die Geheimnisse der Elektrizität zu lüften und ihre Kräfte nutzbar zu machen. Man glaubte, sie würden die Welt dramatisch verändern. Ein italienischer Biologe namens Luigi Galvani beobachtete merkwürdige Muskelzuckungen bei Tieren, wenn man elektrische Ströme durch ihren Körper leitete. Sein Neffe veranstaltete ein makabres öffentliches Schauspiel, indem er eine mausetote Leiche präsentierte, die Zuckungen zeigte, wenn man sie dem merkwürdigen „Zauber“ aussetzte. So wurde die Geschichte des exzentrischen Wissenschaftlers Victor Frankenstein geboren, der eine abscheuliche Kreatur zum Leben erweckte, die er aus verschiedenen Leichen zusammengeflickt hatte.

Heute entfernt man die „Fiktion“ aus der Science-Fiction. Unsere Welt wird von einem Glauben an den stetigen und unaufhaltbaren Fortschritt der Menschheit angetrieben, weil wir überzeugt sind, dass die Wissenschaft alle Probleme lösen kann und wird. Der deutsche Biologe Ernst Haeckel hatte diesem Optimismus bereits 1899 in seinem absoluten Bestseller „Die Welträtsel“ Ausdruck verliehen.[2] Ein Jahrhundert später erklärte der Philosoph Francis Fukuyama von der Universität Princeton, das Ende der Geschichte sei noch nicht erreicht, weil wir noch nicht am Ende der Wissenschaft angekommen seien.[3] Dieser lebensfrohe Glaube an Wissenschaft und Fortschritt wird mehr als je zuvor von den Ideen der Evolutionstheorie Darwins befeuert. Viele Menschen sind von dem Gedanken ergriffen, die Evolution habe den Menschen so weit gebracht, dass wir nun ihre Geheimnisse erfassen könnten, sodass wir in der Lage seien, den Evolutionsprozess zu kontrollieren und sogar zu beschleunigen. Unsere menschliche Natur ist demzufolge nicht mehr willkürlichen Kräften oder dem „Zufall“ ausgesetzt, wie Darwin meinte.[4] Vielmehr werde unsere Zukunft nun durch unseren eigenen Intellekt und unsere eigene Entschlossenheit bestimmt.

Die US-Geheimdienste veröffentlichen regelmäßig eine Einschätzung weltweiter Trends, um Entscheidungsträger in der Regierung darüber zu informieren, was sie in künftigen Jahrzehnten zu erwarten hätten. Die aktuellste Veröffentlichung des „National Intelligence Council“, die „Global Trends“ aus dem Jahr 2012, behaupten, dass Fortschritte in der Informationstechnologie und Biomedizin das menschliche Potenzial rasant und messbar voranbringen würden.[5] Hohe Computerleistung und massive Datenspeicherung sind mittlerweile in immer kleineren Systemen erhältlich und erschwinglich. Die Möglichkeit einer Verschmelzung von Technologie und Biologie könnte einen Quantensprung in der Intelligenz und den physischen Fähigkeiten des Menschen auslösen. So könnten beispielsweise neue Arten der „menschlichen Erweiterung“, wie bionische Arme oder Chip-Implantate im Gehirn, frei verfügbar werden – vergleichbar der plastischen Chirurgie.[6]

Im digitalen Zeitalter hat die Fähigkeit von Computern, Daten zu sammeln und zu analysieren, die Zeit derart komprimiert, dass die Wissenschaft jetzt

Hindernisse überwinden kann, die einst unüberwindlich schienen. 1965 schätzte der Mitbegründer von Intel, Gordon Moore, die Rechenleistung würde sich alle 18 Monate verdoppeln. Moores Gesetz, wie es genannt wird, bedeutet, dass wir innerhalb kürzerer Zeiträume mehr Wissen anhäufen und größere technologische Fortschritte erzielen können. Heute erkennen wir dieses Phänomen daran, dass viele mobile Endgeräte, die auf den Markt kommen, innerhalb von zwei Jahren aufgrund der rasanten technologischen Entwicklung schon wieder veraltet sind.

Unterdessen werden neue biomedizinische Fortschritte bald zu klügeren, stärkeren und gesünderen Menschen führen, da es uns gelungen ist, unseren genetischen Code zu knacken. Durch die Entschlüsselung des menschlichen Erbguts können wir jetzt schneller als je zuvor Heilmittel gegen Krankheiten entwickeln. Manche Menschen sehen sogar eine Verlängerung unserer Lebensdauer oder sogar die Unsterblichkeit der Menschheit voraus. Dies könnte gar durch die Verschmelzung von Mensch und Maschine in eine unzerstörbare Einheit erreicht werden. Daher sprechen Futuristen schon von der verlockenden Möglichkeit, den Punkt der „Singularität“ und der „Konvergenz“ zu erreichen und unserem „transhumanistischen“ Schicksal entgegenzugehen – wenn wir endlich die Beschränkungen unseres sterblichen Körpers überschreiten, um den Supermenschen zu erschaffen.

Doch dieser Verlockung, Krankheiten zu heilen sowie Menschen besser und klüger zu machen, müssen wir mit großer Vorsicht begegnen. Denn in diesem Prozess manipulieren wir unsere Natur als menschliche Wesen, die nach dem Vorbild Adams geschaffen wurden, der gewissermaßen unser Prototyp ist. Es bedeutet, erneut eine göttliche Grenze zu überschreiten, genau wie die Menschen der Antike es taten, als sie mit gefallenen Engeln Geschlechtsverkehr hatten. Damals glaubten sie, sie würden unsterbliche Wesen gebären, während sie mutierte Tyrannen produzierten, die als die *Nephilim* bekannt wurden. Gott beschloss damals, dass es genug sei, und schickte die Sintflut. Ich fürchte, wir stehen heute in der Gefahr, von Gott bestraft zu werden, weil wir versuchen, unsere menschliche Natur durch wissenschaftliche Mittel zu verändern. Dieses Mal brauchen wir die gefallenen Engel nicht, um Hybrid-Menschen zu erzeugen. Wir verfügen selbst über diese Möglichkeit, doch diese Option stellt eine schwerwiegende Beleidigung unseres Schöpfers da. Gleichzeitig geschieht es bereits auf unzähligen Wegen, indem der medizinische und technologische Fortschritt die Wissenschaft vorantreibt.

Genetische Entschlüsselung und Vermischung

Seit ihrer Entdeckung 1953 wissen wir, dass alle lebenden Organismen über eine Doppel-Helix genetischer Informationen verfügen, die in ihrer DNA verschlüsselt sind. Sie dient als eine eingebaute, lebenslange „Betriebsanleitung“.[7] Das 1990 begonnene Humangenomprojekt hatte zum Ziel, die gesamte menschliche Erbinformation zu entschlüsseln. Dieses massive Projekt wurde 2003 abgeschlossen. Doch Wissenschaftler entdeckten, dass es eine weitere komplexe Schicht des menschlichen Erbguts namens RNA gibt, die wir gerade erst anfangen zu verstehen.

Ein kürzlich entwickeltes bahnbrechendes Computer-Programm namens CRISPR/Cas9 hat Forscher in die Lage versetzt, Gensequenzen schneller und günstiger zu entschlüsseln, nicht nur bei Menschen, sondern auch bei Tieren. Früher führte man oft Tierversuche im Labor durch, um Krankheiten zu erforschen und neue Medikamente zu testen, die letztendlich für den Menschen bestimmt waren. Doch die Wissenschaftler nutzen jetzt neue Methoden, mit denen sie Erbinformationen bearbeiten können, um den genetischen Code sowohl von Menschen als auch von Tieren zu vergleichen und zu überschreiben – in der Hoffnung, schnellere Heilmethoden für menschliche Krankheiten zu entwickeln. Dies führt zu neuen Experimenten, die die Grenze zwischen Mensch und Tier mehr als je zuvor verschwimmen lassen.

Da beispielsweise weltweit ein chronischer Mangel an Organspendern herrscht, versuchen medizinische Forscher nun, menschliche Organe in Schweinen heranzuzüchten, die dann später wieder Menschen eingepflanzt werden, die eine Organtransplantation benötigen. Ein Patient könnte sogar seine eigene DNA spenden, um ein Organ in einem Schwein zu produzieren, das wahrscheinlich später vom eigenen Körper des Patienten leichter angenommen würde. Das mag uns auf unheimliche Weise an den fantastischen Roman „Die Insel des Dr. Moreau“ erinnern, doch große Pharmaunternehmen haben bereits begonnen, intensiv in diesen Forschungszweig zu investieren.[8]

Eine derartige „Chimären"-Forschung gibt es bereits seit einiger Zeit. Seit Jahrzehnten sind junge Mäuse durch das Einbringen menschlicher Zellen „humanisiert" worden, um sie uns bei Tierversuchen ähnlicher zu machen.[9] Im Jahr 2007 schuf ein Universitätsprofessor ein Schaf, das über 15 Prozent menschlicher Zellen verfügte.[10] Wissenschaftler nutzten kürzlich menschliche Stammzellen, um ein Erwachsenen-Menschenohr aus dem Rücken einer Ratte herauswachsen zulassen. Diese sogenannte Gewebezüchtung wird auch verwendet, um andere Körperteile wie Nasen und Luftröhren zu produzieren.[11]

Im Gegenzug implantieren Wissenschaftler tierisches Gewebe zu medizinischen Zwecken in den menschlichen Körper. Das Verfahren, Gewebe von Schweinen bei Hauttransplantationen an Menschen zu verwenden, ist beispielsweise seit Jahrzehnten üblich – trotz einer Warnung der amerikanischen Arzneimittelzulassungsbehörde, dass die meisten großen Epidemien durch tierische Erreger ausgelöst werden, die auf Menschen überspringen.[12] Dennoch kreuzen und mischen Wissenschaftler, ausgestattet mit diesen neuen Methoden zur Genbearbeitung, menschliche und tierische Zellen wie nie zuvor. Forscher haben mittlerweile das Genom von über 250 Tieren entschlüsselt und streiten nun darüber, welche den Menschen am ähnlichsten und daher für die Erforschung menschlicher Krankheiten am geeignetsten sind. Manche behaupten, Schweine würden am besten passen, andere wählen Schimpansen, Schafe, Kühe, Mäuse oder Frösche.[13] Die genetischen Ähnlichkeiten zwischen Menschen und Tieren verführen die Wissenschaftler folglich dazu, immer öfter menschliches mit tierischem Gewebe zu kreuzen. Diese Praxis mag manchen Menschen lobenswert erscheinen, um Leiden und Krankheiten zu beseitigen. Doch ich fürchte, dadurch wird das menschliche Fleisch „verdorben", wie es bereits in der vorsintflutlichen Welt geschah.

Menschliche Stammzellen und „Designerbabys"

Seit Jahrzehnten wissen wir, dass unser Körper generische „Stammzellen" enthält, die sich in spezifische Zelltypen verwandeln können: Knochenzellen, Gehirnzellen, Hautzellen und so weiter. Diese „erwachsenen" Stammzellen befinden sich in vielen Organen und dem Gewebe einer ausgewachsenen

Person. Sie sind ein wichtiger Bestandteil der Selbstheilungskräfte unseres Körpers – ein Beweis dafür, dass wir „wunderbar gemacht" sind. Bricht beispielsweise ein Knochen, wecken neurale Botschaften diese schlafenden Mehrzweck-Stammzellen auf und dirigieren sie zu dem Bruch. Einmal dort angekommen, erkennen sie die Art der Zellen um sie herum und verwandeln sich selbst in diese Zellen. Dann füllen sie die gebrochene Stelle neu auf. Folglich hat man erwachsene Stammzellen erfolgreich bei Transplantationen eingesetzt, um eine Vielzahl von Krankheiten zu behandeln, z. B. Krebs, multiple Sklerose, Arthrose, Schlaganfall, Rückenmarksverletzungen, Parkinson und Herzleiden.[14] Allerdings sind sie schwer zu finden, da sie sich oft in „Nischen" irgendwo Körper verstecken. Hat man sie schließlich gefunden, müssen sie künstlich aufgeweckt, bewegt und aktiviert werden, um eine Verletzung oder Krankheit zu heilen.[15]

Im Jahr 1998 entdeckten Wissenschaftler eine reichhaltige und leicht auffindbare Quelle dieser generischen Stammzellen in menschlichen Embryonen. Seither gibt es einen starken Trend, embryonale Stammzellen für medizinische Zwecke anzuzapfen, obwohl dies bedeutet, dass die Embryonen sich niemals zu einem menschlichen Lebewesen entwickeln werden. Folglich haben Wissenschaftler Stammzellen aus geklonten Embryonen im Reagenzglas geerntet. Befürworter dieser Forschung glauben, dass sie zu Heilmitteln für die schlimmsten Erkrankungen der Menschheit führen wird. Allerdings weisen Gegner darauf hin, dass diese medizinische Methode nicht genutzt werden sollte, wenn sie ein mögliches Leben zerstört, insbesondere wenn es andere Alternativen gibt.[16] Kritiker bemängeln auch, dass Wissenschaftler, die die embryonale Stammzellenforschung vorantreiben, das hauptsächlich aus finanziellen Gründen tun würden, da hohe Profite in Aussicht stehen, wenn sie diese Stammzellenkulturen patentieren und verkaufen können. Im Gegensatz dazu ist es nicht möglich, Stammzellen von Erwachsenen patentieren zu lassen.[17]

Doch mittlerweile erlaubt es das unglaubliche neue CRISPR-Gen-Bearbeitungsprogramm, die DNA menschlicher Embryos präziser zu modifizieren, was dazu geführt hat, dass eifrige Forscher eine ganz neue Welle von Experimenten in Gang setzten. Eine Titelgeschichte des Time-Magazins unterstrich vor Kurzem die explosionsartige Zunahme neuer Forschungen im Bereich der Modifikationen menschlicher Gene.[18] Als Reaktion verlangen manche Wissenschaftler dringend nach einer öffentlichen Diskussion über die Ethik und die Fallstricke von „Designerbabys" und damit zusammenhängenden Themen.[19] Doch ein Stammzellenforscher am King's College in London prophezeite, die Experimente zur Bearbeitung des menschlichen Genoms würden unvermindert weitergehen. „Man kann die Wissenschaft nicht aufhalten", erklärte er.[20]

Dies könnte sich tatsächlich als wahr erweisen. Die neue Technologie wäre unter Umständen in der Lage, Babys mit größerer Intelligenz, besseren körperlichen Fähigkeiten oder sogar weniger Schlafbedürfnis hervorzubringen. Doch Kritiker erklären, der Prozess sei bisher noch nicht hinreichend erprobt und unsicher. Er stünde zunächst auch nur den Reichen zur Verfügung, wobei einige Eltern ihr Haus mit einer Hypothek belasten könnten, um sicherzustellen, dass ihr Kind im Wettbewerb keinen Nachteil erleiden werde. Ein Kritiker bezeichnete diese Methode sogar als „Verbraucher-Eugenik".[21] Trotz der potenziellen Vorteile sind die Gefahren und ethischen Probleme dieser Manipulation unserer menschlichen Natur enorm – und ich glaube, der Himmel wird dazu nicht schweigen.

Das Streben nach Unsterblichkeit

Ein weiteres neues Forschungsgebiet ist die Wissenschaft der „Lebensverlängerung", auch Anti-Aging-Medizin genannt. Sie zielt darauf ab, den Alterungsprozess zu verlangsamen oder rückgängig zu machen, um dadurch die menschliche Lebenserwartung zu erhöhen. Manche betrachten dieses Streben nach Langlebigkeit und sogar nach Unsterblichkeit als den neuen „heiligen Gral" der Wissenschaft. Sie glauben, Durchbrüche in der Verjüngung von Gewebe, bei der Stammzellenforschung, in der regenerativen Medizin, bei der molekularen Reparatur, in der Gentherapie, bei der Klonung, im Bereich der Medikamente und beim Organersatz würden schließlich die Menschen dazu befähigen, ewig zu leben, und zwar in einem gesunden und jugendlichen Zustand.

Ein Großteil der aktuellen Forschung auf diesem Gebiet versucht schlicht und einfach, den Alterungsprozess zu verstehen. Ein Grund für die Alterung hat mit der sogenannten Hayflick-Grenze zu tun, einer in uns angelegten, begrenzten Anzahl von Zellteilungen bei den somatischen Zellen. Sie machen den Großteil unserer Körperzellen aus. Die durchschnittliche Körperzelle teilt sich zirka 60-mal, bevor sie stirbt. Doch diese angeborene Begrenzung bei der Zellteilung scheint auch Instabilität im Erbgut zu verhindern, da es bei jeder Zellteilung zu einer leichten Beschädigung oder Verzerrung kommt, wenn unsere DNA-Informationen kopiert werden. Diese Fehler sammeln sich während unserer Lebenszeit an. Aus diesem Grund wird unsere Haut spröde, kollabiert unser Immunsystem und versagen unsere Organe, bis wir schließlich eines natürlichen Todes sterben.

Könnten unsere Zellen sich bis in alle Ewigkeit teilen, würden wir zu runzeligen und gekrümmten Wesen zusammenschrumpfen, weil sich die Beeinträchtigung unserer DNA derart potenziert. Doch einige Wissenschaftler streben danach, die eingebaute Zellteilungsquote außer Kraft zu setzen, sodass unser Körper seine Zellen unbegrenzt wiederauffrischen könnte. Das erfordert allerdings regenerative Methoden, um alle Schäden an unserer DNA rückgängig zu machen oder zu reparieren. Manche Experten halten dies für unmöglich,[22] was einige andere sehr entschlossene Menschen jedoch nicht davon abhält, es dennoch zu versuchen. Sie haben sogar politische Parteien gegründet, um ihr Streben nach Unsterblichkeit zu fördern.[23] 2013 schloss sich der Internet-Riese Google den Bemühungen um eine Lebensverlängerung an, indem er das neue Unternehmen Calico gründete, um die Biologie des Alterns zu studieren.[24] Im darauffolgenden Jahr rief der wohlhabende Biologe Craig Venter die Firma „Human Longevity, Inc." ins Leben, um sich an diesem Wettbewerb zu beteiligen.[25] Sein Forschungskollege Aubrey de Grey provozierte bereits mit der Aussage, die ersten Menschen, die ein Lebensalter von 1000 Jahren erreichen würden, seien bereits geboren worden.

Das größte Potenzial in der Langlebigkeitsforschung liegt wahrscheinlich im Bereich des Klonens und beim Ersatz von Körperteilen, obwohl auch diese Felder nach wie vor umstritten sind. In den letzten Jahrzehnten wurden Klonversuche an verschiedenen Tieren durchgeführt. 1996 gelang es schottischen Forschern nach 276 Versuchen, das Lamm Dolly hervorzubringen, und zwar aus der Euterzelle eines sechsjährigen Schafes. Seither haben Wissenschaftler Katzen, Kühe, Hirsche, Hunde, Pferde, Affen, Hasen und Ratten geklont. Einige Forscher beschäftigen sich jetzt mit der Idee, erwachsene menschliche Zellen oder den DNA-Code in die Zellen eines menschlichen Embryos einzubringen, um zu versuchen, eine menschliche Person zu klonen.[26] Andere, wie das US-Verteidigungsministerium, bemühen sich nur darum, Ersatz-Körperteile zu klonen.[27]

An dem Wunsch, ein längeres und gesünderes Leben zu führen, ist nichts auszusetzen. Eine der größten Errungenschaften der modernen Medizin besteht in der Erhöhung der Lebenserwartung.[28] Doch viele dieser neuen Strategien zur Lebensverlängerung sind zutiefst beunruhigend. Manche befürchten, die Welt würde überbevölkert oder eine ewig junge Bevölkerung würde ihre ganz eigenen Probleme generieren. Meine Sorge besteht jedoch darin, dass wir an unserer menschlichen Natur herumpfuschen, um den Tod auszutricksen, was einen Akt des Widerstandes gegen Gott darstellt. Der Apostel Paulus erklärt, dass Gott „allein Unsterblichkeit hat" (1. Timotheus 6,16 L). Daher ist es sowohl sinnlos als auch rebellisch, ewiges Leben außerhalb einer Beziehung mit Gott zu suchen. Er wird es niemals erlauben! Gleichzeitig strebt die Wissenschaft genau danach, und dieses Streben nach Unsterblichkeit ist größtenteils das Ergebnis der Evolutionstheorie Darwins, wobei wir bei einer weiteren schlechten Frucht dieses giftigen Baumes angelangt wären. Ich glaube, dass wir eine letzte Grenze bei Gott überschreiten, die ein göttliches Eingreifen unausweichlich machen wird. So, wie Gott die Menschheit dafür bestrafte, dass sie ihr Fleisch „verdarb" und ihre adamitische Natur zur Zeit Noahs veränderte, wird Gott auch unsere genetischen Mutationen und das wissenschaftliche Streben nach Unsterblichkeit nicht tolerieren.

Die Anmaßung des Transhumanismus

1970 sagte Alvin Toffler in seinem Buch „Future Shock" (Zukunftsschock) voraus, dass das Tempo und das Ausmaß des wissenschaftlichen Fortschritts bald derart tiefgreifende Veränderungen mit sich bringen würden, dass viele Menschen davon überfordert werden. Heute ist der Transhumanismus eine Bewegung, die technologische Veränderungen nicht nur begrüßt, sondern deren Tempo sogar noch beschleunigen will, um eine neue übermenschliche Rasse hervorzubringen. Futuristen wie Max More haben erklärte, dass Transhumanisten planten, die menschliche Evolution zu kontrollieren und zu stimulieren, um eine radikal neue, höhere Spezies zu erschaffen.[29] Offensichtlich durch Darwin inspiriert, hoffen die Anhänger diese Bewegung, durch Technologie die menschliche Lebenserwartung steigern zu können, unsere Sinne zu verbessern, unser Erinnerungsvermögen zu erweitern und schließlich in eine nachmenschliche Position aufzusteigen. Es mag sich wie Science-Fiction-Schwachsinn anhören, doch es gibt Technik-Freaks bei Google und Professoren in Yale, am MIT (Massachusetts Institute of Technology) und in Oxford, die sich diese Vision aufschwatzen lassen. Die Technologien, die den Transhumanismus stärken, sind alle heute Teil der „biotechnologischen Forschungsexplosion"; dazu gehören Genetik, die Neuropharmakologie, Robotertechnik, Kybernetik, künstliche Intelligenz und Nanotechnologie.

Der wahre Guru der Bewegung ist Ray Kurzweil, ein Informatiker am MIT und Leiter der technischen Entwicklung bei Google. Er prognostiziert, dass wir bald den Moment der „Singularität" erreichen werden, den Zeitpunkt, an dem die künstliche Intelligenz die menschlichen Möglichkeiten übersteigt und anfängt, selbst neue Technologien zu entwickeln. Innerhalb einer sehr kurzen Zeitspanne, die möglicherweise nur aus ein paar Tagen bestehen wird, könnte die Welt sich so stark verändern, dass sie fast nicht mehr wiederzuerkennen ist – ausgelöst durch eine theoretische positive Rückkopplungsschleife, die durch intelligentere Systeme verursacht wird, die immer noch intelligentere Systeme erschaffen.[30] Kurzweil sieht auch voraus, dass Maschinen bis 2029 ein menschenähnliches Bewusstsein erlangen werden.

Er und andere behaupten, der nächste Schritt in der menschlichen Evolution würde in der Vereinigung von Mensch und Maschine bestehen. Daher sind Schnittstellen zwischen dem menschlichen Gehirn und Maschinen bei Transhumanisten sehr beliebt. Schon jetzt erlauben winzige Hirnimplantate Querschnittsgelähmten, künstliche Gliedmaßen durch ihr eigenes Gehirn zu steuern, um wieder selbstständig gehen zu können. Statt derartige Technologien nur zu nutzen, um Verwundeten oder Menschen mit körperlichen Einschränkungen zu helfen, wollen manche Forscher sie jedoch nutzen, um die mentalen und physischen Fähigkeiten gesunder Menschen zu verbessern. Kurzweil und weitere Forscher sind zudem auf das „Hochladen" fixiert – was bedeutet, den Intellekt eines Menschen aus seinem Gehirn auf einen Computer zu übertragen, möglicherweise durch ein ultra-präzises Einscannen von Mustern der Gehirnwellen mittels einer Software, die dann auf eine Festplatte hochgeladen wird, um virtuelle Unsterblichkeit zu erreichen.[31]

Gleichzeitig geben Transhumanisten zu, dass Biotechnologie, Nanotechnologie und künstliche Intelligenz im Fall von Unfällen und Missbrauch eine ernsthafte Gefahr darstellen.[32] Vielleicht aus diesem Grund ist das US-Militär kürzlich auf den fahrenden Zug aufgesprungen. DARPA, der Forschungszweig des Pentagon, der uns das World Wide Web bescherte, finanziert nun ein Aufgebot an Projekten, die darauf abzielen, Menschen mit Computern zu verschmelzen. Die Transhumanisten sind überglücklich![33] Folglich scheinen die USA sich jetzt in einen biotechnologischen Wettlauf mit Russland und China verbissen zu haben, statt in einen atomaren, um als erste die „Konvergenz" von Mensch und Maschine zu erreichen. Doch die Transhumanisten argumentieren, es stünde noch mehr auf dem Spiel.

Kurzweil behauptet Folgendes: Ist die Singularität erst einmal erreicht, wird die Computer-Intelligenz unendlich viel mächtiger sein als alle menschliche Intelligenz zusammengenommen. Sie wird von unserem Planeten ausstrahlen, bis sie das Universum durchtränkt und dadurch im Wesentlichen einen allmächtigen Gott erschaffen, wo es bisher keinen gab. In seinem Buch „Menschheit 2.0: Die Singularität naht"[34] sagt Kurzweil voraus, das Universum werde „aufwachen", wenn es einmal ganz mit Wissen durchtränkt sei, und unvergleichlich intelligent werden. „Das kommt so nah an Gott heran, wie ich es mir nur vorstellen kann."[35] Transhumanisten verfolgen also als logische Erweiterung der Evolution Darwins eine „Selbstüberschreitung" zu einer höheren Lebensform. Dabei schenkt uns die Wissenschaft ewiges Leben und sogar eine allsehende und allwissende Gottheit.[36]

Offen gesagt ist der Transhumanismus eine Anmaßung – eine stolze Überhöhung des Menschen und seines Genius über unseren Schöpfer. In „Pardon, ich bin Christ" beschreibt C.S. Lewis diese sündige Haltung. Das menschliche Selbst setzt sich an die erste Stelle und will im Mittelpunkt stehen, ja Gott selbst sein.[37] Menschen versuchen, über ihre natürlichen Begrenzungen hinauszuwachsen, um einen gottähnlichen Status zu erreichen. Genau darin bestand die Versuchung, die die Schlange Eva im Garten Eden präsentierte, durch die Falschbehauptung, sie würde „sein wie Gott" (Genesis 3,5), wenn sie von der verbotenen Frucht äße. Derselben Versuchung sah sich die Generation vor der

Sintflut gegenüber – und gab ihr ebenfalls nach. Die Menschen hatten damals Geschlechtsverkehr mit rebellischen Engeln, weil sie glaubten, ihre Nachkommen würden dadurch zu Göttern. Der Transhumanismus beinhaltet dasselbe verlockende Versprechen der Selbstvergötterung. Er bietet Unsterblichkeit ohne Jesus. Fallen wir darauf herein?

Ich glaube wirklich, dass viele Menschen heute ein derart starkes Vertrauen in die Wissenschaft hegen, dass sie tatsächlich auf diesen futuristischen Traum setzen werden. Hollywood und die Pop-Kultur bewerben ihn bereits mit aller Leidenschaft. Die Agenda der Transhumanisten ist in den letzten Jahren mit dem Stoff derart vieler Filme verquickt worden, dass es mir schwerfällt, nicht den Überblick zu verlieren. Eine Darstellung von Kurzweils Hauptideen ist beispielsweise im Erfolgsfilm „Lucy" aus dem Jahr 2014 zu sehen. Die Bevölkerung wird also quasi darauf programmiert, diese bio-technologischen Erfindungen zu erwarten und zu akzeptieren, wenn sie schließlich da sind. Doch der Transhumanismus wird niemals in der Lage sein, seine utopischen Verheißungen ewigen Lebens zu erfüllen, da er eine Fälschung des wahren Glaubens an Jesus Christus darstellt. Wer Gott verwirft und Unsterblichkeit auf wissenschaftlichem Weg anstrebt, schließt sich automatisch von dieser herrlichen Zukunft in einem neuen, unsterblichen und unzerstörbaren Körper aus, der nur bei Jesus Christus erhältlich ist. Die Menschen, die diese unglaublichen neuen Körper im künftigen Zeitalter empfangen werden, sind das Thema des nächsten Kapitels.

15

DER GERECHTE ÜBERREST

„Heute gibt es viele Brunnen, doch sie sind ausgetrocknet. Heute gibt es viele hungrige Seelen, die sich leer fühlen. Doch lasst uns zu Jesus gehen und ihn beim Wort nehmen – dann werden wir Brunnen der Errettung finden …"
William J. Seymour, Vater der modernen Pfingstbewegung[1]

Sobald ein Sturmwind daherfährt,
ist der Gottlose nicht mehr;
der Gerechte aber ist fest gegründet für ewig.
Sprüche 10,25 E

Soll die Zeit Noahs eine vollständige Analogie der Endzeit darstellen, muss es einen gerechten Überrest geben, den Gott während der schwierigen Zeiten, die auf uns zukommen, bewahrt – und mit dem er noch einmal von vorne anfängt, genau wie er Noah und seine Familie rettete, sodass sie die Sintflut überlebten und die Erde erneut bevölkerten. Dieses Konzept eines „gerechten Überrestes" durchzieht die gesamte Bibel und stellt eine Schlüsseldoktrin des christlichen Glaubens dar. In jeder Generation hat Gott sich immer ein paar treue Nachfolger ausgesondert, manchmal waren es viele, zu anderen Zeiten wenige. Die umfassendste theologische Abhandlung dieses

Prinzips finden wir in den Kapiteln 9 bis 11 des Römerbriefs. Paulus erklärt dort, dass Gott schon immer einen gläubigen Überrest innerhalb des Volkes Israel bewahrte. Er verweist auf Elija, der in die Wüste floh, nachdem er die Baalspropheten herausgefordert hatte. Damals fürchtete er, der einzige Diener des Herrn zu sein, der übrig geblieben war. Doch Gott erkläre ihm: „Aber ich habe 7 000 in Israel übrig gelassen, alle die Knie, die sich nicht vor dem Baal gebeugt haben …" (1. Könige 19,18 E; siehe auch Römer 11,2– 4). Er zitiert auch Jesaja 10,22 „Wäre die Zahl der Söhne Israels wie der Sand des Meeres, nur der Rest wird gerettet werden" (Römer 9,27 E).

Gott hat also in jeder Generation einen gläubigen Überrest gerettet. Allerdings gehören nicht alle, die behaupten, Teil der Familie Gottes zu sein, automatisch dazu, sondern nur diejenigen, die Gott treu bleiben. (Siehe Römer 9,6–8.30–32.) Paulus schreibt zudem an Timotheus: „Aber der feste Grund Gottes besteht und hat dieses Siegel: Der Herr kennt die Seinen …" (2. Timotheus 2,19 L). Und auch der Apostel Petrus erklärt: „Der Herr weiß die Frommen aus der Versuchung zu erretten, die Ungerechten aber aufzubewahren für den Tag des Gerichts, um sie zu strafen" (2. Petrus 2,9 L). Gott ist sehr wohl in der Lage, zwischen den Aufrichtigen und den Verdorbenen zu unterscheiden, zwischen Licht und Finsternis genauso wie zwischen Weizen und Unkraut; und er besitzt die vollkommene Fähigkeit, die Gerechten zu bewahren und die Ungerechten zu bestrafen. Doch bevor wir den gerechten Überrest unserer Tage identifizieren, ist es hilfreich zu untersuchen, wie Gott ihn in der Vergangenheit des Volkes Israel aussonderte. Dies geschah durch einen ständigen Prozess des Aussiebens, so wie Weizen gesiebt wird, damit sich die Spreu vom Weizen trennt.

Die Spreu vom Weizen trennen

Nachdem das Nordreich Israel sich vom südlichen Königreich Juda getrennt hatte, schickte Gott die hebräischen Propheten in den Norden. Sie sollten das Volk warnen, dass sein sündhafter Lebensstil bald die Verbannung nach sich ziehen würde. Doch ihnen wurde auch Hoffnung vermittelt, als sie schließlich das Land Israel verlassen mussten. Jesaja prophezeite mehrfach, dass eines Tages ein Überrest aus dem Exil zurückkehren würde, um das Land erneut zu besiedeln. (Siehe Jesaja 10,20–21; 11,11–16; 37,31–32.) Jeremia pflichtete dem bei: „*Und ich will die Übriggebliebenen meiner Herde sammeln aus allen Ländern, wohin ich sie verstoßen habe, und will sie wiederbringen zu ihren Weideplätzen*" (Jeremia 23,2 L). Amos beschrieb das, was dem Volk bevorstand, als einen Prozess des Siebens: „*... nur dass ich das Haus Jakob nicht völlig ausrotten will, spricht der HERR. Denn siehe, ich will befehlen und will das Haus Israel unter allen Nationen schütteln, wie man mit einem Sieb schüttelt, und nicht ein Steinchen fällt zur Erde*" (Amos 9,8–9, E).

Dieser Prozess des Aussiebens begann schon lange vor der Verbannung Israels nach Assyrien. Die Israeliten im Norden rebellierten heftiger als die im Süden, da sie ihr eigenes Königshaus errichteten, und zwar unabhängig von der Familie Davids. Zudem bauten sie einen Tempel auf dem Berg Garizim, um dem Gotteshaus in Jerusalem Konkurrenz zu machen, und verfielen dem Baals-Kult. Daher drohten ihnen die hebräischen Propheten an, dass sie als Erste ins Exil geschickt würden. Doch viele Angehörige der nördlichen Stämme fürchteten Gott immer noch und hörten auf die Propheten, indem sie in Richtung Süden, nach Juda, flohen. Sie blieben auch Jerusalem als dem einzig wahren Ort der Anbetung treu und glaubten immer noch, dass der rechtmäßige Nachfolger König Davids in Juda zu finden sei. Diese Tatsachen werden durch die Bücher der Könige und der Chronik bestätigt. Sie berichten wiederholt davon, dass viele Angehörige der nördlichen Stämme sogar noch vor dem Angriff der Assyrer im Jahr 722 v. Chr. nach Süden flohen. (Siehe beispielsweise 2. Chronik 11,16–17 und 2. Chronik 15,9.)

Viele weitere entkamen in Richtung Süden, als die Assyrer die Stämme des Nordreichs belagerten. Archäologen haben bestätigt, dass sich die Bevölkerung Jerusalems während dieser kurzen Zeit aufgrund des Massenansturms von Flüchtlingen aus dem Norden verzehnfachte.[2] Selbst in der Periode zwischen der assyrischen Invasion des Nordreichs und der babylonischen Belagerung Jerusalems im Jahr 586 v. Chr. blieben viele Israeliten aus dem Norden im Land, die sich dem Südreich Juda anschlossen, wie die Bibel berichtet. So lud beispielsweise König Hiskia diese Menschen dazu ein, das Passahfest in Jerusalem zu feiern (siehe 2. Chronik 30). Doch schließlich wurde auch Juda in die Verbannung geführt, weil es ebenfalls dem Götzendienst verfallen war.

Die Bücher Esra und Nehemia bestätigen schließlich, dass kleine Gruppen aus den Stämmen Israels und Judas begannen, aus dem Exil zurückzukehren, um das Land erneut zu besiedeln und Jerusalem wiederaufzubauen. Daher können wir nachlesen, wie Esra Gott dafür dankte, einen demütigen *Überrest* zurückgebracht zu haben (siehe Esra 9,8–15). Doch als einige der Rückkehrer erneut damit anfingen, sich kanaanitische Frauen zu nehmen und deren Götzen anzubeten, unterband Esra diese Praxis sofort – schließlich wusste er, dass darin der Hauptgrund lag, dass sie damals ins Exil geschickt worden waren. (Siehe Esra 9–10.) Wir können feststellen, dass das jüdische Volk ab dem Ende des babylonischen Exils endlich den Götzendienst beendete und anfing, streng monotheistisch zu leben. Dieser Umstand ist dem Prozess des Aussiebens zu verdanken, dem Gott sie unterzog, als sie unter den Nationen lebten, genau wie es in Amos 9,8–9 vorausgesagt wurde. Es war eine fortdauernde Läuterung, durch die Gott kontinuierlich seine treuen Nachfolger von denen trennte, die ihm untreu wurden – und diese Läuterung setzt sich seither fort. Gott bewerkstelligt diese Auswahl, indem er die Menschen immer mit eindeutigen ethisch-moralischen Wahlmöglichkeiten konfrontiert; dadurch wird offenbar, wie weit ihre Bereitschaft tatsächlich geht, ihm treu nachzufolgen.

Wir können diesen Prozess des Aussiebens daran erkennen, dass die Israeliten im Exil vor der unmissverständlichen Wahl standen, in ihre alte Heimat zurückzukehren oder in der Verbannung zu bleiben. Die Treusten kehrten nach Zion zurück, während viele, die sich für das Exil entschieden, heute vergessen sind. Selbst in unserer Zeit stehen die Juden vor der Wahl, ins Land Israel zurückzugehen. Die Juden, die *Alija* machen [d. h. nach Israel einwandern], kehren in ihre alte Heimat zurück, um in dieser wiedergeborenen Nation an unglaublichen Veränderungen und Wundern teilzuhaben. Davon bin ich überzeugt. Es gibt noch weitere prophetische Verheißungen für Israel, die sich erfüllen müssen – und wer in der Diaspora bleibt, könnte sie verpassen. Diese Juden riskieren auch, eines Tages in Gottes Strafgericht an den nichtjüdischen Nationen hineingezogen zu werden; Gott wird die Nationen dafür richten, dass sie sich gegenüber dem jüdischen Volk ausnahmslos arrogant und unbarmherzig verhalten haben. (Siehe beispielsweise Jeremia 51,6; Zefanja 1,8–13.) So dient das Land Israel heute tatsächlich als eine moderne Arche, als ein Zufluchtsort für das jüdische Volk. Ich bin der Überzeugung, dass das zurückgekehrte Volk

Israel letztten Endes dazu bestimmt ist, Teil des gerechten Überrestes zu werden, den Gott am Tag des Zorns bewahren wird.

Der heutige Überrest

Unterdessen sollten wir, selbst inmitten des schwerwiegenden moralischen Verfalls, der uns heute umgibt, in der Lage sein, einen gerechten Überrest unter den Nationen zu bestimmen. Und tatsächlich – seit zirka 1900, gerade als die Evolutionstheorie Darwins die Massen erreichte – gibt es auf der ganzen Welt ein explosives Wachstum der evangelikalen christlichen Bewegung. Ich bin überzeugt, dass es sich dabei um den gerechten Überrest handelt, den Gott jetzt auf die schwierigen Zeiten, die vor uns liegen, vorbereitet – damit wir leuchten können wie die Sterne am Himmel. (Siehe Daniel 12,3; Philipper 2,15.) Jesus selbst hat gesagt: „Ihr müsst von Neuem geboren werden" (Johannes 3,7 L); anderfalls kann ein Mensch „das Reich Gottes nicht sehen" (Johannes 3,3 L). Darin besteht also die Grundvoraussetzung Nummer eins, um Teil des gerechten Überrests zu sein. Diese Erkenntnis Gottes durch die Vergebung unserer Sünden ist die Essenz des *„neuen Bundes"*, den Jeremia in Kapitel 31,3–34 verspricht. Derselbe Abschnitt identifiziert auch eine zweite Bedingung – Gottes Gesetz muss auf unseren Herzen geschrieben sein. Das bedeutet, wir müssen Gott und seinen Werten treu bleiben: keine ethisch-moralischen Kompromisse und kein Abfallen von ihm. Viele der wachsenden evangelikalen Gemeinschaften stammen aus Völkern und Ländern, die noch nie zuvor die Möglichkeit hatten, das Evangelium zu hören. In Teilen Afrikas, Asiens und Lateinamerikas werden mehr Menschen in dieser Generation gerettet als in allen vorhergehenden Generationen zusammengenommen. Paulus sah eine derartige *„Fülle der Nationen"* in der Endzeit voraus (Römer 11,25 E), das heißt, eine große endzeitliche Ernte dort draußen unter den Nationen. Auf der anderen Seite gibt es in vielen traditionell-christlichen Ländern einen massiven Abfall vom Glauben und manche haben sogar ein nachchristliches Zeitalter erreicht. Viele Menschen identifizieren sich kulturell zwar noch als Christen, doch sie glauben nicht mehr wirklich an die Kraft des Kreuzes. Während der Prozess des Aussiebens sie mit ethisch-moralischen Entscheidungen konfrontiert, die uns auf dem schmalen Pfad halten sollen, ziehen sie es vor, vom richtigen Weg abzufallen. Dadurch erfüllen sie eine weitere prophetische Warnung, nämlich, dass es in der Endzeit im Leib Christi zu einem großen Glaubensabfall kommen wird. (Siehe 2. Thessalonicher 1,3; 2. Timotheus 3,3–14.) Folglich können wir beobachten, wie sich dieses prophetische Paradoxon der Bibel in unserer heutigen Zeit erfüllt: die *„Fülle der Nationen"* wird in den Entwicklungsländern geerntet, während genau zur selben Zeit ein großer *„Abfall"* (2. Thessalonicher 2,3) den christlichen Westen überflutet.

Es gibt heute schätzungsweise 2,2 Milliarden Christen auf der Welt, zirka ein Drittel der Weltbevölkerung.[3] Ungefähr eine Milliarde sind Katholiken, während die orientalisch/orthodoxen und protestantischen Großkirchen je zweihundert Millionen Anhänger zählen. Doch die schnellstwachsende Glaubensrichtung des Christentums ist die evangelikale Bewegung, die mittlerweile rund siebenhundert Millionen Menschen ausmacht. Diese Gruppierung, die vor 500 Jahren aus der Reformation entstanden ist, hat in den letzten 100 Jahren ein phänomenales Wachstum erfahren. Sollten sich die aktuellen Trends weiter fortsetzen, so wird es in 20 Jahren auf der Welt mehr Evangelikale als Katholiken geben. Diese dramatische Zunahme wird hauptsächlich durch die pfingstlich/charismatischen Erweckungen in Lateinamerika, Afrika und Asien befeuert.

Die Definition, was einen evangelikalen Christen ausmacht, kann sehr unterschiedlich ausfallen, doch eine einfache Formel würde ihn als jemanden beschreiben, der erklärt,

5. in einer authentischen Begegnung mit Gott durch Jesus „wiedergeboren" worden zu sein und
6. die Bibel als das wahre Wort Gottes zu respektieren.

Diese sehr inklusive Definition würde auch viele katholische, orthodoxe und zu den protestantischen Großkirchen gehörende Gläubige als Evangelikale einordnen.

Als nachhaltige globale Bewegung kann man die Evangelikalen tatsächlich bis ins 15. Jahrhundert zu den Herrnhutern in Böhmen zurückverfolgen. Sie waren die Vorboten der Reformation, indem sie einige der ersten „Freikirchen" Europas gründeten.[4] Allerdings ist es die pfingstlich/charismatische Bewegung, die in den letzten 100 Jahren den Evangelikalen eine beispiellose Anzahl von

Gläubigen hinzugefügt hat. Die Pfingstgemeinden allein bringen es mittlerweile auf über 600 Millionen Anhänger weltweit, wobei man in Gemeindeverbänden organisierte und unabhängige Pfingstler und Charismatiker mitzählt.[5] Sollten sich die aktuellen Wachstumsraten fortsetzen, wird die evangelikale Bewegung in den nächsten 20 Jahren die Milliardengrenze überschreiten.[6]

Aufgrund des dramatischen evangelikalen Wachstums in Lateinamerika, Afrika und Asien verschiebt sich das Zentrum des Christentums von Europa und Nordamerika in Richtung Süden und Osten. Die Motoren dieser Expansion sind nicht länger Missionare aus dem Westen, sondern einheimische christliche Dienste. Allein in Afrika hat es einen erstaunlichen Anstieg des christlichen Bekenntnisses gegeben, von 10 Millionen Menschen im Jahr 1900 auf 493 Millionen im Jahr 2010. Eine Quelle sagt voraus, dass die Anzahl der Gläubigen in Afrika 2050 die Schwelle von einer Milliarde Menschen überschreiten wird.[7] Ein ähnliches evangelikales Wachstum ist auch in Lateinamerika und Asien zu verzeichnen. Laut der „World Christian Database" gab es 1900 in Lateinamerika 62 Millionen Christen; doch diese Zahl wird bis 2050 auf 655 Millionen ansteigen. In Asien lebten 1900 geschätzte 22 Millionen Christen, während man bis 2050 eine Zahl von 601 Millionen erwartet. Sogar in arabischen und muslimischen Ländern gibt es, Berichten zufolge, ein beispielloses Wachstum der evangelikalen Gemeinden.[8] Die weltweite Statistik geht von geschätzten 3,19 Milliarden Christen im Jahr 2050 aus.[9]

Das Aussieben der Gemeinde im Westen

Unterdessen ist ein gegenläufiger Trend in Europa und Nordamerika zu verzeichnen – den traditionellen Hochburgen des Christentums. In Amerika erwartet man, dass die Zahl der Christen weiterhin wächst, doch Christen werden einen geringeren Prozentsatz an der Gesamtbevölkerung ausmachen. Das Meinungsforschungsinstitut „Pew Research Center" hat herausgefunden, dass zwischen 2007 und 2014 der Prozentsatz der Menschen, die sich als Christen bezeichneten, von 78 auf knapp unter 71 Prozent gefallen ist. Bis zum Jahr 2050 erwartet man eine Fortsetzung des Abwärtstrends auf 66 Prozent. Während die evangelikalen Gemeinden immer noch wachsen, verlieren die protestantischen und katholischen Großkirchen kontinuierlich Mitglieder. Fast ein Viertel der Amerikaner, die christlich erzogen worden sind, identifizieren sich nicht mehr mit dem Glauben. In der Zwischenzeit erwartet man, dass die Rate der Konfessionslosen (Atheisten, Agnostiker und andere Nichtreligiöse) bis 2050 auf 26 Prozent steigen wird. Die sogenannten Millennials (18 bis 33 Jahre alt) sind sogar noch atheistischer/agnostischer eingestellt, 35 Prozent von ihnen gehören keiner Konfession an.[10]

Die Barnea-Forschungsgruppe hat ebenfalls den abnehmenden Einfluss des Christentums in Amerika untersucht. Wachsende Zahlen von Religionslosen, eine kontinuierliche Abnahme der Gottesdienstbesuche und Spannungen über religiöse Freiheiten deuten alle darauf hin, dass ein säkularer Trend das Land erfasst hat. Barnea stellte fest, dass die Zahl der Amerikaner, die als „nachchristlich" gelten, in nur zwei Jahren um 7 Prozent angestiegen ist, von 37 auf 44 Prozent zwischen 2013 und 2015. Obwohl sich immer noch 78 Prozent der Amerikaner als „Christen" bezeichnen, sind sich doch viele ihres Glaubens nicht mehr sicher. Barnea fand heraus, dass sie entweder nicht mehr an Gott glauben, ihren Glauben nicht mehr für wichtig halten, nicht mehr beten und nicht mehr in den Gottesdienst gehen, Jesus nicht mehr treu sind, ihre Bibel nicht mehr lesen und ihr nicht mehr vertrauen oder ganz direkt zu Atheisten oder Agnostikern geworden sind. Wer in diesen Bereichen Gott noch am treusten geblieben ist, gehört tendenziell zu den Evangelikalen.[11]

In Europa nimmt nicht nur die Prozentzahl der Christen ab, auch die tatsächlichen Zahlen gehen nach unten. Im Jahr 2010 hatte Europa 588 Millionen Christen, doch diese Zahl wird bis 2050 auf 530 Millionen sinken. Dann wird fast ein Viertel der Europäer (23 Prozent) keine religiöse Zugehörigkeit mehr haben. Allerdings ist ein Großteil Europas bereits jetzt schon streng säkular und weigert sich, der Religion irgendeine Rolle im öffentlichen Leben zuzubilligen.

Diese Abkehr vom Christentum ist teilweise dadurch motiviert, dass sich viele Menschen nicht mehr an die biblische Ethik halten wollen, um nicht als intolerant zu gelten. Daher gibt es viele moralische Kompromisse in wichtigen sozialen Fragen unserer Zeit, sei es beim Thema Abtreibung, Homosexualität, Evolution, Schulgebet oder der Unterstützung Israels. Die Wissenschaft untergräbt ebenfalls den Glauben der Menschen. Doch all dies ist nichts anderes als der uralte Prozess des Aussiebens, den Gott verwendet, um die Treuen von den

Wankelmütigen zu trennen, den gerechten Überrest von denen, die im Glauben Schiffbruch erleiden. (Siehe 1. Timotheus 1,19.)

Dieser Prozess lässt sich sogar bei vielen heutigen Gemeindeleitern erkennen, die mit den aktuellen ethisch-moralischen Fragen wie der Ordination homosexueller Geistlicher und der Transgender-Bewegung ringen. Der gerechte Überrest hält an den bewährten göttlichen Standards fest, während die Schwachen im Glauben Kompromisse mit der Welt eingehen. Weitere Themen kommen auf, um unsere Treue auf die Probe zu stellen, wie beispielsweise die Frage, ob der Islam auch einen gültigen Weg in den Himmel bietet oder ob der Allah des Koran identisch ist mit dem Gott der Bibel. Kein wahrer Evangelikaler kann jemals die Wahrheit preisgeben, dass Jesus der einzige Weg zur Errettung ist. (Siehe Apostelgeschichte 4,12.) Doch möglicherweise wird das Festhalten an unserem Glauben Verfolgung und sogar Gefängnisstrafe nach sich ziehen.

Meinungsumfragen zeigen immer wieder, dass Evangelikale sehr stark dazu neigen, bei den umstrittendsten moralischen Fragen unserer Zeit die biblischen Werte hochzuhalten. So ergab beispielsweise eine Umfrage des Pew-Instituts aus dem Jahr 2015 Folgendes: Während eine deutliche Mehrheit von Amerikanern (55 Prozent) mittlerweile die homosexuelle Ehe befürwortet, sind 76 Prozent der Evangelikalen immer noch dagegen.[12] Zum Thema Abtreibung zeigte eine Pew-Studie, dass die meisten Evangelikalen (75 Prozent) den Schwangerschaftsabbruch immer noch als ethisch falsch einstufen, während die breite Masse der Protestanten ihm tatsächlich positiver gegenübersteht als die Gesamtheit der Bevölkerung.[13] In anderen Ländern der Erde sind Evangelikale in Fragen von Abtreibung, Homoehe und Scheidung sogar noch konservativer als ihre amerikanischen Glaubensgeschwister.[14]

Dies alles zeigt, dass eine authentische Erfahrung der Wiedergeburt im Leben eines Gläubigen einen großen Unterschied macht. Diese persönliche Begegnung trägt entscheidend dazu bei, den persönlichen Glauben an Gott zu stärken und das Vertrauen in sein Wort zu festigen. Sobald wir erkennen, wie gnädig und heilig Gott ist, fällt es uns leichter, seinen Werten zuzustimmen, was immer die Welt dazu sagen mag. Der gerechte Überrest unserer Tage muss Gott treu bleiben und darf sich nicht der Rebellion, die um uns herum stattfindet, anschließen – genau wie Noah, der Gott treu und gehorsam war, inmitten einer bösen und perversen Generation. (Siehe Hebräer 11,7 L.) Denn die ethisch-moralischen Fragen, die sich aus dieser Rebellion gegen Gott ergeben, werden keinesfalls einfacher werden.

Ich ermutige jeden wahren Christen, in diesem Prozess des Aussiebens an seinen Überzeugungen festzuhalten. Eine herrliche Zukunft wartet auf alle, die Gott treu bleiben. Die Bibel verspricht uns einen unsterblichen und unzerstörbaren Körper. (Siehe beispielsweise 1. Korinther 15,53–54; Römer 2,7.) Und im kommenden Zeitalter wird die ganze Welt erneuert und einen bis dahin nicht gekannten Frieden erleben. Die Nationen werden *„ihre Schwerter zu Pflugscharen machen"* und *„sie werden hinfort nicht mehr lernen, Krieg zu führen"* (Jesaja 2,4 L; Micha 4,3 L). *„Das Land wird voll von Erkenntnis des HERRN sein, wie von Wasser, das das Meer bedeckt"* (Jesaja 11,9 E). Selbst das Tierreich wird verwandelt: *„Und der Wolf wird beim Lamm weilen ... Und der Löwe wird Stroh fressen wie das Rind"* (siehe Jesaja 11,6–8 E). Genau wie Gott zur Zeit Noahs einen gerechten Überrest bewahrte, um einen Neuanfang zu wagen, wird er dasselbe mit uns tun, um uns auf die Ewigkeit vorzubereiten. Doch wir müssen ihm treu bleiben!

In der Flutgeschichte wurden Noah und seine Familie in der Arche bewahrt, weil Gott Noah aufgetragen hatte, das Wasserfahrzeug außen und innen mit Pech zu versiegeln. Das hebräische Wort für *„Pech"* oder Siegel in Genesis 6,14 lautet *kaphar*, es hat dieselbe Wortwurzel wie der hebräische Begriff *kippur*, der Sühne oder Versöhnung bedeutet. Folglich stellte das Pech eine Bedeckung für die Sünde dar, vergleichbar dem Erlösungswerk Christi am Kreuz. Der gerechte Überrest verfügte über diese Bedeckung und wurde verschont, doch die Ungerechten gingen in der Überschwemmung zugrunde. In derselben Weise wurden die Israeliten, die beim ersten Passahfest das Blut an ihre Türpfosten strichen, vor dem Todesengel bewahrt. (Siehe Exodus 12,1–28.) Gleichermaßen heißt es im Neuen Testament, dass am Ende der Tage das Gericht zwischen den Gerechten und Ungerechten unterscheiden wird. Die Gerechten werden durch den Heiligen Geist *„versiegelt für den Tag der Erlösung"* (Epheser 4,30 L). Gott hat auch ein *„Siegel"*, anhand dessen er *„die Seinen kennt"* (siehe 2. Timotheus 2,19 L). Dieses *„Siegel des lebendigen Gottes"* wird allen gerechten Heiligen aufgedrückt, die noch auf der Erde leben, bevor der Zorn Gottes sich schlussendlich über die Ungerechten ergießen wird. (Siehe Offenbarung

7,2–3 L.) Tatsächlich kann dieses feurige Strafgericht erst stattfinden, wenn der gerechte Überrest *„versiegelt"* worden ist, um von Gott geschützt zu werden. Sollten wir also noch auf der Erde sein, um diesen Tag zu erleben, dürfen wir darauf vertrauen, dass Gott uns bewahren wird – was auch immer mit unserem sterblichen Körper geschehen mag.

Im Gegensatz zu diesen großartigen Verheißungen für den gerechten Überrest erwartet die Ungerechten nur Kummer und Schmerz. Allerdings richtet sich eine besonders ernste Warnung an die Menschen, die Christus früher nachgefolgt sind, ihn dann aber verlassen haben. Für sie gibt es keinerlei Hoffnung mehr! Tatsächlich warnt uns das Neue Testament: Kehrt jemand, der einmal über die Gnade in Christus *„erleuchtet"* worden ist und die *„himmlische Gabe"* geschmeckt hat, dem Kreuz wieder den Rücken zu, dann ist es *„unmöglich"*, ihn wieder zu erneuern. Vielmehr wird er zuletzt verbrannt werden. (Siehe Hebräer 6,4–8.) Petrus fügt noch warnend hinzu, es wäre besser gewesen, diese Menschen hätten Christus nie kennengelernt. (Siehe 2. Petrus 2,20–21.) Daher fürchte ich besonders um diejenigen, die glauben, sie könnten einfach den christlichen Glauben verlassen, ohne dass dies Konsequenzen hätte. Ihnen steht das schlimmste Schicksal überhaupt bevor – es wird sogar noch schlimmer ausfallen als das Verhängnis, das die Menschen befiel, die durch die Sintflut starben oder die in Sodom und Gomorra ums Leben kamen.

16

DER AUFBAU ZIONS

„Wer in Israel nicht an Wunder glaubt,
ist kein Realist."
David Ben Gurion[1]

„Denn der HERR wird Zion aufbauen,
er wird erscheinen in seiner Herrlichkeit."
Psalm 102,17 E

Zur Vervollständigung des Flut-Paradigmas fehlt noch ein weiteres Element – die Arche Noah. Gott ist ausnahmslos gerecht, daher gab er der antiken Welt ein deutliches Warnzeichen, dass sie Buße tun müsste, um nicht in der Sintflut zu sterben. Aus Hebräer 11,7 wissen wir, dass Noahs gerechtes Leben und seine Treue beim Bau der Arche Gott dazu dienten, die Welt zu ihrem Schicksal, dem Untergang in der Flut, zu verurteilen. Der Apostel Petrus stellt Noahs Archebau ebenfalls als einen Akt göttlicher Gnade und als faires Warnzeichen dar. (Siehe 1. Petrus 3,20.) Schlussendlich war die Arche für alle sichtbar und nahm den Menschen der Antike jegliche Entschuldigung, dass sie nicht gewarnt worden wären. Wo finden wir nun heute auf unserer Erde ein derart unmissverständliches Warnzeichen, dass das göttliche Gericht bald anbrechen wird? Mit der Antwort auf diese Frage wird die Flut-Analogie vollendet.

Ich bin überzeugt davon, dass der Aufbau Zions, die Wiederherstellung Israels in unseren Tagen, das deutlichste Zeichen für die ganze Welt darstellt, dass wir in nicht allzu ferner Zukunft gerichtet werden. Dieser verheißene Wiederaufbau Israels in Verbindung mit der Bestrafung der Nationen in der Endzeit durchzieht die gesamte Bibel: von den Büchern Mose über die Psalmen und Propheten bis hinein ins Neue Testament. Ich glaube zudem, dass Jesus seine Rückkehr mit der Zeit Noahs verglichen hat, weil er dabei bestimmte Abschnitte des Alten Testaments im Kopf hatte, die Israels Wiederherstellung in der Endzeit betreffen.

Jesus kannte die hebräische Bibel gut, fast alles, was er sagte, beruhte unmittelbar auf dem Alten Testament. Was ließ ihn nun glauben, dass es eine Wiederholung der „Zeit Noahs" in der Endzeit geben würde? Diese Frage ist höchst relevant, da Gott doch feierlich versprochen hatte, die Erde niemals wieder zu überfluten. In Kapitel 6 dieses Buches haben wir festgestellt, dass Jesaja, Kapitel 54 die einzige Bibelstelle im Alten Testament darstellt, in der die Worte „Zeit Noahs" in einem prophetischen und zukünftigen Sinne vorkommen.

> *„Ich habe dich einen kleinen Augenblick verlassen, aber mit großer Barmherzigkeit will ich dich sammeln. Ich habe mein Angesicht im Augenblick des Zorns ein wenig vor dir verborgen, aber mit ewiger Gnade will ich mich deiner erbarmen, spricht der HERR, dein Erlöser. Ich halte es wie zur Zeit Noahs, als ich schwor, dass die Wasser Noahs nicht mehr über die Erde gehen sollten. So habe ich geschworen, dass ich nicht mehr über dich zürnen und dich nicht mehr schelten will." (Jesaja 54,7–9 L)*

Betrachten wir diese Passage im Kontext, so stellen wir fest, dass Gott Noah schon vor der Sintflut versprach, mit ihm einen Bund zu schließen, wenn alles vorüber sein würde. (Siehe Genesis 6,17–18.) Folglich betrat Noah die Arche mit der Gewissheit, dass er die Überschwemmung überleben und Teil des Neuanfangs sein würde, den Gott für die Erde geplant hatte. In ähnlicher Weise informierte Jesaja Israel schon vor seinem Exil, dass das Volk diese Tortur überleben und eines Tages wieder in seinem Land gesammelt werden wird, um ein Teil des herrlichen künftigen Zeitalters zu werden. Und da Gott nicht lügen kann (siehe beispielsweise 4. Mose 23,19; Hebräer 6,18), ist Israels Wiederherstellung in der Endzeit absolut gewiss – wie alle anderen Aussagen der Bibel auch.

Der Prophet Jeremia vermittelt uns dieselbe Gewissheit, dass Israels Wiederherstellung in der Endzeit so unverrückbar feststeht wie die „natürliche Ordnung" von Sonne und Mond, die uns Tag und Nacht Licht spenden. (Siehe Jeremia 31,35–36.) Diese Ordnung setzte Gott in seinem Bund mit Noah fest, in dem er erklärte: *„Solange die Erde steht, soll nicht aufhören Saat und Ernte, Frost und Hitze, Sommer und Winter, Tag und Nacht"* (Genesis 8,22 L). Diese Aussage erscheint erneut in Jeremia 33,23–26 als ein unabänderlicher Beweis für Gottes bindende Zusage, Israel zu bewahren und in der Endzeit vollkommen wiederherzustellen.

Die hebräischen Propheten lassen also keinen Zweifel daran, dass Israel in der Endzeit eine einzigartige und zentrale Rolle spielen wird, genau wie die Arche in der Flutgeschichte – und diese Rolle wird für die gesamte Menschheit klar erkennbar sein. Zusätzlich dazu empfing der Psalmist eine unglaubliche Vision über den Aufbau Zions in den letzten Tagen.

> *„Du wirst aufstehen, wirst dich Zions erbarmen. Denn es ist Zeit, ihn zu begnadigen, denn gekommen ist die bestimmte Zeit … Die Nationen werden den Namen des HERRN fürchten, alle Könige der Erde deine Herrlichkeit. Denn der HERR wird Zion aufbauen, er wird erscheinen in seiner Herrlichkeit … Dies sei aufgeschrieben für die künftige Generation, und ein neu geschaffenes Volk soll Jah loben." (Psalm 102,14.16–17.19 E)*

Der Psalmist sagt eine vorherbestimmte Zeit der Gnade und Wiederherstellung Israels voraus, die in einzigartiger Weise mit dem Erscheinen des Herrn verbunden ist. Alle Nationen und Herrscher werden es sehen und davon wissen, und sie werden endlich kommen, um dem Herrn zu dienen. Dies wurde aufgeschrieben für eine *„künftige Generation"*, wobei im hebräischen Originaltext *dor acharon* steht, was *„letzte Generation"* bedeutet.[2]

Die Bibel lässt unzweideutig erkennen, dass die Wiederherstellung Israels, die sich in unserer Zeit ereignet, vorherbestimmt und besonders für das Ende des Zeitalters geplant war. Denn diese Wiederherstellung soll dazu beitragen, die Welt in das künftige Zeitalter hineinzuführen. Das bedeutet, dass wir, die wir ihn beobachten können, diesen Prozess ernst nehmen müssen – als ein unmissverständliches Zeichen, dass das Ende nahe ist. Denn diese Entwicklung bedeutet auch, dass Gott demnächst erscheinen wird, um die Menschheit zu richten. Daher ist es kein Wunder, dass die hebräische Wortwurzel von *tzion „ein unübersehbares Zeichen"* bedeutet.[3]

Demnach verfolgt der Aufbau Zions einen ähnlichen Zweck wie der Bau der Arche Noah, als ein Zeichen des drohenden Strafgerichts Gottes. Hinzu kommt noch, dass Israel eine Art „Arche", im Sinne einer Zufluchtsstätte, für das jüdische Volk darstellt, dort werden sie Schutz finden vor dem, was unter den Nationen passieren wird. (Siehe Sacharja 12,8; Joel 3,5.) Allerdings musste die Arche tatsächlich gebaut werden; sie erforderte die Standhaftigkeit und die Anstrengungen derjenigen, die sich Gott gegenüber gehorsam und ehrfürchtig verhielten. Gleichermaßen ist der Aufbau Zions ein fortschreitender Prozess, der den Mut und das Handeln von Männern und Frauen erfordert, die sich demütig Gottes Pläne zu eigen machen. Der Psalmist erklärt: *„Denn der HERR wird Zion aufbauen"* (Psalm 102,17 E), doch wir sind eingeladen, in diesem großen prophetischen Unterfangen Gottes Mitarbeiter zu sein.

Höchst erstaunlich ist, dass die politische Bewegung, die sich zum Ziel gesetzt hatte, das jüdische Volk in sein Land zurückzubringen, um das Jahr 1900 ins Leben gerufen wurde. „Zufälligerweise" erreichte zur selben Zeit die Evolutionstheorie Darwins die breite Masse, während die pfingstliche Erweckung zeitgleich das rasante Wachstum der evangelikalen Bewegung befeuerte. Alle drei Entwicklungen haben sich also über die letzten hundert Jahre parallel vorwärtsbewegt. Dies ist kein Zufall, sondern das perfekte Timing Gottes!

Die zionistische Bewegung wurde 1895 von Theodor Herzl ins Leben gerufen, als er sein Buch „Der Judenstaat" veröffentlichte, um zur Errichtung eines neuen jüdischen Staates aufzurufen. Herzl war kein besonders religiöser Jude, doch er erkannte bald, dass die hebräische Bibel bereits eine tiefe Sehnsucht in das Herz des jüdischen Volkes eingepflanzt hatte, eines Tages in sein eigenes Land zurückzukehren. Diese prophetische Hoffnung wurde zum Motor der zionistischen Bewegung, die sie trotz vieler Widerstände am Ende erfolgreich werden ließ.

Die Verheißung der Wiederherstellung Israels

Über die prophetische Wiedergeburt Israels in der Moderne gibt es sehr viel zu berichten, doch wir wollen zunächst einige einfache und zugleich höchst tiefgründige historische Fakten beleuchten. Die Juden zeichnen sich dadurch aus, dass sie als einziges Volk nicht nur einmal, sondern zweimal mit Gewalt aus ihrer Heimat entwurzelt worden sind, nur um jedes Mal wieder zurückzukehren und ihre nationale Souveränität wiederherzustellen. Es ist schwierig, ein Volk zu finden, dem dies nur einmal gelungen ist, doch die Juden haben es zweimal geschafft! Was diese Tatsache noch bemerkenswerter macht, ist, dass die Juden uns ein Buch überliefert haben, in dem dies alles schon vorhergesagt wurde, bevor es dann tatsächlich geschah. Die Bibel hat vorausgesagt, dass es zwei jüdische Zerstreuungen geben würde – zunächst nach Babylon und dann unter alle Nationen – und eine zweimalige Rückkehr. Und genau dies wird durch die Geschichte bestätigt. Die erste Rückkehr ereignete sich nach dem babylonischen Exil. Die zweite findet seit zirka 120 Jahren statt – über 3,5 Millionen sind bereits aus der ganzen Welt nach Israel zurückgekehrt: aus dem Norden, Süden, Osten und Westen, in einer wortwörtlichen Erfüllung der göttlichen Verheißungen. (Siehe Jesaja 43,5–6.)

Die Bibel ist demnach ein wirklich erstaunliches Buch, das die Geschichte eines wahrhaft bemerkenswerten Volkes erzählt. Es handelt sich nicht um eine Ansammlung von Märchen, sondern um das bewährte Wort Gottes! Und die Wiederherstellung Israels ist sowohl ein unbestreitbarer Beweis für die Verlässlichkeit der Bibel als auch für die Herrschaft Gottes über die Angelegenheiten der Menschen. Wie wir bereits festgestellt haben, dient die Heilige Schrift auch als unmissverständliches Zeichen, dass das Endzeit-Gericht Gottes nahe ist. Viele Abschnitte der Bibel, die die Rückkehr Israels in den letzten Tagen vorhersagen, berichten auch über das zeitgleiche Strafgericht an den Nationen. Es wird sie treffen, weil sie gegen Gott rebellieren und seinen Plänen für Zion (Jerusalem) widerstehen. Beides ist untrennbar miteinander verbunden. Wenn wir diese Grundwahrheiten ignorieren, besiegeln wir unser eigenes Schicksal – genau wie es den Menschen geschah, die sich nicht warnen ließen und Noah sogar verspotteten, als er Gott treu blieb und die Arche baute.

Offen gesagt, gehört diese verheißene Wiederherstellung Israels in der Endzeit zu den Themen, die in der gesamten Bibel am häufigsten angesprochen werden. Die meisten dieser prophetischen Abschnitte haben mit dem Timing und der Erfüllung von Versprechen zu tun, die Gott im Bund mit David festlegte. Als Erstes lesen wir in 1. Chronik 17, dass Gott König David verspricht, seinem Thron auf ewig Bestand zu geben. Spätere Passagen enthalten die Zusicherung, dass das Volk und das Land Israel eines Tages wiedervereinigt und wiederhergestellt werden, und zwar über das hinaus, was David bereits aufgebaut hatte. Israel werde endlich in seinem Land Ruhe finden vor allen seinen Feinden. Dieses Königreich, beherrscht von einem verheißenen Messias, dem Sohn Davids, werde tatsächlich ewig bestehen. Er wird von Jerusalem aus in Gerechtigkeit und Frieden über die gesamte Erde herrschen.

Um es ganz deutlich zu sagen: Das jüdische Volk wird in sein Land zurückgebracht, um eine prophetische Rolle auszufüllen, die ihm allein vorbehalten ist. Es soll mithelfen, die Welt in das messianische Friedensreich hineinzugebären, wobei die Verheißungen des Bundes mit David erfüllt werden. Wie in jedem Geburtsprozess geht damit Leid einher, und die Bibel warnt uns, dass dieses Leid alle Nationen betreffen wird. Doch der Anbruch dieses gesegneten messianischen Zeitalters wird gleichzeitig herrlich sein – es bleibt die größte Friedenshoffnung für unsere Welt.

Mitarbeiter bei der Wiederherstellung Israels

Ein weiteres Merkmal der verheißenen Wiederherstellung Israels in der Endzeit besteht darin, dass Nichtjuden daran beteiligt sind. Dieselben hebräischen Propheten, die eine letzte Sammlung der Juden voraussagten, sahen auch Nichtjuden, die sich positiv in die Rückkehr einbrachten. Dieses Thema wird inbesondere von Jesaja betont, der prophezeite: *„Fremde werden deine Mauern bauen, und ihre Könige werden dir dienen“* (Jesaja 60,10 L). Er fügte noch hinzu: *„Es werden gebückt zu dir kommen, die dich unterdrückt haben, und alle, die dich gelästert haben, werden niederfallen zu deinen Füßen“* (Vers 14 L). Christen kommen heute demütig nach Israel, um einem Volk zu helfen, das ihre Vorväter im Glauben in der Vergangenheit schwer bedrängt haben – es fällt schwer, eine passendere Beschreibung für dieses moderne Phänomen zu finden, als sie Jesaja uns gibt. Derselbe Prophet sagte auch:

> *„Siehe, ich will meine Hand zu den Heiden hin erheben und für die Völker mein Banner aufrichten. Dann werden sie deine Söhne in den Armen herbringen und deine Töchter auf der Schulter hertragen. Und Könige sollen deine Pfleger und ihre Fürstinnen deine Ammen sein."*
> *(Jesaja 49,22–23 L)*

Das bedeutet wortwörtlich, dass Gott die Nichtjuden herbeiruft und herbeiwinkt, damit sie sich an der Wiederherstellung Israels beteiligen. Folglich gibt es kaum eine Entschuldigung für uns Christen, wenn wir diesem Aufruf nicht folgen.

Die Geschichte zeigt, dass sich nichtjüdische Könige und Königinnen tatsächlich entscheidend an der Förderung des Zionismus beteiligt haben. So wurde beispielsweise 1865 der „Palestine Exploration Fund" (Organisation zur Erforschung Palästinas) unter der Schirmherrschaft der britischen Königin Viktoria gegründet, um zu prüfen, ob eine Wiederansiedlung der Juden in ihrer alten Heimat möglich wäre.[4] Die britische Regierung befürwortete später mit der Balfour-Erklärung von 1917 die jüdischen Bestrebungen, einen eigenen Staat zu gründen. Unterdessen unterstützten amerikanische Präsidenten wie John Adams, Woodrow Wilson und Harry Truman ganz offen die Wiederherstellung Israels. Herzl verdankte einem christlichen Geistlichen namens William Hechler einen Großteil seines Erfolges. Darüber hinaus waren Christen auch daran beteiligt, Juden beizubringen, Landwirtschaft zu betreiben und sich wieder selbst zu verteidigen. Diese beiden Kompetenzen sind beim Aufbau eines Staats von entscheidender Wichtigkeit, da die Menschen in der Lage sein müssen, sich selbst zu ernähren und sich selbst zu schützen. Die Juden hatten beide Fähigkeiten während der Jahrhunderte des Exils wieder verlernt, doch dank ihrer christlichen Unterstützer konnten sich die Juden Palästinas diese Fertigkeiten erneut aneignen.[5]

Seit der Wiedergeburt des Staates Israel ist die Bewegung des christlichen Zionismus weltweit auf zig Millionen Menschen angewachsen. Die meisten Evangelikalen haben heute eine positive Sicht Israels, da wir schlicht und einfach glauben, dass es sich um dieselbe Nation handelt wie das biblische Israel. Durch unsere Unterstützung des jüdischen Staates haben wir das Vorrecht, aktive Mitarbeiter Gottes beim Aufbau Zions zu sein. Israels erneute Sammlung ist nicht nur eine Privatangelegenheit zwischen Gott und dem jüdischen Volk. Nichtjuden sind ebenfalls dazu eingeladen, am Bau der Arche unserer Tage mitzuwirken.

Schlussendlich ist die Sammlung Israels in unserer Zeit äußerst vielversprechend, sowohl für Israel als auch für die Welt, da sie das baldige Kommen des messianischen Friedensreiches ankündigt – diesen versprochenen Neuanfang für unsere Welt; er gleicht dem Prozess, an dessen Umsetzung Noah einst mitwirkte. Israels Rückkehr ist zudem ein unanfechtbarer Beweis für die Verlässlichkeit der Bibel. Sie demonstriert Gottes Treue zu seinen Verheißungen, die er mit großer Genauigkeit und Präzision erfüllt. Schließlich zeigt diese große Sammlung, dass Gott nach wie vor die Belange der Menschen beherrscht. Auch wenn ein Großteil der Welt der Rückkehr der Juden in ihre Heimat widerstanden hat, lässt sich dieser Prozess nicht aufhalten, genau wie Gott es vorausgesagt hat: *„Höret, ihr Völker, des HERRN Wort und verkündet's fern auf den Inseln und sprecht: Der Israel zerstreut hat, der wird's auch wieder sammeln und wird es hüten wie ein Hirte seine Herde"* (Jeremia 31,10 L).

17

VERNUNFT UND OFFENBARUNG

„Wenn sie nicht der Wahrheit entspricht, ist [die Evolutionstheorie Darwins] das heimtückischste und zerstörerischste Denksystem, das jemals von Menschen entwickelt wurde. Doch wenn sie wahr ist, ist sie bestenfalls so bedeutungslos wie alles andere auch."
Genetiker John C. Sanford, Cornell University[1]

„Warum dürfen die Bösen Gott fluchen? Wie können sie denken: ‚Gott wird uns schon nicht zur Rechenschaft ziehen?'"
Psalm 10,13 NL

Bevor wir zum Ende kommen, müssen wir noch einige wichtige Fragen beantworten, die in diesem Buch aufgeworfen wurden. Hat sich Darwins Evolutionstheorie beispielsweise im Licht der neusten wissenschaftlichen Erkenntnisse bestätigt? Können wir das offensichtlich fortgeschrittene Alter der Erde mit dem biblischen Schöpfungsbericht in Einklang bringen? Und wie können wir sicher sein, dass es einen liebenden Gott gibt, der uns erschaffen hat?

Kaum hatte Darwin 1859 seine Theorie veröffentlicht, da gerieten die Rebellen der Wissenschaft und die Wächter der Religion aneinander. In England trugen binnen weniger Monate Darwin-Verteidiger Thomas H. Huxley und der anglikanische Bischof Samuel Wilberforce eine öffentliche Debatte aus. Zum dramatischsten Kräftemessen in Amerika kam es 1925 im „Scopes Monkey Trial" (Scopes-Affenprozess). Obwohl die Befürworter der Evolutionstheorie schließlich in unseren Bildungssystemen den Sieg davontrugen, setzt sich der Streit zwischen Wissenschaft und Glaube bis heute fort. Dabei ist es falsch zu glauben, dass Wissenschaftler durchweg den Glauben an Gott ablehnen würden.

So ist beispielsweise der anerkannte Genetiker Francis S. Collins, der das Humangenomprojekt leitete, bekennender Christ. Er befürwortet eine „theistische Evolution".[2] Eine Umfrage unter seinen Wissenschaftskollegen ergab, dass zirka 40 Prozent an einen Schöpfergott glauben.[3] Mehr als 800 prominente Forscher haben zudem eine Erklärung unterzeichnet, in der sie bezweifeln, dass die schöpferische Kraft von Darwins Selektions- und Mutationsmechanismus das Leben und das Universum erklären könnte.

In der breiteren Öffentlichkeit sind 52 Prozent der Amerikaner der Meinung, dass „die Entwicklung des Lebens durch Intelligent Design geleitet wurde", wie eine Umfrage des Zogby-Instituts 2009 belegt.[4] Eine Gallup-Umfrage aus dem Jahr 2014 ergab zudem, dass eine beachtliche Mehrheit der Amerikaner immer noch daran glaubt, dass Gott an der Erschaffung des Menschen beteiligt war, wobei manche einen langwierigen Prozess der Evolution zulassen wollen, während nur 19 Prozent Gott jegliche Rolle darin absprechen.[5]

Diese Ergebnisse deuten darauf hin, dass es beim Thema Darwinismus immer noch viel Verwirrung und Ausflüchte gibt. Seine Theorie ist mittlerweile Teil eines breiteren wissenschaftlichen Ansatzes, der behauptet, das Universum sei durch seinen eigenen „Big Bang" (Urknall) vor zirka 13,8 Millionen Jahren entstanden. Diese These wird scheinbar durch das offensichtliche Alter der Erde und ihren Fossilbericht bestätigt – beide stellen nach wie vor für jeden, der eine biblische Sicht vertritt, eine Herausforderung dar. Andererseits muss die Evolutionstheorie Darwins aufgrund neuer Erkenntnisse in der genetischen Forschung einer genaueren Untersuchung standhalten. Schließlich deutet die Komplexität des menschlichen Erbguts zunehmend sowohl auf einen intelligenten Schöpfer als auch darauf hin, dass die Menschheit viel jünger ist, als man allgemeinhin angenommen hat. Wer hat nun recht? Zunächst werden wir einen Blick in den menschlichen Gencode werfen, um festzustellen, was er uns offenbart.

Darwinismus und menschliche Genetik

Es scheint, dass sich kaum etwas stärker weiterentwickelt hat als die Evolutionstheorie selbst. In den letzten Jahrzehnten zwingen neue Entdeckungen in der Genetik die Forschungsgemeinschaft dazu, den Konsens zum Thema Darwin immer wieder anzupassen. Darwin identifizierte zunächst Mutationen und die natürliche Auslese als Hauptfaktoren, welche die Evolution antreiben. Nachdem er verschiedene Erbsenpflanzen miteinander gekreuzt hatte, legte Gregor Mendel einen stärkeren Schwerpunkt auf die Vererbung – durch das, was wir jetzt als Gene kennen. Schließlich waren Wissenschaftler gezwungen, sich angesichts der modernen Evolutionssynthese neu zu formieren. Sie kombinierten Darwins natürliche Auslese und die Genetik Mendels, um eine verfeinerte Theorie zu präsentieren, die eine langsame, schrittweise und ungesteuerte menschliche Evolution propagiert.[6] In jüngerer Zeit hat das Humangenomprojekt, das 2003 abgeschlossen wurde, die Sequenzierung unseres DNA-Codes abgebildet. Das neue ENCODE-Projekt wirft nun einen genaueren Blick auf die mysteriosen RNA-Boten. Auf Grundlage der bisherigen Erkenntnisse zeigt sich, dass das menschliche Erbgut bei Weitem komplexer und vielschichtiger ist, als man je angenommen hatte – ein Umstand, der Darwins Theorie ganze Säcke von Sand ins Getriebe streut.

Ein Hauptproblem betrifft die „junk DNA" (Erbgut-Müll), einen Begriff, den Biologen verwenden, um große Segmente des menschlichen Erbguts zu beschreiben, die offensichtlich keine Funktion haben. Jahrzehntelang führten der Atheist Richard Dawkins und andere Neo-Darwinisten das „junk DNA"-Argument an, um die Existenz Gottes zu leugnen – denn warum sollte er in unseren Genen nutzlose Segmente erschaffen?[7] Doch das ENCODE-Team hat nun entdeckt, dass diese angeblich passiven Regionen unserer DNA tatsächlich mit über vier Millionen „Schaltern" versehen sind, die Gene ein- und ausschalten und zusätzlich kontrollieren, wie Zellen, Organe und andere Gewebearten sich verhalten. Wissenschaftler gehen mittlerweile davon aus, dass mindestens 80 Prozent des menschlichen Erbguts über eine „biochemische Funktion“ verfügen und dass man mit der Zeit auch die Aufgabe der verbleibenden 20 Prozent entdecken wird.[8] Diese komplexen Schichten des menschlichen Erbguts enthalten zudem riesige Mengen an Informationen. Der genetische Code in einer einzelnen menschlichen Zelle, der aus Chemikalien besteht, die mit den Buchstaben A, T, C und G bezeichnet werden, würde, in einem Standard-Format ausgedruckt, einen Umfang von 75.490 Seiten der New York Times haben.[9] Doch diese riesigen DNA-Codes sind nur die Oberflächenschicht, unter der Boten-RNA und andere biochemische Akteure die wahre Arbeit der Lebenserhaltung verrichten – in immer komplexeren, kombinierten Anordnungen.

Unterdessen haben Wissenschaftler, die Intelligent Design befürworten, die atheistischen Evolutionisten in die Defensive gebracht. So plädiert Stephen C. Meyer in seinem Buch „Signature in the Cell“ (Signatur in der Zelle) für Intelligent Design. Er stützt sein Plädoyer dabei auf sich abzeichnende Beweise, die nicht nur die biologische Komplexität des Menschen zeigen, sondern auch den Umstand, dass das gesamte Universum grundsätzlich auf der Grundlage von verschlüsselten Informationen funktioniert.[10]

In seinem Buch „Genetic Entropy“ argumentiert der Genetiker John C. Sanford von der Cornell University, dass die Evolutionstheorie Darwins weder erklären könne, wie derart viele genetische Informationen überhaupt in unsere Zellen gelangt seien, noch wie sie dort über so lange Zeitspannen bewahrt werden konnten, angesicht der bewiesenen Degenerationsrate innerhalb des Erbguts.[11] Sanford beschreibt, dass das menschliche Erbgut über zahlreiche Schlingen und sich überlappende Äste verfügt sowie Gene, die sogar unseren genetischen Code umschreiben können. Es gibt kein menschengemachtes Informationssystem, das daran auch nur im Entferntesten heranreichen würde. Carl Sagan wiederum erklärt, dass jede menschliche Zelle mehr Informationen enthält als die Bibliothek des amerikanischen Kongresses. Wo kommt nun diese riesige Menge an Informationen her, auf welchem Weg ist sie in unsere Zellen gelangt und wie konnte sie dort bleiben?

Zudem erklärt Sanford, dass es durch „Schreibfehler“, Löschungen, Verdoppelungen, Einfügungen und andere Kopierfehler immer zu Mutationen in der A-T-C-G-Sequenz kommen würde, wenn unsere Zellen sich teilen und den

DNA-Code millionenfach zum Gebrauch in neuen Zellen kopieren. Diese Fehler häufen sich im Laufe unseres Lebens, was bedeutet, dass sich das menschliche Erbgut verschlechtert, und zwar bereits von Anfang an. Daher können sich Menschen gar nicht aus niedrigeren Lebensformen entwickelt haben; wir stammen tatsächlich von einer höheren Lebensform ab, und befinden uns in einer „umgekehrten Evolution". Sanford betont, dass es kein Selektionsschema geben würde, das diesen Schaden rückgängig machen könnte, da jegliche „nützliche" Mutationen in der Natur zu selten sind, um überhaupt messbar zu sein, und derart klein, dass man sie nicht selektieren kann. Das bedeutet, dass die Menschheit ohne göttliches Eingreifen innerhalb von 300 Generationen zum Aussterben verdammt wäre. Folglich bezeichnet Sanford die Evolutionstheorie Darwins als „heiligste Kuh" in der akademischen Welt – obwohl sie nicht mehr haltbar sei, weigere man sich dennoch, sie zu schlachten.[12]

In ähnlicher Weise hat der Biochemiker Michael J. Behe bewiesen, dass die maximale positive Mutationsrate, die irgendeine biologische Lebensform unter erdähnlichen Bedingungen erreichen könnte, bei zwei zufälligen Mutationen liegt – was das Konzept der Makroevolution ernsthaft in Frage stellt.[13] Sein Buch „Darwin's Black Box" weist auch auf die problematische Hürde der „nicht reduzierbaren Komplexität" hin – unterhalb dieser Schwelle können komplexe Lebensformen nicht mehr reduziert werden, da sie sonst aufhören würden zu existieren. Nicht reduzierbare Systeme müssen gleichzeitig aufeinandertreffen, statt ein Teil nach dem anderen, und das Leben selbst ist der Kern nichtreduzierbarer Komplexität. Daher sind sowohl die „Urzeugung" (Leben, das aus nichtbelebter Materie entspringt) als auch die „Spontanzeugung" (Leben, das aus dem Nichts entsteht) Wundertaten, zu denen die Natur nicht fähig ist. Darwin selbst warnte vor der Gefahr, welche die nichtreduzierbare Komplexität für seine Theorie der natürlichen Selektion darstellen würde. In Kapitel 6 seines Buches „Über die Entstehung der Arten" schreibt er: „Ließe sich irgendein zusammengesetztes Organ nachweisen, dessen Vollendung nicht durch zahllose kleine aufeinanderfolgende Modifikationen erfolgen könnte, so müsste meine Theorie unbedingt zusammenbrechen."[14] Die empirische Forschung hat mittlerweile gezeigt, dass dies tatsächlich der Fall ist, wodurch die Hauptannahmen der Evolutionstheorie Darwins wie ein Kartenhaus in sich zusammenfallen – ein „Einsturz", der durch die Wissenschaft selbst verursacht wurde.

Die Gesamtperspektive

Die Forschung am menschlichen Erbgut hat zudem einige verblüffende Fakten über das Alter der Menschheit zutage gefördert. Aktuelle DNA-Analysen zeigen, dass unsere Art extrem jung ist und nicht das Produkt eines Millionen von Jahren andauernden Evolutionsprozesses. In der Folge ist die Hypothese, dass unsere Art ihren Ursprung in Ostafrika hat, mittlerweile unhaltbar geworden. Zu diesem wichtigen Forschungsergebnis gelangte man durch die Untersuchung eines besonderen Gens, das „mitochondriale DNA" heißt. Es wird allein durch die Mutter vererbt und mutiert langsamer als andere genetische Merkmale. Allerdings haben jüngere Forschungen ergeben, dass es sich schneller verändert als zuvor angenommen. Dies zwingt Evolutionisten dazu, die „Uhr der Evolution" neu einzustellen und zu dem Schluss zu kommen, dass alle Menschen von einer Frau abstammen, die „mitochondriale Eva" genannt wird. Sie lebte vor gerade einmal 6000 Jahren, genau wie die Bibel es behauptet.[15]

Hinzu kommt, dass zwei unabhängige Studien des männlichen Y-Chromosoms ergeben haben, dass es noch einen zweiten „Engpass" in der genetischen Geschichte der Menschheit gab, kurz nachdem diese mitochondriale Eva starb. Beide Untersuchungen fanden heraus, dass alle Menschen ihre Vorfahren bis zu wenigstens einem von drei Männern zurückverfolgen können, die vor rund 5000 Jahren lebten.[16] Manche Gelehrten bezeichnen dies als „Arche-Noah-Theorie", wobei sie auf die drei Söhne Noahs anspielen.[17]

Daher bestätigen die Forschungen sowohl an den männlichen als auch an den weiblichen Chromosomen in ihrer Tendenz die biblischen Berichte über die Entstehung des Menschen und die Sintflut. Die genetischen Beweise deuten auch auf den Prototyp eines Mannes und einer Frau (Adam und Eva) hin, die über eine vollkommenere genetische Ausstattung verfügten, als wir sie heute haben. Denn bei uns haben sich über viele Generationen hinweg Schäden an unserem DNA-Code angesammelt. Diesen Umstand kann man der Sünde Adams zuschreiben und dem Moment, als der Tod in die Welt kam und daher zu allen Menschen durchdrang (siehe Römer 5,12; siehe auch Genesis 2,17).

Dies bedeutet auch, dass alle verdorbenen Theorien über höhere und minderwertige Rassen sowie über die verschiedenen Ursprünge unterschiedlicher

Rassen vollkommen widerlegt sind. Jeder Mensch auf Erden kann seine Nachkommen bis zu den acht Personen in der Arche Noah zurückverfolgen – genau wie Paulus es verkündete: *„Er hat auch gemacht, dass das ganze Menschengeschlecht von einem einzigen (Stammvater) her auf der ganzen Oberfläche der Erde wohnt"* (Apostelgeschichte 17,26 M).

Wir können auch die Theorie zu Grabe tragen, dass die Menschheit von affenähnlichen Kreaturen abstammt. In den 1970er-Jahren veranlassten DNA-Studien Wissenschaftler zu der Behauptung, das Erbgut von Menschen und Schimpansen sei zu 98 Prozent identisch. Doch neuere Ergebnisse zeigen, dass es große, sogar unüberbrückbare genetische Unterschiede zwischen Schimpansen und Menschen gibt, die evolutionären Zeitmaßstäben widersprechen.[18]

Somit müssen wir uns nur noch mit dem offensichtlich hohen Alter der Erde und ihrem Fossilbericht beschäftigen, einschließlich all dieser hominiden Skelette, die angeblich mit der menschlichen Evolution zu tun haben. Sie wurden auf der ganzen Welt gefunden, wie beispielsweise der Peking-Mensch, der Java-Mensch, der Neandertaler und der Cro-Magnon-Mensch. Bisher repräsentieren diese fossilen Überreste ausnahmslos hominide Linien, die ausgestorben sind, und zeigen keinerlei Merkmale, die darauf schließen ließen, dass es sich um unsere direkten menschlichen Vorfahren handeln würde.[19] Doch auch wenn dies stimmt, was für Kreaturen waren es dann? Und was ist mit den Beweisen, dass unser Planet viele Millionen Jahre alt sein soll?

Manche Christen behaupten, Gott habe die Welt bereits von Anfang an „reif" erschaffen – wie Adam, der bei seiner Menschwerdung schon erwachsen war. Ob dies wahr ist oder nicht, sei dahingestellt. Der Fossilbericht zeigt jedenfalls etwas, was wir als „Kambrische Explosion" bezeichnen: einen Moment vor zirka 540 Millionen Jahren, als alle möglichen Formen komplexen Pflanzen- und Tierlebens plötzlich aus dem Nichts erschienen. Die Evolutionisten haben ab diesem Punkt eine Reihenfolge für das Erscheinen der Lebensformen auf der Erde festgelegt, die genau dem Schöpfungsbericht im Buch Genesis entspricht. Allerdings widerspricht ein derart plötzliches explosionsartiges Auftreten höherer Lebensformen der Evolutionstheorie, die nur einen extrem langsamen Prozess gradueller Veränderungen kennt. Daher beunruhigen mich derartige Behauptungen nicht besonders. Für mich ist der Schöpfungsbericht im Buch Genesis absolut korrekt; die Frage ist nur, wie wir seine Formulierungen interpretieren. Manche Menschen haben die Tendenz, sehr dogmatisch an einer engen, wörtlichen Interpretation von sechs 24-Stunden-Tagen der Schöpfung vor 6000 Jahren festzuhalten. Andere Bibelforscher haben mehrere „Lücken" in den Kapiteln 1 und 2 des Buches Genesis identifiziert, die möglicherweise auf das Vergehen eines viel längeren Zeitraums hinweisen. Diese Diskussion zwischen Kreationisten der „jungen Erde" und der „alten Erde" hat dazu geführt, dass sogar Christen untereinander zerstritten sind.

Ich neige dazu, mich den Kreationisten anzuschließen, die mehrere „Lücken" im Schöpfungsbericht gefunden haben. Sie können eine Erklärung für die ausgedehnten Zeitspannen liefern. So wissen wir beispielsweise nicht, wie lange der Himmel und die Erde in Genesis 1,1–3 bereits bestanden hatten, als Gott sprach: *„Es werde Licht."* Zudem gab es bis zum vierten Tag der Schöpfungswoche weder Sonne noch Mond (siehe Genesis 1,14 –19), daher stellt sich die Fage, wie man das Vergehen eines Tages von 24 Stunden bis dahin hätte messen können? Eine dritte wesentliche Lücke erscheint im zweiten Kapitel von Genesis, zwischen den Versen 3 und 4. Zuvor gab es zwei Haupttätigkeiten, die während der sechs Schöpfungstage stattfanden: Gott sprach Dinge aus dem Nichts in Existenz (beschrieben durch das hebräische Verb *bara*) und er gab ihnen eine Ordnung. Dann, am siebten Tag, ruhte er. Doch ab Genesis 2,4 geschieht etwas Neues. In Kapitel 1 wurde der Mann in Existenz gesprochen, drei Tage, nachdem die Pflanzen auf der Erde erschienen waren, doch in Kapitel 2 wird er aus der Erde „geformt", bevor es irgendwelche Pflanzen gab. (Siehe Genesis 2,5–7.) Das hebräische Wort, das hier verwendet wird, lautet *yatsar*, was bedeutet, eine Sache aus etwas bereits Bestehenden zu machen.[20]

Ich kann nicht alle Fragen zum Alter der Erde beantworten – und ob es vergangene Zeitalter gab, die möglicherweise durch weltweite Katastrophen wie die Sintflut zerstört worden sind. Doch meiner Ansicht nach müssen wir auch nicht alle Antworten parat haben. Ich beziehe mich auf die Worte des Mose, der eine besondere Offenbarung über die Schöpfung und die Flut empfing und dennoch sagte: *„Was verborgen ist, ist des HERRN, unseres Gottes; was aber offenbart ist, das gilt uns"* (5. Mose 29,29 L). Das bedeutet, Gott hat uns alle Informationen gegeben, die wir benötigen, um ein Leben zu führen, das ihm gefällt. Wir sollten die Offenbarung schätzen, die wir haben, und ihr vertrauen! Denn schließlich stellt sich die Bibel immer wieder aufs Neue als wahr heraus.

Schlussendlich wissen wir Folgendes: Wir alle stammen von Adam und Eva ab. Alles, was vor ihnen geschehen sein mag, ist tot und vorbei. Wir sind allein für das verantwortlich, was in unserer heutigen Zeit passiert. Und selbst wenn wir nicht alle Informationen erhalten, so versorgt uns die Bibel dennoch mit Antworten zum Leben und zum Universum, die uns die Evolutionsheorie Darwins niemals geben könnte. Die Evolution raubt dem Leben nur den Sinn und Zweck. Und sie kann uns niemals wirklich erklären, wie das Universum entstanden ist.

In einer Kolumne des „Wall Street Journal" hat der christliche Autor Eric Metaxas kürzlich die erstaunlichen Fakten über den wunderbaren Ursprung des Universums und die Einzigartigkeit unseres Planeten Erde dargelegt, die mittlerweile von Astrophysikern akzeptiert werden.[21] Wissenschaftler haben heute mehr als 200 notwendige Anforderungen identifiziert, damit ein Planet Leben hervorbringen und erhalten kann – und die Tatsache, dass die Erde über sie alle verfügt, ist schlicht unerklärlich. Doch die Feinabstimmung, die notwendig ist, damit auf einem Planeten wie dem unseren Leben existieren kann, ist noch gar nichts im Vergleich zu dem Feintuning, das zur Existenz des Universums benötigt wird. So wissen wir beispielsweise, dass die Werte der vier grundlegenden Naturkräfte – der Schwerkraft, der elektromagnetischen Kraft sowie der „starken" und „schwachen" Kernkraft – in weniger als einer Millionstel Sekunde nach dem „Big Bang" festgelegt wurden. Würde man nur einen dieser Werte verändern, könnte das Universum nicht bestehen. Diese Realität ließ den theoretischen Physiker Paul Davies schlussfolgern: „Der Anschein eines Designs ist überwältigend", während Oxford-Professor Dr. John Lennox erklärte: „Je besser wir unser Universum kennenlernen, desto mehr gewinnt die Hypothese, dass es einen Schöpfer gibt … an Glaubwürdigkeit …" Selbst Astronom Fred Hoyle, der den Begriff „Big Bang" prägte, hat zugegeben: Die Annahme, dass das Leben auf der Erde auf natürlichen, zufälligen Umständen beruht, ist mit dem Glauben vergleichbar, dass ein Tornado, der durch einen Schrottplatz fegt, eine Boeing 747 zusammensetzen könnte.[22]

Die Gottesfrage

Dies bringt uns zur wichtigsten Frage: Wie können wir ganz sicher sein, dass es einen Gott gibt? Einige der brillantesten Wissenschaftler dieser Welt, wie beispielsweise Albert Einstein, haben die größten Wunder des Universums entschlüsselt und sich dennoch ihren Glauben an ein höheres Wesen bewahrt. Andere haben es sich zur Lebensaufgabe gemacht, zu beweisen, dass Gott nicht existiert. Diese Bemühungen entspringen einem übertriebenen Vertrauen in den menschlichen Intellekt und unsere sinnlichen Wahrnehmungen, die beide fehlerhaft und endlich sind.

Zusätzlich zu diesem fehlgeleiteten Stolz auf die Wissenschaft werden viele einfach vom Darwinismus angezogen, weil sie sich von Gott befreien wollen. Sie weigern sich, ihm Rechenschaft abzulegen, eine Rebellion, die so alt ist wie die Menschheit selbst. Doch in der heutigen Zeit tritt sie in einem wissenschaftlichen Gewand auf. Und obwohl Darwins Annahmen sich als unwahr erweisen, werden diese Menschen es niemals zugeben, weil es bedeuten würde, dass sie sich wieder Gottes moralischer Autorität unterstellen müssten. Dies wollen sie jedoch nicht tun. Doch irren wir uns nicht, *„Gott holt wieder hervor, was vergangen ist“* (Prediger 3,15 L). Ganz sicher werden wir eines Tages für unser Leben Rechenschaft ablegen müssen. (Siehe Matthäus 12,36; Römer 14,12; Hebräer 4,13.)

Es mag grob erscheinen, doch die Bibel bezeichnet einen Atheisten als „Narren“. Der Psalmist schreibt: „Der Narr spricht in seinem Herzen: ‚Es gibt keinen Gott!‘“ (Psalm 14,1 S). Das bedeutet, um Gottes Existenz zu leugnen, muss man tatsächlich sein eigenes Herz zu dieser Einsicht überreden. Atheismus entsteht nicht auf natürlichem Wege, weil jedem ein *„Maß des Glaubens“* zugeteilt worden ist. (Siehe Römer 12,3.) Wir sind von Beweisen der Existenz Gottes in der Natur umgeben. (Siehe Psalm 19,1–2; Römer 1,20.) Folgender einfacher Beweis macht es deutlich: Die Sonne ist riesig, ihr Durchmesser ist 109-mal so groß wie der Durchmesser der Erde und sie befindet sich zirka 150 Millionen Kilometer von uns entfernt. Der Durchmesser des Mondes hingegen ist nur ein Viertel so lang wie der unseres Planeten, und er befindet sich in zirka 384 500 Kilometer Entfernung. Doch für das bloße Auge eines Menschen, der auf der Erdoberfläche steht, wirken Sonne und Mond genau gleich groß. Diese Tatsache zeigt sich jedes Mal, wenn es zu einer Eklipse kommt, weil die Umrisse dann perfekt aufeinanderpassen. Die Wahrscheinlichkeit, dass dies rein zufällig passiert, ist von astronomischer Winzigkeit. Nur ein unglaublich intelligenter Designer hätte die Geometrie berechnen können, um zu einem derartigen Ergebnis zu gelangen – ganz zu schweigen davon, eine solche Eklipse überhaupt entstehen zu lassen. Diese Tatsache zeigt uns auch, welche zentrale Rolle der Mensch in der Schöpfung spielt – Gott hat diese Zeichen perfekt am Himmel angeordnet, damit wir sie genießen können. Er liebt uns und ist jedem von uns so nahe, damit wir ihn suchen und finden, und sei es nur zufällig (siehe Apostelgeschichte 17,27.) Irren wir uns nicht: Gott möchte gefunden werden.

Was den Glauben an Gott betrifft, enthält die Bibel tatsächlich ein großes Paradox. Einerseits signalisiert sie die absolute Gewissheit, dass Gott existiert. Andererseits gibt sie auch unumwunden zu, dass Gott sich vor der Menschheit „versteckt". (Siehe Hiob 34,29; 2. Mose 33,20; 1. Timotheus 6,16; Hebräer 12,14.) Doch warum versteckt sich Gott vor uns? Die Antwort beginnt sich bereits im Garten Eden zu entfalten. Wegen des Ungehorsams des Menschen brach Gott den alltäglichen Kontakt mit der Menschheit ab. Dabei handelte es sich eigentlich um einen Akt seiner Gnade. Denn wäre er permanent bei uns, würde sein heiliger Charakter ständig durch unsere Sündhaftigkeit herausgefordert. Es ist gleichzeitig immer noch möglich, ihn im Glauben zu erkennen, und er hat sich seither vielfach gezeigt und uns besucht – am eindrücklichsten in der Gestalt Jesu, als zugänglicher Mensch. Doch die Bibel bestätigt ohne Weiteres, dass Gott zur Menschheit auf Distanz ging, damit wir nicht umkommen.

Die Bibel verspricht uns auch, dass er eines Tages aus seinem Versteck hervorkommen wird. Die Welt hat dies bereits in der Person Jesu erlebt, der als „der Abglanz seiner Herrlichkeit und das Ebenbild seines Wesens" (Hebräer 1,3 L) beschrieben wird. Es wird jedoch noch eine vollkommenere Offenbarung geben. Der Prophet Jesaja sagt eine Zeit voraus, in der er „die Hülle verschlingen [wird], die das Gesicht aller Völker verhüllt, und die Decke, die über alle Nationen gedeckt ist" (Jesaja 25,7 E). Das Resultat wird Folgendes sein: „Das Land wird voll von Erkenntnis des HERRN sein, wie von Wasser, das das Meer bedeckt" (Jesaja 11,9 E). Tatsächlich verspricht uns die Bibel, dass ein Tag kommen wird, an dem „das Geheimnis Gottes vollendet sein“ wird (Offenbarung 10,7 E).

Für die Erlösten wird dieser Tag herrlich sein, an dem Gott sich ihnen endlich offenbart. *„Die reinen Herzens sind ..., werden Gott schauen“* (Matthäus 5,8 L). Die Gerechten *„werden ihn sehen, wie er ist“* (1. Johannes 3,2 L)! Doch für die Reuelosen bedeutet dieser Tag nur Furcht und Schrecken.

FAZIT

„Die Wissenschaft kennt viele Propheten, doch es gibt nicht einmal die Verheißung eines Messias."
Thomas H. Huxley[1]

„Der Herr weiß die Frommen aus der Versuchung zu erretten, die Ungerechten aber aufzubewahren für den Tag des Gerichts, um sie zu strafen."
Apostel Petrus (2. Petrus 2,9 L)

Viele Menschen haben schon auf die Sintflut als eine treffende Analogie für unsere Zeit verwiesen – zu Recht. Dieses Thema kommt in der Bibel häufig vor und keine geringere Autorität als Jesus hat es als ein Muster für das Ende unserer Zeit bestätigt. Ich habe versucht, in einer gründlichen und systematischen Art und Weise darzustellen, wie sehr dieses Modell auf unsere heutige Zeit passt. Ich glaube, dass „die Tage Noahs" ein umfassendes Paradigma der zeitgenössischen Welt sind, mit ernsthaften Konsequenzen für uns alle. Was sind nun die Kernpunkte dieses Buches, die der Leser mitnehmen kann?

Erstens, es gibt eine Fülle an Beweisen, dass die Sintflut ein reales Ereignis mit weltweiten Auswirkungen war. Es hat zu viele Sichtungen eines antiken Holzschiffes im Gletschereis hoch oben auf dem Berg Ararat gegeben, als dass man sie ignorieren könnte. Geschichten über eine katastrophale Flut sind in vielen Kulturen auf der ganzen Erde verbreitet. Dabei liefert uns das Buch Genesis den detailliertesten und genausten Bericht über dieses große Unglück der Menschheitsgeschichte. Auch die Geologie bezeugt, dass eine massive Überschwemmung einst den gesamten Planeten getroffen hat. Schließlich bestätigen

Sprachstudien und Untersuchungen genetischer Sequenzen aus der jüngeren Vergangenheit den biblischen Flutbericht.

Zweitens, die Bibel beschreibt die Sintflut als ein paradoxes Ereignis, als einen Akt strenger Korrektur und gleichzeitig überreichlicher Gnade. Es war ein notwendiges göttliches Eingreifen, um den moralischen Verfall und die Rebellion der Menschheit gegen unseren Schöpfer aufzuhalten, die durch Götzendienst, ungezügelte Gewalt und sexuelle Unmoral befeuert wurden. Durch diese Verhaltensweisen öffneten die Menschen dem Einfall ungehorsamer Engel Tür und Tor. Diejenigen, die in der Flut ertranken, waren blind für ihren eigenen verdorbenen Lebensstil, sie blickten mit Optimismus in die Zukunft und befanden sich in völliger Unkenntnis dessen, was über sie kommen würde – trotz eindeutiger Warnungen vor dem kommenden Gericht. Allerdings schuf die Überschwemmung auch die Möglichkeit eines Neuanfangs für die Menschheit und alles Leben auf dieser Erde. Daher stellt das Neue Testament die Zeit vor der Sintflut durchgängig als eine Zeit der göttlichen Geduld und Langmut dar, die durch rechtzeitige Warnungen und Hoffnung für die Zukunft gekennzeichnet war.

Drittens, dieselbe Bibel, die zuverlässig über die Sintflut berichtet, warnt uns auch vor einem ähnlichen göttlichen Strafgericht an der Menschheit am Ende unserer Zeit, das diesmal jedoch durch Feuer statt durch Wasser kommen wird. Die hebräischen Propheten gebrauchten wiederholt Anspielungen auf die Sintflut, wenn sie über diese bedrohliche künftige Zeit sprachen. Ihre häufig bemühte Flut-Typologie, zusammen mit dem Apokryphen-Buch Henoch, beeinflussten Jesus sowie die Apostel Petrus, Johannes, Paulus und Judas dermaßen, dass auch sie vor einem verheerenden Strafgericht in der Endzeit warnten, genau „wie zur Zeit Noahs“. Die wiederholte Verwendung des Ausdrucks „Zeit Noahs“ bezieht sich ausnahmslos auf die göttliche Wartezeit zwischen Gottes Entscheidung, die Welt zu richten, und dem tatsächlichen Vollzug dieses Urteils.

Viertens, es gibt beunruhigende Zeichen, die meiner Ansicht nach darauf hindeuten, dass wir uns bereits in dieser göttlichen „Wartezeit“ befinden, was an der wachsenden Rebellion der Menschheit gegen Gott zu erkennen ist. Der Hauptantrieb für diesen modernen Widerstand war die Annahme der Evolutionstheorie Darwins durch die breite Masse; diese Theorie leugnet den göttlichen Ursprung des Universums und der Menschheit. Dadurch wurde die Hauptbedingung des noachidischen Bundes verletzt, nämlich jeden Menschen zu respektieren, weil er als Ebenbild Gottes geschaffen wurde. Diese Kapitulation vor dem Darwinismus hat sehr schädliche Früchte getragen, dazu gehören der Holocaust, die sexuelle Revolution und vieles mehr. Wir erkennen sie daran, dass Abtreibungen mittlerweile weltweit zu den häufigsten medizinischen Eingriffen gehören, während der sexuelle Kindesmissbrauch zu den Verbrechen zählt, die auf unserem Planeten am weitesten verbreitet sind. Die wachsende Akzeptanz unbiblischer sexueller Praktiken ist ein weiteres Zeichen dafür, dass Gott die Menschheit ihren eigenen schädlichen Leidenschaften überlässt. Diese zerstörerischen Konsequenzen sind auf die Tatsache zurückzuführen, dass ein Großteil der Menschheit die Evolutionstheorie als Vorwand benutzt hat, um sich von Gott abzuwenden. Viele Menschen glauben nicht mehr, dass sie unserem Schöpfer irgendwie rechenschaftspflichtig wären. Stattdessen errichten sie ihr eigenes Wertesystem, in dem das bisher Richtige als falsch und das Falsche als richtig gilt – und sogar noch gefeiert wird. Es ist gefährlich, sich Gott derart überlegen zu fühlen. Und obwohl die Evolution Darwins als wissenschaftliche Theorie mittlerweile diskreditiert worden ist, wird sich eine derart „befreite" Menschheit wohl kaum wieder der moralischen Autorität Gottes unterordnen. Tut sie dies nicht, ist ihr Verfall nicht mehr rückgängig zu machen – und Umkehr nicht mehr möglich.

Fünftens, dieser traurige Zustand lässt Gott kaum eine andere Möglichkeit, als auf eine Reaktion zurückzugreifen, die in seinem gerechten Charakter verwurzelt ist, wie wir an der Sintflut erkennen können. Wann immer die Menschheit nicht mehr zur Umkehr bereit ist, erfordert es die Gerechtigkeit Gottes, sie auf eine bestimmte Art und Weise zur Rechenschaft zu ziehen: dadurch, dass er ihre Sünde reif werden lässt zu seinem gerechten Gericht. Beharren Menschen auf ihren Sünden, sehen sie als ethisch richtig an und genießen sie sogar noch, dann bemüht sich sein Geist irgendwann nicht mehr um ihr Gewissen. Dann erlaubt Gott, dass die Rebellion in ihren Herzen ihren Lauf nimmt. Er übergibt sie ihren Lüsten und Wünschen, während er seinen Zorn gegen sie ansammelt. Wenn er dann erscheint, um sie zu bestrafen, haben sie keine Entschuldigung und bekommen immer das, was sie verdienen. Allerdings erinnnert uns die Flutgeschichte an Folgendes: Selbst in diesen Zeiten, in denen Gott sich zurückzieht, bevor er korrigierend und richtend eingreift, lässt er Geduld walten

– er wartet darauf, dass Menschen doch noch zu ihm umkehren. Desgleichen gibt er immer rechtzeitige Warnungen ab, er bewahrt immer einen gerechten Überrest und denkt immer an seine Gnade – und er schenkt immer einen Neuanfang. Dies ist die bleibende Lektion, die wir aus der Sintflut ziehen können, und sie wird heute dringend benötigt!

Sechstens, es gibt eine außergewöhnliche Übereinstimmung zwischen dem moralischen Verfall, der durch die Akzeptanz von Darwins Evolutionstheorie ausgelöst wurde, und zwei parallelen historischen Entwicklungen, die ungefähr zu Beginn des zwanzigsten Jahrhunderts einsetzten. Eines dieser Phänomene ist die Aussonderung eines gerechten Überrests auf dieser Erde, die sich im explosionsartigen Wachstum der weltweiten evangelikalen Bewegung zeigt, insbesondere seit der Entfachung der pfingstlichen Erweckung 1906. Die andere parallele Entwicklung ist die Wiederherstellung Israels in der Moderne, die mit der Gründung der zionistischen Bewegung 1897 eingesetzt hat. Sie dient als unverkennbarstes Zeichen dafür, dass unsere Zeit ihrem Ende entgegengeht, genauso wie der Bau der Arche durch Noah signalisierte, dass die Tage der vorsintflutlichen Welt gezählt waren. Zusammengenommen bilden diese drei Trends die Hauptgrundlagen für die korrekte Anwendung der Flutanalogie auf unsere heutige Zeit.

Siebtens, die Menschheitsgeschichte befindet sich zweifellos am Scheideweg. Der medizinische und technologische Fortschritt zeigt sich äußerst vielversprechend, was die Verbesserung und Leistungssteigerung der menschlichen Art betrifft. Allerdings könnte er sich auch als äußerst gefährlich erweisen. Manche behaupten sogar, dass die Menschen die Kontrolle über den Evolutionsprozess gewinnen und die Menschheit in eine höchst überlegene und sogar unsterbliche Art transformieren könnten. Allerdings gibt es genauso gerechtfertigte Befürchtungen, dass diese revolutionären Erfindungen unsere eigene Auslöschung nach sich ziehen könnten. Dieses Paradox wird prägnant auf einer Tafel zusammengefasst, die ich in einer besonderen Ausstellung im Mai 2013 im *Israel Museum* in Jerusalem gesehen habe. Die Ausstellung trug den Titel „Eine kurze Geschichte der Menschheit". Die Tafel war überschrieben mit den Worten „Die Zukunft" und ihr Text lautete:

Genau jetzt sind Erfinder verschiedener Disziplinen, wie beispielsweise Naturwissenschaftler, Computerspezialisten und Unternehmer, damit beschäftigt, unsere Zukunft zu entwickeln. Dabei bedienen sie sich innovativer Mittel wie Nano- und Biotechnologie, Klonung, synthetischer Biologie, künstlicher Intelligenz und virtueller Realität … Gentechnik und Technologie machen in einem atemberaubenden Tempo Fortschritte – doch handelt es sich dabei um ein zweischneidiges Schwert? Wird das Streben nach ewigem Leben und einem verbesserten Gedächtnis die Evolution der menschlichen Art beeinflussen? Kann das Vermögen, Tiere und Pflanzen zu klonen, physiologische Veränderungen in unserem Körper herbeizuführen und ausgestorbene Arten wiederzubeleben, eine bessere Welt herbeiführen? Wenn wir in der Lage sein werden, eine intelligentere Art zu schaffen, wird die Gesellschaft die Grenzen bestimmen müssen. Wird unsere eigene kreative Kraft, wie der legendäre Golem, der Menschheit Verderben oder Erlösung bringen?

Ich glaube, dass die Zukunft traurigerweise den Menschen Verderben bringen wird, die die Erlösung ablehnen, die uns in Jesus Christus angeboten wird. Jegliche menschlichen Versuche, Unsterblichkeit durch Selbstvergötterung zu erreichen, sind zum Scheitern verurteilt. Dies bringt uns zurück zur Einleitung dieses Buches, in der ich *„Noah, Darwin und KI“* als eine „Geschichte zweier Schiffe“ beschrieben habe. Ich fordere jeden Leser heraus, eine Entscheidung zu treffen, auf welchem Boot er sich fortbewegen möchte – auf der Arche Noah oder der „HMS Beagle“? Auf welchem Schiff befinden Sie sich jetzt?

Wer mit Charles Darwin auf der „HMS Beagle“ unterwegs ist, hat grundsätzlich dessen Evolutionstheorie akzeptiert und glaubt nicht mehr an einen Gott, der diese Welt geschaffen hat und sich um sie kümmert. Stattdessen glauben Sie an die Wissenschaft und ihre Fähigkeit, alle menschlichen Probleme zu lösen. Sie machen sich wahrscheinlich auch große Sorgen darum, wie wir die Umwelt behandeln. Mir liegt die Natur ebenfalls am Herzen. Ich hatte schon immer eine große Affinität zum Meer, da ich an der Küste aufgewachsen bin und es liebe zu angeln und zu surfen. Ich bin ebenfalls der Meinung, dass wir uns besser um unsere Welt kümmern müssen. Doch wenn wir die Schöpfung mehr verehren als den Schöpfer, sind wir dem Götzendienst verfallen. Die Ironie dieser Wahrheit besteht darin, dass wir unseren Planeten zu Gericht und Zerstörung verdammen, wenn wir die Natur höher schätzen als Gott. Täuschen Sie sich nicht: Die Wissenschaft und der menschliche Intellekt werden Sie nicht vor dem Gericht Gottes retten können, das über diese Erde kommen wird!

Die Bibel macht sehr deutlich, dass die Natur und die Menschheit untrennbar miteinander verbunden sind und dass die Natur aufgrund der Sünden der Menschheit leidet. (Siehe Römer 5,12; 8,18–22.) Daher glaube ich, dass an der Bedrohung durch die globale Erwärmung etwas dran ist. Allerdings sehen die tatsächlichen Gefahren des Klimawandels und ihre zugrunde liegenden Ursachen anders aus, als viele Menschen sie verstehen. Die Umweltverschmutzung ist ein ernst zu nehmendes Problem, doch das größere Problem ist die moralische Verschmutzung der Menschheit. Sie sollte uns viel mehr beunruhigen! Und die Folgen der menschlichen Rebellion werden viel schlimmer sein als steigende Meeresspiegel und Löcher in der Ozonschicht. Wie Paulus schon vor langer Zeit erklärt hat, wird diese gegenwärtige Epoche zum Ende kommen, während die Schöpfung seufzend in den Wehen liegt und sich danach sehnt, dass sie erlöst wird und die gerechten Kinder Gottes offenbar werden. Ich glaube, dass die Natur bereits den Anstieg der Sünde in ihrer Umgebung spürt und daher ein wenig verrückt spielt. Irgendwann werden diese Geburtswehen zu katastrophalen Ereignissen führen, durch die die Erde zittern, herumtorkeln und sogar bersten wird. Die Quellen der Tiefe werden noch einmal aufbrechen, genau wie die *„Schleusen"* des Himmels, um ihr feuriges Strafgericht über die Menschheit auszugießen. Die Offenbarung warnt davor, dass alle Pflanzen und alle Fische im Meer sterben werden. Riesige Menschenmassen werden ebenfalls ums Leben kommen. Dies alles wird geschehen, weil sich die Menschheit von Gott abgewendet hat und ihren eigenen Weg gehen wollte. So sieht das tragische Schicksal derjenigen aus, die beschließen, weiterhin an Bord der „HMS Beagle" zu bleiben.

Andererseits wartet eine verheißungsvolle Zukunft auf diejenigen, die auf der Arche Noah Zuflucht suchen. Denn diese Wehen der Natur sind nur die Geburtsschmerzen des messianischen Zeitalters, in dem alle Dinge unter der wunderbaren Königsherrschaft des Messias neu gemacht werden. Wer sein Vertrauen auf Jesus gesetzt hat, wird einen neuen Körper bekommen, der unzerstörbar und ewig sein wird. Es wird keinen Krieg mehr geben. Sogar die

Natur wird erneuert und von Sünde und Tod befreit, die einst durch den Fall Adams in die Welt kamen. Die Tiere werden wieder friedlich zusammenleben. Diese wunderbare neue Welt ist die Bestimmung der Menschen, die auf der Arche Noah Zuflucht suchen.

Manche mögen sich nicht sicher sein, auf welchem Boot sie sich befinden. Doch der Prozess des Aussiebens wird schließlich jeden dazu zwingen, sich für das eine oder andere Schiff zu entscheiden. Wir leben in einer Zeit, in der Gott sicherstellt, dass es in dieser Frage keine Grauzonen gibt. Erneut trennt er das Licht von der Dunkelheit und die Gerechten von den Ungerechten; dieser Prozess erleichtert es ihm, die Menschheit zu richten, denn „der Herr weiß die Frommen aus der Versuchung zu erretten, die Ungerechten aber aufzubewahren für den Tag des Gerichts, um sie zu strafen" (2. Petrus 2,9 L).

Heute verläuft meiner Meinung nach die Trennlinie zwischen der Treue zu Gott und dem Eingehen aller möglichen moralischen Kompromisse, wie beispielsweise in Fragen von Abtreibung und Homoehe. Wir werden als religiöse Extremisten verhöhnt, wenn wir glauben, dass Jesus immer noch der einzige Weg zu Gott ist. Bald könnten wir schon vor die Wahl gestellt werden: Jesus oder größere menschliche Leistungsfähigkeit? Schlussendlich werden wir gezwungen werden, uns zu entscheiden: zwischen Jesus und dem Zeichen des falschen Messias, um kaufen und verkaufen zu können. (Siehe Offenbarung 3,16–17.)

Wir müssen verstehen, wie krass diese kommende Wahl sein wird. In der Flutgeschichte erlaubte der Umstand, dass die Menschheit dem Götzendienst verfiel, den Einfall einer Meute ungehorsamer Engel auf die Erde. Sie beschleunigten die Rebellion der Menschen nur noch mehr. Dies geschah insbesondere dadurch, dass sie Geschlechtsverkehr mit Frauen hatten und die *Nephilim* hervorbrachten, die Riesen der Vorzeit. Doch dieses Mal, so warnt uns die Bibel, wird Satan selbst und bestimmten anderen dämonischen Kräften Tür und Tor geöffnet, um auf diese Erde zu kommen und die Menschheit zu täuschen. Die Offenbarung erklärt, dass Satan eines Tages vom Himmel auf die Erde geworfen wird und dass er bei seinem Kommen sehr zornig sein wird, weil er „weiß, dass er wenig Zeit hat" (Offenbarung 12,12 L). Sein Hauptziel wird sein, das Volk zu töten, das den Messias hervorgebracht hat (Israel). Da ihm dies nicht gelingen wird, ist er bestrebt, diejenigen zu bekriegen, die das Zeugnis Jesu haben. Unterdessen warnt Offenbarung 11,7 vor einem großen „Tier, das aus dem Abgrund aufsteigt“. Zwei „Tiere“ werden auch in Offenbarung 13 erwähnt – eines steigt aus dem Meer (siehe Vers 1), während das zweite Tier „aus der Erde“ aufsteigt (Vers 11). Das erste Tier wird verlangen, dass die gesamte Menschheit es anbetet. Paulus warnt vor genau diesem Tag der schweren Täuschung in 2. Thessalonicher 2,3–4. Dann wird ein falscher Messias sich im Tempel niederlassen und verlangen, als Gott angebetet zu werden. Allerdings warnt Paulus uns auch, dass Gott selbst diese „starke Täuschung“ erlauben wird, um die Menschheit zu testen – so kann er leichter eine Unterscheidung treffen zwischen den Menschen, die die Wahrheit lieben, und denen, die sich an der Ungerechtigkeit erfreuen (siehe 2. Thessalonicher 2,9–12).

Es ist hochinteressant, dass dieser dämonische Einfall, der die Menschheit prüfen soll, genau durch dieselben Schleusen kommen wird, die einst die Wasser des Gerichts während der Sintflut hereinließen. Satan fällt aus dem Himmel herab, während dämonische Tiere aus dem Abgrund tief unten in der Erde heraufsteigen. An diesem tiefsten Ort des *Scheols*, oder Hades, wurden einst die rebellischen Engel zur Zeit der Sintflut in der Finsternis angekettet bis zum Tag des Gerichts. Gleichwohl besteht die letztendliche Bestimmung Satans und seiner bösartigen Helfer ebenfalls darin, in dieser bodenlosen Grube angekettet zu werden – bis zu dem Tag, an dem sie in den Feuersee geworfen werden. (Siehe Offenbarung 20,1–10.)

Eine kurze Anmerkung zu diesem Feuersee: Manche behaupten, er würde nicht existieren. Oder sie stellen infrage, wie ein Gott der Liebe einen derartigen Ort erschaffen könnte. Allerdings schauen wir jeden Tag unseres Lebens einen Feuersee am Himmel an, der Sonne heißt. Hinzu kommt noch, dass die Erdoberfläche auf einem See flüssiger Lava schwimmt. Es braucht nicht viel Vorstellungskraft, um zu glauben, dass es einen derartigen Ort ewiger Bestrafung gibt. Jesus erklärte, er sei für den Teufel und seine Engel vorbereitet worden, doch er warnte auch, dass Menschen dort enden könnten, wenn sie ebenfalls gegen ihren Schöpfer rebellierten. (Siehe Matthäus 25,41; siehe auch Matthäus 5,22; 7,19; 13,40–43.47–50, 18,8–9; Markus 9,43–48; Johannes 15,6.)

Aus diesem Grund müssen Sie, liebe Leser, unbedingt sicherstellen, dass Sie sich auf der Arche Noah befinden. Der erste Schritt, um ein Passagier dieses Bootes zu werden, besteht darin, Jesus und sein Erlösungswerk am Kreuz anzunehmen. Diese Entscheidung stellt sicher, dass Ihre Erlösung „versiegelt“ ist, genau wie die Arche von innen und außen mit Pech versiegelt wurde. Zum gerechten Überrest unserer Tage zu gehören bedeutet auch, dass wir Noahs Leben und seinen Charakter vor der Sintflut genau betrachten sollten. Machen wir uns seine Botschaft und seine Taten zu eigen. Dies erfordert folgende praktische Schritte:

1. Wir sollten Gott gegenüber demütig und gehorsam sein. Im Buch Genesis wird Noah als „gerechter Mann“ (Genesis 6,9 E) bezeichnet. Zudem wird er zweimal für seinen Gehorsam gelobt; erstens, weil er die Arche baute, und zweitens, weil er sich um alle Tiere kümmerte. Darüber hinaus war Noah Gott dankbar; er drückte diese Dankbarkeit dadurch aus, dass er ein Opfer brachte, als er die Arche verließ. Auch im Neuen Testament wird Noah für seinen Glauben, seinen Gehorsam und seine Gottesfurcht gelobt. Mögen wir seinem Beispiel in unserem eigenen Leben folgen, während der Tag des Gerichts näherkommt.

2. Wir müssen unsere eigenen Herzen prüfen und jede Rebellion gegen Gott daraus entfernen, damit wir nicht in den moralischen Verfall der Menschheit hineingezogen werden. Vor der Sintflut bemühte sich der Geist Gottes nicht mehr um die Menschen, während Noah in den Augen des Herrn „Gunst“ fand. Folglich beteiligte er sich nicht an der Bösartigkeit und Verdorbenheit seiner Umwelt. Insbesondere verunreinigte er seine Abstammungslinie nicht durch Sex mit gefallenen Engeln. So qualifizierte er sich dafür, beim Neuanfang nach der Sintflut der Stammvater künftiger Generationen zu werden. Heute müssen wir uns von der Welt reinhalten und dürfen dem Geist der Orgien und der Gesetzlosigkeit, die uns umgeben, nicht nachgeben. Wir sollten auch dankbar sein, dass sich der Heilige Geist immer noch um unser Gewissen bemüht, gerade was sündhaftes Verhalten betrifft. Denn dies bedeutet, dass Gott uns noch nicht aufgegeben hat. Wenn wir Gott auf diese Art und Weise treu bleiben, werden wir ganz sicher Teil der neuen Welt Gottes werden.

3. Wir sollten uns aktiv daran beteiligen, Zion aufzubauen. Noah erhielt die Aufgabe, eine Arche zu bauen, die nicht nur als Rettungsschiff vor der kommenden Überschwemmung diente. Sie war vielmehr auch das unmissverständlichste Warnzeichen für seine Generation, dass Gottes Gericht bevorstand. Danken wir Gott für Noahs Gehorsam, diesen Auftrag auszuführen. Heute ob-

liegt es dem gerechten Überrest, Zion aufzubauen, was der Wiederherstellung Israels entspricht. Dieser Prozess des Wiederaufbaus hat zwei Phasen: die physische Rückkehr der Juden in ihr Land und ihre geistliche Rückkehr zu Gott. Die wiederhergestellte Nation Israel ist dazu bestimmt, ein sicherer Hafen für das jüdische Volk zu sein – und gleichzeitig auch als das größte Zeichen für unsere Generation zu dienen, dass das Ende der Zeit bevorsteht. Daher sollten wir nicht nur unsere Liebe zu Israel bekennen, sondern auch aktiv etwas tun, was messbare Folgen hat – indem wir mithelfen, die Zukunft und die göttliche Bestimmung dieser Nation zu sichern.

4. Schließlich sollten wir in aller Treue anderen Menschen Gottes Güte und Liebe verkünden, und gleichzeitig auch seinen heiligen und gerechten Charakter nicht verschweigen. Der Apostel Petrus nannte Noah *„einen Prediger der Gerechtigkeit"* (2. Petrus 2,5 L). Dies bedeutet, dass Noah eine ausgewogene Botschaft über die Gnade und den Zorn Gottes verkündete, die beide in seinem gerechten Charakter zusammenfanden. Der Apostel Paulus hatte eine ähnliche Botschaft, als er in Römer 11,22 (L) schrieb: *„Sieh nun die Güte und die Strenge Gottes."* In unserer heutigen Zeit ist es unerlässlich, dass wir ein Evangelium der Hoffnung und der Liebe verkündigen und gleichzeitig auch vor den ernsten Konsequenzen warnen, welche die Rebellion der Menscheit gegen unseren Schöpfer nach sich zieht.

Dieser letzte Punkt ist von entscheidender Wichtigkeit! Heute gibt es viele verschiedene Wege, das Evangelium zu predigen, doch so wenige Christen sind wirklich „Prediger der Gerechtigkeit". Manche Christen verkünden einen Gott, der so liebevoll und gnädig ist, dass er als totaler Schwächling erscheint, den die Sünde nicht mehr stört. Doch selbst nach der Kreuzigung und Auferstehung Jesu warnten die Autoren des Neuen Testaments wiederholt vor dem „kommenden Zorn". Die Offenbarung sagt sogar eine Zeit voraus, in der viele Menschen danach schreien werden, vor dem *„Zorn des Lammes"* verschont zu werden. (Siehe Offenbarung 6,15–17.) Diese Ausführungen sind für Menschen bestimmt, die sich ausschließlich einen sanftmütigen Jesus vorstellen können.

Andererseits fallen viele Christen heute ins andere Extrem und predigen nur noch einen Gott des Zorns. Sie haben sich so sehr mit dem göttlichen Gericht identifiziert, dass sie meinen, der Herr würde seinen Zorn wegen der wachsenden Unmoral der Menschheit bei nahezu jeder Naturkatastrophe quasi rationiert von sich geben, ein kleines bisschen hier, ein kleines bisschen dort. Doch das Flut-Paradigma ermahnt uns, diese Naturkatastrophen in einem anderen Licht zu betrachten – dass Gott eigentlich seinen Zorn für das Ende der Zeit aufspart, während die Natur gleichzeitig spürt, wie der Sündenpegel in ihrer Umgebung ansteigt und sie in Erwartung des Endes in Wehen liegt. Unter diesen Umständen müssen wir eine Botschaft der Barmherzigkeit verkünden, dass es nämlich tatsächlich Gnade und Vergebung bei Gott gibt – und dass er einen Weg vorbereitet hat, um dem kommenden Gericht zu entfliehen.

Unterdessen gibt es auch Christen, die ein „Wohlstandsevangelium" oder ein „soziales Evangelium" oder eine Botschaft des „Superglaubens" verkünden; letztere beinhaltet, dass das Reich Gottes jetzt schon vollständig da sei. Leider bereitet keine dieser Bewegungen die Nachfolger Jesu wirklich auf das vor, was kommen wird.

Meiner persönlichen Meinung nach sollten sich Christen heute bewusst werden, dass wir bereits in den „Tagen Noahs" leben – in der göttlichen Wartezeit zwischen Gottes Entscheidung, die Welt zu richten und seiner tatsächlichen Vollstreckung dieses Urteilsspruchs. Ich glaube, dass diese Übergangszeit dadurch gekennzeichnet ist, dass Gott die Menschen vollständig freisetzt, der Rebellion ihrer eigenen Herzen zu folgen, während er nach einem gerechten Überrest Ausschau hält, der Buße tut und ihm treu bleibt. Ich kann nicht mit Genauigkeit sagen, wie weit wir in dieser Zeitspanne der göttlichen Geduld schon fortgeschritten sind, und ich lege ganz sicher kein Datum für die Rückkehr Jesu fest. Allerdings glaube ich, dass wir seit der Wende zum zwanzigsten Jahrhundert in einer anderen Welt leben. Damals wurde die Evolutionstheorie Darwins erstmals von der breiten Masse akzeptiert, während die Wiederherstellung Israels Fahrt aufnahm und die evangelikale Erweckung ausbrach. Ich glaube, dass Gott seither seinen Zorn ansammelt und dass der Mensch nun eine letzte Grenze bei unserem Schöpfer überschreitet, indem er mit unserer menschlichen Natur herumpfuscht.

Wenn meine Annahmen richtig sind, bedeutet dies, dass Gottes Entscheidung, die Welt zu richten, feststeht. Es handelt sich dann um eine *res judicata* – ein rechtskräftiges Urteil, gegen das es keine Berufungsmöglichkeit mehr gibt. Wir mögen die Ausgießung seines Zorns durch Gebet und Buße vorübergehend hinausschieben können, doch wir können sie nicht verhindern. Das bedeutet, dass das göttliche Strafgericht kommen wird, gleichzeitig mit der Erlösung für die Menschen, die Gott fürchten und sich auf sein Wiederkommen freuen. (Siehe 1. Timotheus 4,8.)

Manche Christen fragen sich vielleicht immer noch, ob dieser Prozess unumkehrbar ist. Sie verweisen auf Bibelverse wie 2. Chronik 7,14, als eine immerwährende Aufforderung an Christen, für ihre Heimatländer Fürbitte zu tun und sie vor göttlicher Korrektur zu bewahren. Ihr Glaube und ihr Eintreten für Gerechtigkeit sind lobenswert! Allerdings glaube ich, dass sich die Sachlage verändert hat, wenn man sich bereits in der „Zeit Noahs" befindet. Als Gott schlussendlich entschied, das Nordreich Israel für seinen Götzendienst zu bestrafen, den er als *„ständigen Ungehorsam"* beschrieb, verkündete er durch den Propheten Hesekiel Folgendes: Selbst wenn Noah, Hiob und Daniel, drei der rechtschaffendsten Männer der Bibel, für das Land Fürbitte täten, würden sie nur sich selbst retten können. (Siehe Hesekiel 14,12–14.)

Dann kam das südliche Königreich Juda an die Reihe. Obwohl ihnen das warnende Beispiel ihrer Brüder im Norden deutlich vor Augen stand, verfiel auch Juda dem Götzendienst; und zwar dermaßen, dass Gott auch ihnen Gericht ankündigte. Als ihre Rebellion schlimmer wurde, rückte der Tag der Abrechnung immer näher. Dann trat König Hiskia auf, der Buße tat. Ihm wurden weitere 15 Jahre Lebens- und Regierungszeit geschenkt. (Siehe 2. Könige 20,1–6; 2. Chronik 32,24–26.) Als Nächster kam König Josia, der ebenfalls Buße tat und dem Herrn so treu nachfolgte, dass Gott ihm versprach, er werde zu seinen Lebzeiten die Katastrophe, die für Jerusalem vorherbestimmt war, nicht sehen. Doch zur selben Zeit hatte Gott beschlossen, dass sein Zorn auf Juda nicht „ausgelöscht" würde und dass es sich nur um eine Frage der Zeit handelte. (Siehe 2. Könige 22,16–20; 2. Chronik 34,23–28.) Diese gesamte Episode wird in 2. Chronik 36,15–16 (E) kurz und bündig folgendermaßen beschrieben:

> *Und der HERR, der Gott ihrer Väter, sandte zu ihnen durch seine Boten, früh sich aufmachend und sendend; denn er hatte Mitleid mit seinem Volk und seiner Wohnung. Aber sie verhöhnten die Boten Gottes und verachteten seine Worte und verspotteten seine Propheten, bis der Zorn des HERRN gegen sein Volk so stieg, dass es keine Heilung mehr gab.*

Hier zeigt sich ein klares biblisches Prinzip: Es gibt Zeiten, in denen Gott ein Volk oder eine Generation zum göttlichen Strafgericht bestimmt – und ab diesem Moment haben die Gerechten die Möglichkeit, die unvermeidliche Strafe vorübergehend hinauszuschieben, doch sie können sie nicht mehr aufheben. Ich glaube, dass wir bereits in einer derartigen Zeit leben. Doch dies bedeutet nicht, dass wir fatalistisch werden und unseren Platz und unsere von Gott bestimmte Rolle aufgeben sollten. Wir müssen weiterhin Licht und Salz sein und gegenüber den Mächtigen die Wahrheit aussprechen. Wir müssen weiterhin glauben, dass unsere eigenen Länder zu den „Schafen" und nicht zu den „Böcken" gehören werden. (Siehe Matthäus 25,32–33.) Doch es sollte uns nicht länger frustrieren, wenn die Mehrheit der Menschen um uns herum unumkehrbar in Sünde und Unmoral verfällt. Ich glaube, Gott könnte an diesem Prozess beteiligt sein, weil er tatsächlich entschlossen ist, der Rebellion durch göttliches Eingreifen ein Ende zu machen. Daher ist es mein abschließender Appell und mein Gebet, dass wir alle die Warnungen der Bibel beherzigen und unsere Beziehung zu Gott in Ordnung bringen!

DANKSAGUNGEN

Der Inhalt dieses Buches ist im Verlauf der vergangenen zwanzig Jahre in Jerusalem entstanden, wo ich nach wie vor lebe und arbeite. Viele biblische Erkenntnisse habe ich durch Offenbarung empfangen, daher kann ich sie nur dem Himmel zuschreiben (siehe 1. Korinther 4,7). Geschichte hat mich schon immer sehr interessiert, doch ich musste viel lernen, was die historischen Fakten betrifft, auf denen die moderne Wissenschaft beruht. Was die aktuellen Entwicklungen angeht, konnte ich in großem Maße von meiner Tätigkeit als Nachrichtenredakteur und Produzent/Moderator einer Radiosendung profitieren. Langsam, aber sicher kristallisierte sich eine umfassende These über unsere prophetische Zeit heraus. Ein abschließendes Jahr intensiver Forschungen komplettierte das Bild.

Ich bin zwei Personen zu besonderem Dank verpflichtet, die wichtige Beiträge zu diesem Buch geleistet haben. Erstens danke ich meinem Freund und Kollegen Rev. Malcolm Hedding, der meine Wertschätzung für die unerschöpflichen Reichtümer des Wortes Gottes vertieft hat. Er hat zudem meine Erkenntnis über den moralischen Verfall der Menschheit vor der göttlichen Berufung Abrahams erweitert. Zweitens kam es vor ungefähr 12 Jahren zu einer Begegnung mit einem liebenswürdigen holländischen Arzt namens Wim Crough, die sich für dieses Buch als sehr wichtig erweisen sollte. Er forderte mich eindringlich dazu auf, die Verbindungen zwischen der Evolutionstheorie Darwins und dem Holocaust der Nationalsozialisten noch eingehender zu studieren, und zwar anhand von Ernst Haeckel und Houston Stewart Chamberlain. Als ich schließlich die Zeit fand, sowohl Darwins Einfluss auf die moderne Welt als auch die vielen biblischen Hinweise auf ein weiteres flutähnliches Ereignis am Ende der Zeit umfassend zu untersuchen, schien alles andere einen Sinn zu ergeben.

Auch meinen Kollegen bei der Internationalen Christlichen Botschaft Jerusalem schulde ich Dank, insbesondere unserem Präsidenten, Dr. Jürgen Bühler, der mir die Zeit zugestand, die ich brauchte, um meine Forschungen und schließlich dieses Buch fertigzustellen. Ein weiteres Dankeschön geht sowohl an Hans Jongsma, der Auszüge aus Dr. Croughs Buch für mich übersetzte, als auch an Isabella Henkenjohann, eine studentische Hilfskraft an der Hebräischen Universität in Jerusalem, die mir bei meinen Nachforschungen geholfen hat.

Darüber hinaus hat Jerusalem selbst mich inspiriert und bereichert – ich hätte dieses Buch an keinem anderen Ort der Welt schreiben können. Ich habe sehr vom Austausch mit vielen Gelehrten und Autoren profitieren dürfen, die an den zahlreichen hervorragenden Institutionen dieser Stadt tätig sind, wie beispielsweise an der Hebräischen Universität, in Yad Vashem, am Shalem Center und am Jerusalem Center for Public Affairs. Ich schätze zudem die beruflichen Beziehungen sehr, die ich mit David Horovitz, Steve Linde und vielen anderen knüpfen durfte, als ich Mitherausgeber einer Zeitschrift war, die von der *Jerusalem Post* verantwortet wurde.

Auch meiner Familie zu Hause in North Carolina verdanke ich sehr viel. Sie hat mich immer sehr unterstützt und viele Opfer gebracht, damit ich meiner Berufung folgen konnte, wo immer sie mich hinführte.

Schließlich gilt mein größter Dank meiner Frau Josepha und meinem Sohn, Yonathan Amos. Ihre unerschöpfliche Liebe, Geduld, Ermutigung und praktische Unterstützung haben mich befähigt, dieses Buch tatsächlich fertigzustellen. Nur sie wissen, wie groß die Herausforderung für mich war, und nur ich weiß, wie unverzichtbar sie für das Endprodukt waren.

ENDNOTEN

Alle URL-Links, die in diesen Endnoten angeführt werden, waren am 10. August 2016 aktiv und gültig.

Einleitung: Die Geschichte zweier Schiffe

1. Charles Dickens, Eine Geschichte von zwei Städten, Kapitel 3, Gutenberg-Verlag, Hamburg, veröffentlicht auf https://gutenberg.spiegel.de/buch/eine-geschichte-von-zwei-stadten-7744/

2. Francis Fukuyama, "The End of History?" National Interest, Summer 1989, 2–3, https://www.embl.de/aboutus/science_society/discussion/discussion_2006/ref1-22june06.pdf.

3. Ebd. 23.

4. Francis Fukuyama, "Second Thoughts: The Last Man in a Bottle," National Interest 56 (Summer 1999), 16–33, https://www.embl.de/aboutus/science_society/discussion/discussion_2006/ref2-22june06.pdf.

5. Francis Fukuyama, Our Posthuman Future: Consequences of the Biotechnology Revolution(London: Profile Books, 2002).

6. John F. Kennedy, Inaugural Address (Washington, D.C., January 20, 1961), http://www.presidency.ucsb.edu/ws/index.php?pid=8032&.

Kapitel 1: Das Wesen Gottes

1. C.S. Lewis, Pardon, ich bin Christ, 43-44; Brunnen Verlag, Basel, 1997

2. Christlicher Zionismus ist eine moderne, weltweite Bewegung von Christen, die die Wiederherstellung der Nation Israel in ihrer alten Heimat unterstützt, und zwar aufgrund biblischer Prinzipien und Verheißungen.

3. Alle Gallup-Ergebnisse: siehe Jeff Jones and Lydia Saad, "Gallup Poll Social Series: Values and Beliefs: Final Topline," Gallup News Service (May 8–11, 2014), http://www.gallup.com/file/poll/170798/Moral_Acceptability_140530.pdf, and Rebecca Riffkin, "New Record Highs in Moral Acceptability," Gallup News (May 30, 2014), http://www.gallup.com/poll/170789/new-record-highs-moral-acceptability.aspx

Kapitel 2: Beweise für die Sintflut

1. Bob Cornuke, Vorwort in The Unsolved Mystery of Noah's Ark, von Mary Irwin (Bloomington, IN: WestBow Press, 2012), xi–xii.

2. Biografischer Eintrag für James Irwin auf der Website des Arlington National Cemetery, http://www.arlingtoncemetery.net/jbirwin.htm.

3. Henri Nissen, Noah's Ark: Ancient Accounts and New Discoveries, übers. (aus Dän.) Tracy Jay Skondin, et al. (Copenhagen: Scandinavia Publishing House, 2012), erwähnt in Kapitel 10, https://books.google.co.il/books?id=ygFrBgAAQ-BAJ&printsec=frontcover&source.

4. Steve Boggess, The Search for Noah's Ark (Mustang, OK: Tate Publishing and Enterprises, 2009), Einleitung, https://books.google.co.il/books?id=KTTPtlWrSdsC&printsec=frontcover&source; "Ed Davis, "Ararat Adventure and Ark Sighting," wie Robin Simmons erzählt, noahsarksearch.com, n.d., http://noahsarksearch.com/ed-davis.htm.

5. Siehe "Mount Ararat Photo Album," noahsarksearch.com, http://www.noahsarksearch.com/LeeElfred/LeeElfred.htm.

6. Siehe YouTubeVideos unter https://www.youtube.com/user/NoahsArkSearch; Alan Boyle, "Noah's Ark Found? Not so Fast," NBC News, April 27, 2010, http://www.nbcnews.com/science/noahs-ark-found-not-so-fast-6C10404024; Chanan Tigay "Ex-Colleague: Expedition Faked Noah's Ark Find," AOL News, April 29, 2010; Stefan Lovgren, "Noah's Ark Quest Dead in Water—Was It a Stunt?" National Geographic News, September 20, 2004, http://news.nationalgeographic.com/news/2004/09/0920_040920_noahs_ark.html

7. Andre Mitchell, "Experts to Present New evidence on Noah's Ark on Oct. 15 in Special Christian eEvent," Christianity Today, October 11, 2015, http://www.christiantoday.com/article/experts.to.present.new.evidence.on.noahs.ark.on.oct.15.in.special.christian.event/67195.htm.

8. "Does New Evidence Point to Noah's Ark?" Fox News report, October 16, 2015, http://video.foxnews.com/v/4561729115001/does-new-evidence-point-to-noahs-ark/?#sp=show-clips.

9. Siehe z. B. die Liste der Sichtungen unter http://www.home.earthlink.net/~arktracker/ark/Quotes.html#Dr.%20FriedrichParrot.

10. Edwin B. Greenwald, "Turk Reports 'Ship' Atop Mt. Ararat," Associated Press, November 13, 1948, http://www.noahsarksearch.com/reshit.htm.

11. Hillary Mayell, "Noah's Ark Found? Turkey Expedition Planned for Summer," National Geographic News, April 27, 2004, http://news.nationalgeographic.com/news/2004/04/0427_040427_noahsark.html.

12. Stefan Lovgren, "Noah's Ark Quest Dead in Water—Was It a Stunt?" National Geographic News, September 20, 2004, http://news.nationalgeographic.com/news/2004/09/0920_040920_noahs_ark.html.

13. Wer mehr Hintergrundmaterial über die Suche nach Noahs Arche haben möchte, gehe zu: http://www.noahsarksearch.com.

14. Irving Finkel, "Noah's Ark: The Facts Behind the Flood," Telegraph (London), January 19, 2014, http://www.telegraph.co.uk/culture/books/10574119/Noahs-Ark-the-facts-behind-the-flood.html.

15. Ebd.

16. "Flood Legends from Around the World," Northwest Creation Network, http://nwcreation.net/noahlegends.html.

17. Ebd.

18. Maria Trimarchi, "Was There Really a Great Flood?" How Stuff Works, n.d., http://science.howstuffworks.com/nature/climate-weather/storms/great-flood.htm.

19. "Flood Legends from Around the World."

20. Ebd.

21. C. H. Kang and Ethel R. Nelson, The Discovery of Genesis (St. Louis: Concordia Publishing House, 1979).

22. David Pawson, Unlocking the Bible (London: HarperCollins Publishing, 2007), 75.

23. "Flood Legends from Around the World."

24. Brian Godawa, When Giants Were upon the Earth: The Watchers, the *Nephil*im, and the Biblical Cosmic War of the Seed (Embedded Pictures Publishing, 2014); Kindle e-book, 97–113.

25. Peter Enns, The Evolution of Adam: What the Bible Does and Doesn't Say About Human Origins (Grand Rapids, MI: Baker Books, 2012), passim.

26. Siehe z. B. Duane A. Garrett, Rethinking Genesis: The Sources and Authorship of the First Book of the Pentateuch (Grand Rapids, MI: Baker Publishing Group, 1991); John H. Sailhamer, The Meaning of the Pentateuch: Revelation, Composition and Interpretation (Downers Grove, IL: Intervarsity, 2009); Gordon J. Wenham, Word Biblical Commentary,Vol. 1: Genesis 1–15 (Nashville, TN: Thomas Nelson Publishers, 1998), xxxii–xlii; and Victor P. Hamilton, The Book of Genesis, Chapters 1–17, The New International Commentary on the Old Testament (Grand Rapids, MI: Wm. B. Eerdmans Publishing Co.,1990), 12–38.

27. Siehe Gordon J. Wenham, Word Biblical Commentary, Vol. 1: Genesis 1–15 (Nashville, TN: Thomas Nelson Publishers, 1998); eine Illustrierung dieses einzigartigen Chiasmus-Versmaßes in der Sintflut-Erzählung ist online zu finden: http://godawa.com/movies/sci-fi-fantasy/noah-facts-8-noah-vs-gilgamesh-smack/.

28. Godawa, When Giants Were upon the Earth, 173; citing Bill T. Arnold and David B. Weisberg, "A Centennial Review of Friedrich Delitzsch's 'Babel und Bibel'

Lectures," Journal of Biblical Literature 121, no. 3 (Autumn 2002): 441–457; see also Godawa, When Giants Were upon the Earth, 172–173, citing P. J. Wiseman and D. J. Wiseman, eds., Ancient Records and the Structure of Genesis: A Case for Literary Unity (Nashville, TN: Thomas Nelson Publishers, 1985).

29. Strong's Concise Bible Dictionary, Eintrag H268.

30. Ein Beispiel aus jüngerer Zeit: Tas Walker, "Whale Fossil Graveyard in Chile Formed Late in Noah's Flood," Biblical Geology, n.d., http://biblicalgeology.net/blog/whale-fossil-graveyardchile/.

31. John C. Whitcomb, Jr. and Henry M. Morris, The Genesis Flood: The Biblical Record and Its Scientific Implications (Philadelphia, PA: Presbyterian and Reformed Publishing Co., 1961).

32. Henry M. Morris, Ph.D., "Why Christians Should Believe in a Global Flood," Institute for Creation Research, Acts & Facts 27, no. 8 (1998), https://www.icr.org/article/842/.

33. David R. Montgomery, "Biblical-Type Floods Are Real, and They're Absolutely Enormous," Discover, July-August 2012, http://discovermagazine.com/2012/jul-aug/06- biblical-type-floods-real-absolutely-enormous.

34. William Ryan and Walter Pitman, Noah's Flood: The New Scientific Discoveries About the Event That Changed History (New York: Simon & Schuster, 2000); and James Trefil, "Evidence for a Flood," Smithsonian, April 1, 2000, http://www.smithsonianmag.com/ science-nature/evidence-for-a-flood-102813115/?no-ist.

35. Tim Radford, "Evidence Found of Noah's Ark Flood Victims," Guardian, September 14, 2000, https://www.theguardian.com/science/2000/sep/14/internationalnews.archaeology; Maria Trimarchi, "Was There Really a Great Flood?" How Stuff Works, n.d., http://science. howstuffworks.com/nature/climate-weather/storms/great-flood.htm.

36. Montgomery, "Biblical-Type Floods Are Real."

37. David Montgomery, The Rocks Don't Lie: A Geologist Investigates Noah's Flood (New York: W.W. Norton & Company, Inc., 2012).

38. Vince Stricherz, "New Book Explores Noah's Flood; Says Bible and Science Can Get Along," UWNews, University of Washington, August 14, 2012, http://www.washington. edu/news/2012/08/14/new-book-explores-noahs-flood-says-bible-and-science-can-getalong/.

39. Jenna Iacurci, "Vast Underwater Ocean Trapped Beneath Earth's Crust," Nature World News, June 13, 2014, http://www.natureworldnews.com/articles/7560/20140613/vastunderwater-ocean-trapped-beneath-earths-crust.htm.

40. Brandon Schmandt, Steven D. Jacobsen, Thorsten W. Becker, Zhenxian Liu, and Kenneth G. Dueker, "Dehydration Melting at the Top of the Lower Mantle," Science 344, no. 6189 (June 13, 2014), 1265–1268, http://science.sciencemag.org/content/344/6189/1265; siehe auch"New Evidence for Oceans of Water Deep in the

Earth," Northwestern University, Presseerklärung, June 12, 2014, http://www.eurekalert.org/pub_releases/2014-06/nu-nef061114.php.

41. Iacurci, "Vast Underwater Ocean."

42. Es gibt noch eine weitere neuere wissenschaftliche Theorie zu einer globalen, genesis-artigen Flut, und zwar in Zusammenhang mit einem Kometen, der vor etwa fünftausend Jahren auf die Erde traf. Bruce Masse, ein Umweltarchäologe des Los Alamos National Laboratory, vermutet, dass die große Flut mit den vielen Kometen und Meteoriten in Zusammenhang stehen könnte, die die Erde immer wieder getroffen haben. Seit Masse seine Idee 2004 vorgestellt hat, erfährt er mehr und mehr Unterstützung in der geologischen Community. Siehe Maria Trimarchi, "Was There Really a Great Flood?" How Stuff Works, n.d., http://science.howstuffworks.com/nature/climate-weather/storms/great-flood.htm.

43. Ryan and Pitman, Noah's Flood: The New Scientific Discoveries.

44. Ian Wilson, Before the Flood: The Biblical Flood as a Real Event and How It Changed the Course of Civilization (New York: St Martin's Griffin, 2004).

45. Harold Hunt, with Russell Grigg, "The Sixteen Grandsons of Noah," Creation Ministries International, n.d., http://creation.com/the-sixteen-grandsons-of-noah.

Kapitel 3: Der Grund für die Überflutung

1. Gilgamesch, 110, Die elfte Tafel, Aus dem Babylonischen übersetzt und mit einem Nachwort versehen von Stefan M. Maul, C.H. Beck, München 2007

2. Alfred Shuchat, Noah, the Flood and the Failure of Man According to the Midrash Rabbah (Jerusalem: Urim Publications, 2013), 52, 356.

3. Kevin Cathcart, Michael Maher, and Martin McNamara, eds., The Aramaic Bible: The Targum Onqelos to Genesis, vol. 6, trans. Bernard Grossfeld (Collegeville, MN: The Liturgical Press, 1990), 50; Michael Maher, trans., Targum Pseudo-Jonathan: Genesis, vol. 1 (Collegeville, MN: The Liturgical Press, 1992), 35; and Martin McNamara, trans. Targum Neofiti 1: Genesis, vol. 1 (Collegeville, MN: The Liturgical Press, 1992), 69.

4. Francis Brown, Samuel Rolles Driver, and Charles Augustus Briggs, Enhanced Brown-Driver-Briggs Hebrew and English Lexicon (Oak Harbor, WA: Logos Research Systems, 2000), 320.

5. Shuchat, Noah, the Flood and the Failure of Man, 158.

6. Ebd., 50

7. Ebd., 72–77

8. Ebd., 170–173

9. Ebd., 361

Kapitel 4: Die verbotene Verbindung

1. Prometheus in Fesseln, Aischylos, Neue Thalia, 1792–93, 1792, Zweyter Band, 52–93, herausgegeben von Friedrich Schiller, G. J. Göschen'sche Verlagsbuchhandlung, Leipzig 1792, veröffentlicht auf https://de.wikisource.org/wiki/Prometheus_in_Fesseln#cite_note-1

2. Brian Godawa, When Giants Were Upon the Earth: The Watchers, the *Nephil*im, and the Biblical Cosmic War of the Seed (Embedded Pictures Publishing, 2014), Kindle e-book, 156–158.

3. Robert C. Newman, "The Ancient Exegesis of Genesis 6:2, 4," Grace Theological Journal 5, no. 1 (1984), 13–36.

4. William Whiston, trans., The Complete Works of Josephus (Grand Rapids, MI: Kregel Publications, 2000), 28.

5. Godawa, When Giants Were Upon the Earth, 39.

6. James H. Charlesworth, The Old Testament Pseudepigrapha, 2 vols. (New York: Yale University Press, 1983).

7. George W. E. Nickelsburg, "1 Enoch: A Commentary on the Book of 1 Enoch," in Hermeneia: A Critical and Historical Commentary on the Bible, ed. Klaus Baltzer, 7 (Minneapolis, MN: Fortress Press, 2001); see also E. Isaac, "A New Translation and Introduction," in The Old Testament Pseudepigrapha, vol. 1, ed. James H. Charlesworth, 7 (New York, London: Yale University Press, 1983).

8. Siehe Timothy R. Carnahan, "Book 1: Watchers," Academy for Ancient Texts, http://www.ancienttexts.org/library/ethiopian/enoch/1watchers/watchers.htm; George W. E. Nickelsburg, "1 Enoch: A Commentary on the Book of 1 Enoch," in Hermeneia: A Critical and Historical Commentary on the Bible, ed. Klaus Baltzer, 71–82; and Archie T. Wright, The Origin of Evil Spirits: The Reception of Genesis 6:1–4 in Early Jewish Literature, rev. ed. (Minneapolis, MN: Fortress Press, 2015).

9. Godawa, When Giants Were Upon the Earth, 13.

10. Siehe z. B. T. E. Clontz, and J. Clontz, The Comprehensive New Testament (Mineral Springs, AR: Cornerstone Publications, 2009; Robert Henry Charles, ed., Pseudepigrapha of the Old Testament, vol. 2 (Bellingham, WA: Logos Bible Software, 2004), 178; E. Isaac, "A New Translation and Introduction," in The Old Testament Pseudepigrapha, vol. 1, ed. James H. Charlesworth, introduction (New York, London: Yale University Press, 1983); and George W. E. Nickelsburg, "1 Enoch: A Commentary on the Book of 1 Enoch," in Hermeneia: A Critical and Historical Commentary on the Bible, ed. Klaus Baltzer, 83 (Minneapolis, MN: Fortress Press, 2001).

11. Robert Henry Charles, ed., Pseudepigrapha of the Old Testament, vol. 2 (Bellingham, WA: Logos Bible Software, 2004), 189.

12. Godawa, When Giants Were Upon the Earth, 106–107. Es mag eine weitere biblische Verbindung zu den traditionellen „Pforten des Hades“ in Banias geben, da manche Gelehrte den haarigen Ziegendämon Pan, einen heidnischen Satyr, mit dem Wüstendämon Azazel in Verbindung bringen, der in den Thora-Anweisungen für Jom Kippur in Leviticus 16 erwähnt wird. Für den Juden des Alten Testaments war der Azazel, zu dem am Versöhnungstag der „Sündenbock“ (auf Hebräisch *azazel*) geschickt wurde, analog zu bzw. die Verkörperung von diesem Wüsten-Ziegendämon. (Siehe Judd H. Burton, Interview with the Giant: Ethnohistorical Notes on the *Nephilim* (Burton Beyond Press, 2009), 19–20). Im 1. Buch Henoch wird Azazel auch als einer der führenden gefallenen Wächter genannt, der Menschen lehrte Krieg zu führen und für seinen Anteil an der vorsintflutlichen Engelrebellion separat in der Wüste gebunden wurde.

13. Godawa, When Giants Were Upon the Earth, 28.

14. Ebd., 27–28

15. Francis Brown, Samuel Rolles Driver, and Charles Augustus Briggs, eds., A Hebrew and English Lexicon of the Old Testament [based on the Hebrew lexicon of Wilhelm Gesenius as translated by Edward Robinson], 1st ed. (Oxford: Clarendon Press, 1906), 658.

16. Strong's Exhaustive Concordance of the Bible, Eintrag H5307.

17. Siehe z. B. Richard Hess, "*Nephil*im" in The Anchor Bible Dictionary, vol. 4, ed. David Noel Freedman (New York: Doubleday, 1997); and P. W. Coxon, "*Nephilim*" in Dictionary of Deities and Demons in the Bible, rev. ed., ed. K. van der Toorn, Bob Becking, and Pieter Willem van der Horst, 619 (Wm. B. Eerdmans Publishing, 1999). Ein Autor kommt zu dem Schluss, das Wort bedeutete „die, die bewirken, dass andere fallen“, siehe Robert Baker Girdlestone, Synonyms of the Old Testament (Peabody, MA: Hendrickson Publishers, 2000).

Kapitel 5: Ein Neuanfang

1. Worte gefunden unter http://bobdylan.com/songs/father-night. Copyright © 1970 by Big Sky Music; renewed 1998 by Big Sky Music.

2. Alfred Shuchat, Noah, the Flood and the Failure of Man According to the Midrash Rabbah (Jerusalem: Urim Publications, 2013), 123.

3. John Whitcomb and Henry Morris, The Genesis Flood (Phillipsburg, NJ: Presbyterian and Reformed Publishing Company, 1962), 9.

4. Mehr zu der dreischichtigen Weltsicht, die die Bibel mit anderen antiken Kulturen im Nahen Osten teilt, siehe John H. Walton, The Lost World of Genesis One: Ancient Cosmology and the Origins Debate (Downers Grove, IL: InterVarsity Press, 2009), 23–36; Denis O. Lamoureux, EvolutionaryCreation: A Christian Approach to

Evolution (Eugene, Oregon: Wipf & Stock, 2008); and Wayne Horowitz, Mesopotamian Cosmic Geography (Winona Lake, IN: Eisenbrauns, 1998), xii-xiii.

5. Jenna Iacurci, "Vast Underwater Ocean Trapped Beneath Earth's Crust," Nature World News, June 13, 2014, http://www.natureworldnews.com/articles/7560/20140613/vast-underwater-ocean-trapped-beneath-earths-crust.htm

6. Siehe Gordon J. Wenham, Genesis 1–15, vol. 1 of Word Biblical Commentary, gen. eds., David A. Hubbard and Glenn W. Barker; ed., Old Testament, John D. W. Watts, 145 (Waco, Texas: Word Inc., 1987).

7. Hinweise auf viele dieser Parallelen in Allen Ross, Creation and Blessing: A Guide to the Study and Exposition of Genesis (Grand Rapids, MI: Baker Books, 1988), 189.

8. Peter Ward and Donald E. Brownlee, Rare Earth: Why Complex Life Is Uncommon in the Universe (New York: Copernicus Books, 2000).

Kapitel 6: Warum nochmal?

1. Chronik der Ludwig-Maximilians-Universität München 1965/1966, München: 1967, 67

2. Neben der NASB übernehmen auch die Übersetzungen NIV, NASB (1995) und NRSV und weitere englische Bibelübersetzungen den Ausdruck „Tage Noahs“, unterstützt von etlichen Bibelgelehrten. Siehe z. B. die Liste in Fußnote 41 auf Seite 47 von Daniel R. Streett, "As It Was in the Days of Noah: The Prophets Typological Interpretation of Noah's Flood," Criswell Theological Review 5 (Fall 2007), 35–51, http://scholar.googleusercontent.com/scholar?q=cache:bzmMNLO5gy4J:scholar.google.com/+days+of+Noah+Hebrew+%22Isaiah+54%22&hl=en&as_sdt=0,5.

3. Daniel R. Streett, "As It Was in the Days of Noah: The Prophets Typological Interpretation of Noah's Flood," Criswell Theological Review 5 (Fall 2007), 39–46, http://scholar.googleusercontent.com/scholar?q=cache:bzmMNLO5gy4J:scholar.google.com/+days+of+Noah+Hebrew+%22Isaiah+54%22&hl=en&as_sdt=0,5.

4. Dennis Overbye, "Jupiter: Our Cosmic Protector?" New York Times, July 25, 2009, http://www.nytimes.com/2009/07/26/weekinreview/26overbye.html; and Keith Cooper, "Villain in Disguise: Jupiter's Role in Impacts on Earth," Astrobiology, March 12, 2012, http://www.astrobio.net/news-exclusive/villain-in-disguise-jupiters-role-in-impacts-on-earth/.

5. Ben Whitherington III with Darlene Hyatt, Paul's Letter to the Romans: A Socio-Rhetorical Commentary (Grand Rapids, MI: Eerdmans Publishing Co., 2004), Kindle e-book, 2.

6. J. David Pawson, Unlocking the Bible (London: Collins Publishing, 2007), 1020–1021.

7. Witherington, Paul's Letter to the Romans, 83–84.

8. R. C. Sproul, Unseen Realities: Heaven, Hell, Angels, and Demons (Fearn, Tain, Ross-shire, Scotland: Christian Focus Publications, 2011), part 7, "Degrees of Punishment," CBDReader e-book.

Kapitel 7: Die Dekadenz Roms

1. Zitiert in http://www.gottwein.de/Lat/petron/cena27.php#AbtragenVorsp

2. Vishal Mangalwadi, Das Buch der Mitte - Wie wir wurden, was wir sind: Die Bibel als Herzstück der westlichen Kultur, 391,2. Auflage 2015, fontis – Brunnen Basel

3. Eric Orlin, "Urban Religion in the Middle and Late Republic," in A Companion to Roman Religion, ed. Jörg Rüpke, 67–69 (Chichester, West Sussex, UK: Blackwell Publishing, 2007).

4. Mangalwadi, Das Buch der Mitte, 418.

5. Quellenmaterial für diesen Abschnitt u. a.: Thomas A. J. McGinn, The Economy of Prostitution in the Roman World (Ann Arbor, MI: University of Michigan Press, 2004), 164; Thomas A. McGinn, Prostitution, Sexuality, and the Law in Ancient Rome (Oxford: Oxford University Press, 1998); Craig Williams, Roman Homosexuality (Oxford: Oxford University Press, 1999, 2010); Marilyn B. Skinner,Introduction to Roman Sexualities (Princeton, NJ: Princeton University Press, 1997); John R. Clarke, Looking at Lovemaking: Constructions of Sexuality in Roman Art 100 B.C.–A.D. 250 (Berkeley, CA: University of California Press, 1998, 2001); Thomas K. Hubbard, Homosexuality in Greece and Rome: A Sourcebook of Basic Documents (Berkeley, CA: University of California Press, 2003); Rebecca Langlands, Sexual Morality in Ancient Rome (Cambridge: Cambridge University Press, 2006); Amy Richlin, The Garden of Priapus: Sexuality and Aggression in Roman Humor (Oxford: Oxford University Press, 1983, 1992), 225; and Carlin A. Barton, The Sorrows of the Ancient Romans: The Gladiator and the Monster (Princeton, NJ: Princeton University Press, 1993).

6. Amy Richlin, "Sexuality in the Roman Empire," in A Companion to the Roman Empire, ed. David S. Potter, 350 (Chichester, West Sussex, UK: Blackwell, 2006).

7. Rebecca Langlands, Sexual Morality in Ancient Rome (Cambridge: Cambridge University Press, 2006), 13.

8. Craig Williams, Roman Homosexuality (Oxford: Oxford University Press, 1999, 2010), passim; and Elizabeth Manwell, "Gender and Masculinity," in A Companion to Catullus, ed. Marilyn B. Skinner, 118, (Chichester, West Sussex, UK: Blackwell, 2007).

9. David J. Mattingly, Imperialism, Power, and Identity: Experiencing the Roman Empire (Princeton, NJ: Princeton University Press, 2011), 106; Ovid, Tristia 2,

wie zitiert in John R. Clarke, Looking at Lovemaking: Constructions of Sexuality in Roman Art 100 B.C.–A.D. 250 (Berkeley, CA: University of California Press, 1998, 2001), 91–92.

10. Stephanie Lynn Budin, The Ancient Greeks: New Perspectives (Santa Barbara, CA: ABC-CLIO, LLC, 2004), 122–123.

11. Greg Woolf, Ancient Civilizations: the Illustrated Guide to Belief, Mythology, and Art (New York: Barnes & Noble, 2007), 386.

12. Jennifer Viegas, "Infanticide Common in Roman Empire," Discovery News, May 5, 2011, http://www.seeker.com/infanticide-common-in-roman-empire-1765237924.html#news.discovery.com.

Kapitel 8: Der parallele Absturz

1. Eli Wiesel, https://www.quotetab.com/quotes/by-elie-wiesel.

2. Quellenmaterial für diesen Abshcnitt u. a.: The Wannsee Conference and the Genocide of the European Jews, trans. Dr. Caroline Pearce (Berlin: House of the Wannsee Conference Memorial and Educational Site, 2009); David Parsons, "Wannsee Revisited: Germany Grapples with the Toxic Pull of Nazi Nostalgia," Jerusalem Post Christian Edition, January 2012, 26–28; Birte Scholz and Estera Wieja, "Marching for Life: German Pastor Healing Wounds by Confronting Nazi Past," Jerusalem Post Christian Edition, January 2012, 22–25.

3. Wannsee Conference, 151.

4. Ebd., 204–205

5. Robert Gerwarth: Reinhard Heydrich: Biographie. Siedler, München 2011, 262. Zitiert in https://de.wikipedia.org/wiki/Reinhard_Heydrich#cite_ref-47

6. Wannsee Conference, 210–211.

7. Aussagen von Adolf Eichmann zur Wannsee-Konferenz und über die Tötungsarten; Gerichtsverhandlung, Juli 1961; https://www.ghwk.de/fileadmin/user_upload/mp-dateien/eichmann_zu_wannsee.mp3

8. Kurzbiografien aller Wannseekonferenz-Teilnehmer in Wannsee Conference, 178–185.

9. Thomas Rink, "Racism and Hostility Towards Jews," The Wannsee Conference and the Genocide of the European Jews, übers. v. Dr. Caroline Pearce (Berlin: House of the Wannsee Conference Memorial and Educational Site, 2009), 21–24.

10. The Wannsee Conference and the Genocide of the European Jews, übers. v. Dr. Caroline Pearce (Berlin: House of the Wannsee Conference Memorial and Educational Site, 2009).

11. Rink, "Racism and Hostility Towards Jews," 21.

12. Quellenmaterial für diesen Abschnitt u. a.: Thomas Rink, "Racism and Hostility Towards Jews," The Wannsee Conference and the Genocide of the European Jews, trans. Dr. Caroline Pearce (Berlin: House of the Wannsee Conference Memorial and Educational Site, 2009), 21–24; Mike Hawkins, Social Darwinism in European and American Thought, 1860–1945 (Cambridge: Cambridge University Press, 1997); Jonathan Peter Spiro, Defending the Master Race: Conservation, Eugenics, and the Legacy of Madison Grant (Burlington, VT: University of Vermont Press, 2009).

13. Wannsee Conference, 23.

14. Wannsee Conference, 37–39.

15. Siehe z. B. Charles Darwin, The Descent of Man, and Selection in Relation to Sex (London: John Murray, 1871), 28, 125, 133–143.

16. Manfred Gerstenfeld, The War of a Million Cuts: The Struggle Against Delegitimization of Israel and the Jews, and the Growth of New Anti-Semitism, Jerusalem Center for Public Affairs, 2015, 56–57.

17. Ebd., 57

18. Ebd., 57

19. Ebd., 56–59

Kapitel 9: Zerstörerische Gewalt

1. Will Rogers, New York Times, December 23, 1929, http://www.notable-quotes.com/w/war_quotes_ii.html.

2. Siehe Liste unter Correlates of War Project database, http://www.correlatesofwar.org/data-sets/COW-war/cow-war-list.

3. Rudolph J. Rummel, "20th Century Democide," Powerkills website, http://www.hawaii.edu/powerkills/20TH.HTM.

4. Elihu Richter and Alex Barnea, "Tehran's Genocidal Incitement Against Israel," Middle East Quarterly, Summer 2009, 45–51, accessed at http://www.genocidewatch.org/images/Iran_09_SummerTehran_s_Genocidal_Incitement_Against_Israel.pdf.

5. Voice of the Islamic Republic of Iran, Tehran, "Rafsanjani's Quds Day Speech," December 14, 2001, originally broadcast in Persian, translated by BBC Worldwide Monitoring.

6 David Horovitz, "The Unfolding Farce of Obama's Deal with Iran," op-ed, The Times of Israel, April 8, 2015, http://www.timesofisrael.com/the-unfolding-farce-of-obamas-deal-with-iran; Lazar Berman, "Iran Militia Chief: Destroying Israel Is 'Nonnegotiable,'" Times of Israel, March 31, 2015, http://www.timesofisrael.com/iran-militia-chief-destroying-israel-nonnegotiable/.

7. David Parsons, "Is the Worst Over?" Kommentar, Jerusalem Post Christian Edition, November 2012, 39–41.

8. The Wannsee Conference and the Genocide of the European Jews, trans. Dr. Caroline Pearce (Berlin: House of the Wannsee Conference Memorial and Educational Site, 2009), 45.

Kapitel 10: Die sexuelle Revolution

1. Rev. Billy Graham, http://www.goodreads.com/quotes/tag/morals?page=6.

2. "Marriage & Divorce," American Psychological Association, n.d., http://www.apa.org/topics/divorce/.

3. Ebd.

4. Phyllis L. Brodsky, "Where Have All the Midwives Gone?" Journal of Perinatal Education 17, no.4 (Fall 2008), 48–51, http://www.ncbi.nlm.nih.gov/pmc/articles/PMC2582410.

5. "Abortion: Worldwide Levels and Trends," Guttmacher Institute, for the World Health Organization, October 2009, PDF version downloaded from www.guttmacher.org.

6. "Abortion Is Not the Most Common Medical Procedure," Right to Life of Michigan, October 30, 2017, http://www.nationalrighttolifenews.org/news/2017/10/abortion-not-common-medical-procedure/#.WlPFrdKWaUl.

7. Gallup-Ergebnisse siehe Jeff Jones and Lydia Saad, "Gallup Poll Social Series: Values and Beliefs—Final Topline," Gallup News (May 8–11, 2014), PDF report originally accessed at http://www.gallup.com/poll/170789/new-record-highs-moral-acceptability.aspx; Rebecca Riffkin, "New Record Highs in Moral Acceptability," Gallup News (May 30, 2014), http://www.gallup.com/poll/170789/new-record-highs-moral-acceptability.aspx.

8. "Induced Abortion Worldwide," Guttmacher Institute, for the World Health Organization, November 2015, www.guttmacher.org.

9. "Gendercide: The War on Baby Girls," Economist, March 4, 2010, http://www.economist.com/node/15606229.

10. "Gay Marriage Around the World," Pew Research Center, fact Sheet, June 26, 2015, http://www.pewforum.org/2015/06/26/gay-marriage-around-the-world-2013.

11. Rebecca Riffkin, "New Record Highs in Moral Acceptability," Gallup News (May 30, 2014), http://www.gallup.com/poll/170789/new-record-highs-moral-acceptability.aspx.

12. “Changing Attitudes on Gay Marriage,” Pew Research Center, July 29, 2015, http://www.pewforum.org/2015/07/29/graphics-slideshow-changing-attitudes-on-gay-marriage.

13. Jay and Meridel Rawlings, Filmemacher, Interview mit dem Autor am 9. Februar 2016. Ihre neue Dokumentation über Kindersexsklaverei in Nepal soll 2018 unter dem Titel “C.A.N. = Change. Action. Nepal.” herauskommen.

14. Pat Wingert, “Priests Commit No More Abuse than Other Males,” Newsweek, April 8, 2010, http://europe.newsweek.com/priests-commit-no-more-abuse-other-males-70625?rm=eu.

15. Pat Wingert, “Sex Abuse in the Church: Girls Also Victimized,” Newsweek, April 14, 2010, http://www.newsweek.com/sex-abuse-church-girls-also-victimized-70741.

16. Wingert, “Priests Commit No More Abuse.”

17. Shanta R. Dube, Robert F. Anda, Charles L. Whitfield, David W. Brown, Vincent J. Felitti, Maxia Dong, and Wayne H. Giles, “Long-Term Consequences of Childhood Sexual Abuse by Gender of Victim,” American Journal of Preventive Medicine 28, no. 5 (2005), 430–438, http://www.jimhopper.com/pdfs/Dube_(2005)_Childhood_sexual_abuse_by_gender_of_victim.pdf.

18. C. May-Chahal and M. Herczog, Child Sexual Abuse in Europe (Strasbourg: Council of Europe Publishing, 2003).

19. . Brittainy Bacon, “Stolen Innocence: Inside the Shady World of Child Sex Tourism,” ABC News, July 27, 2007.

20. R. Barri Flowers, Street Kids: The Lives of Runaway and Thrownaway Teens (Jefferson, NC: McFarland, 2010).

21. Lawrence S. Neinstein, ed. in chief; Catherine M. Gordon, Debra K. Katzman, David S. Rosen, and Elizabeth R. Wood, assoc. eds., Adolescent Health Care: A Practical Guide (Philadelphia: Lippincott Williams & Wilkins, 2007), 974; J. M. Greene, S. T. Ennett, and C. L. Ringwalt, “Prevalence and Correlates of Survival Sex Among Runaway and Homeless Youth,” American Journal of Public Health 89, no. 9 (1999), 1406–1409.

22. Sam McCormack, “Refugees Are Becoming the Face of Modern Slavery in the Middle East,” Huffington Post, June 20, 2014, http://www.huffingtonpost.com/sammccormack/refugees-are-becoming-the_b_5515801.html.

23. Siehe z. B.: “PM Rejects Call to Lower Age of Consent to 15,” BBC News, November 17, 2013, http://www.bbc.com/news/health-24976929; Georgia Graham, “Patricia Hewitt Called for Age of Consent to Be Lowered to Ten,” Telegraph (London), February 28, 2014, http://www.telegraph.co.uk/news/politics/labour/10666875/Patricia-Hewitt-called-for-age-of-consent-to-be-lowered-to-ten.html; Tom de Castella and Tom Heyden, “How Did the Pro-paedophile Group PIE Exist Openly for 10 Years?” BBC News Magazine, February 27, 2014, http://www.bbc.com/news/magazine-26352378; Robert Booth, “Whitehall Study Wanted Age

of Consent Lowered to 14 and Sentences for Sex Cut," Guardian, July 8, 2014, http://www.theguardian.com/uk-news/2014/jul/08/lower-age-consent-14-1979-home-office-report.

24. Rachel Moran, Paid For: My Journey Through Prostitution (Dublin, Ireland: Gill & MacMillan, 2013).

25. Melissa Farley and Victor Malarek, "The Myth of the Victimless Crime," New York Times, March12, 2008, http://www.nytimes.com/2008/03/12/opinion/12farley.html?em&ex=1205467200&en=1fedfb27c3116307&ei=5087&_r=0&mtrref=undefined&gwh=00810C32BDB9A72922126608F161E1B9&gwt=pay&assetType=opinion.

26. "Thousands Forced into Sex Slavery to Satisfy Perverted Fantasies of the Rich," Express Gazeta (Kosovo), übers. ins Engl. von Pravda, June 25, 2007, http://www.pravdareport.com/society/stories/25-06-2007/93968-sex_slavery-0/.

27. Der Global Slavery Index findet sich unter http://www.globalslaveryindex.org. Siehe auch "Profits and Poverty: The Economics of Forced Labour," International Labour Organization, 2014, http://www.ilo.org/global/publications/ilo-bookstore/order-online/books/WCMS_243391/lang--en/index.htm.

28. Anna Djinn, "What Amnesty Did Wrong," The Feminista Hood, August 24, 2015, accessed through Prostitution Research and Education, http://prostitutionresearch.com/wp-content/uploads/2012/01/What-Amnesty-did-wrong.pdf.

29. "Regional Overview for the Middle East and North Africa: MENA Gender Equality Profile," United Nations Children's Fund (UNICEF) Egypt, 2011, 1, http://www.unicef.org/gender/files/REGIONAL-Gender-Eqaulity-Profile-2011.pdf; Cam McGrath, "Underage Girls Are Egypt's Summer Rentals," Inter Press Service, August 5, 2013, http://www.ipsnews.net/2013/08/underage-girls-are-egypts-summer-rentals/.

Kapitel 11: Wo sind wir falsch abgebogen?

1. Friedrich Nietzsche, Also sprach Zarathustra, 8; Nikol Verlagsgesellschaft, Hamburg 2011

2. Rodney Stark, For the Glory of God: How Monotheism Led to Reformations, Science, Witch-Hunts, and the End of Slavery (Princeton, NJ: Princeton University Press, 2003), 160–163, 198–199.

3. Vishal Mangalwadi, Das Buch der Mitte, 307-340; Francis Oakley, "Christian Theology and the Newtonian Science: The Rise of the Concept of the Laws of Nature," Church History 30 (1961), 433–457. The American Society of Church History.

4. Peter J. Bower, "The Changing Meaning of 'Evolution,'" Journal of the History of Ideas 36 (1975), 95–114.

5. Brian Warner, "Charles Darwin and John Herschel," South African Journal of Science 105 (November/December 2009), 436, http://www.sajs.co.za/sites/default/files/publications/pdf/147-583-1-PB.pdf.

6. Andrea Wulf, The Invention of Nature: Alexander von Humboldt's New World (New York: Knopf, 2015).

7. John van Wyhe, "Charles Darwin: Gentleman Naturalist," 2008, The Complete Works of Darwin Online, John van Wyhe, ed. 2002–, http://darwin-online.org.uk/darwin.html.

8. Charles R. Darwin, Über die Entstehung der Arten durch natürliche Zuchtwahl oder die Erhaltung der begünstigten Rassen im Kampfe um's Dasein, Kapitel 10; E. Schweizerbart'sche Verlagshandlung (E. Koch), Stuttgart 1876; veröffentlicht auf https://de.wikisource.org/wiki/Entstehung_der_Arten_(1876).

9. Robert Chambers, Natürliche Geschichte der Schöpfung des Weltalls, der Erde und der auf ihr befindlichen Organismen: begründet auf die durch die Wissenschaft errungenen Thatsachen¸ Vieweg, 185; veröffentlicht auf https://books.google.ch/books?id=TmI7AAAAcAAJ&hl=de

10. James A. Secord, Victorian Sensation: The Extraordinary Publication, Reception, and Secret Authorship of Vestiges of the Natural History of Creation (Chicago: University of Chicago Press, 2000), 168–169.

11. Wyhe, "Charles Darwin: Gentleman Naturalist."

12. Charles R. Darwin, Über die Entstehung der Arten

13. Ebd., 488

14. Charles Darwin, „Die Abstammung des Menschen", Fourier Verlag, 3. Auflage, Wiesbaden 1966 in der Fassung von 1874

15. Mike Hawkins, Social Darwinism in European and American Thought: 1860–1945 (Cambridge: Cambridge University Press, 1997), 37.

16. Alfred Kelly, The Descent of Darwin: The Popularization of Darwin in Germany, 1860–1914 (Chapel Hill, NC: University of North Carolina Press, 1981), 25.

17. Ernst Haeckel, Natürliche Schöpfungsgeschichte, Erster Vortrag, veröffentlicht auf http://caliban.mpiz-koeln.mpg.de/haeckel/natuerliche/kapitel_01.html

18. Ebd.

19. Ernst Haeckel, Gemeinverständliche Werke, Natürliche Schöpfungsgeschichte, Zweiter Teil, 396, Alfred Kröner Verlag, Leipzig, 1924

20. Ernst Haeckel, Natürliche Schöpfungsgeschichte, Elfter Vortrag, veröffentlicht auf http://caliban.mpiz-koeln.mpg.de/haeckel/natuerliche/kapitel_11.html

21. Ernst Haeckel, Stammesgeschichte des Menschen, Siebenundzwanzigster Vortrag, in Gemeinverständliche Werke, Natürliche Schöpfungsgeschichte, Zweiter Teil, 345, Alfred Kröner Verlag, Leipzig, 1924

22. Ebd., S. 369

23. Ebd., S. 348; https://www.biodiversitylibrary.org/item/59315#page/197/mode/1up; illustration, "Plate XIV," printed just after page 180, http://biodiversitylibrary.org/item/59315#page/209/mode/1up.

24. Ebd., 349 ff

25. Zu diesem Punkt siehe Daniel Gasman, "From Haeckel to Hitler: The Anatomy of a Controversy," eSkeptic, n.d., http://www.skeptic.com/eskeptic/09-06-10/#feature; Daniel Gasman, The Scientific Origins of National Socialism (New Brunswick: Transaction Press, 2004); Stephen Jay Gould, Ontogeny and Phylogeny (Cambridge, MA: Belknap Press [Harvard University Press], 1985); G. J. Stein, "Biological Science and the Roots of Nazism," American Scientist 76 (1988), 50–58; Richard Lerner, Final Solutions: Biology, Prejudice, and Genocide (University Park, PA: Pennsylvania State University Press, 1982), chapter 2.

26. Kelly, The Descent of Darwin, 59–62.

27. Jonathan Peter Spiro, Defending the Master Race: Conservation, Eugenics, and the Legacy of Madison Grant (Burlington, VT: University of Vermont Press, 2009), Kindle e-book, locations 2345–2355.

28. Francis Galton, "Hereditary Talent and Character," Macmillian's Magazine, June and August 1865; Francis Galton, Hereditary Genius: An Inquiry into Its Laws and Consequences (London: Macmillan & Co., 1869); Francis Galton, On English Men of Science: Their Nature and Nurture (London: Macmillan & Co., 1874), 12.

29. Spiro, Defending the Master Race; Kindle e-book, locations 2395-2410.

30. Charles Darwin, Die Abstammung des Menschen, 31,114, 148

31. Ebd., 148ff

32. Hawkins, Social Darwinism, 61.

33. Ebd., 123–132, 184–215.

34. Adrian Desmond and James Moore, Darwin's Sacred Cause: How a Hatred of Slavery Shaped Darwin's Views on Human Evolution (Boston: Houghton Mifflin, 2009); John S. Wilkins, "Darwin," in A Companion to the Philosophy of History and Historiography: Blackwell Companions to Philosophy, ed. Aviezer Tucker, 408–413 (Chichester, UK: Wiley-Blackwell, 2008); Mike Hawkins, Social Darwinism, 36–37.

Kapitel 12: Der Wendepunkt

1. Friederich Engels, Dialects of Nature (1872), zitiert in Robert M. Young, Darwin's Metaphor: Nature's Place in Victorian Culture (Cambridge: Cambridge University Press, 1985), 52.

2. Thor Jensen, "Deisel Engine: Great Inventions that Debuted at the World's Fair," http://www.tested.com/tech/454861-inventions-debuted-worlds-fair/item/diesel-engine-1900/.

3. Jonathan Peter Spiro, Defending the Master Race: Conservation, Eugenics, and the Legacy of Madison Grant (Burlington, VT: University of Vermont Press, 2009), Kindle e-book, locations 2052–2069.

4. Arthur de Gobineau, The Inequality of Human Races, übers. v. Adrian Collins (New York: G. P. Putnam's Sons, 1915), 205–210.

5. Ibid, 34, 98–100, 870–872; Spiro, Defending the Master Race, Kindle e-book, locations 2069–2108.

6. Adolf Hitler, Mein Kampf, Eine kritische Edition, Band I, 743-753, Im Auftrag des Instituts für Zeitgeschichte München – Berlin 2016

7. Spiro, Defending the Master Race, Kindle e-book, locations 2260–2315; Mike Hawkins, Social Darwinism in European and American Thought: 1860–1945 (Cambridge: Cambridge University Press, 1997), 191–200.

8. Georges Vacher de Lapouge, L'Aryen: Son Rôle Social (Paris: Albert Fontemoing, 1899), 406, 512; Spiro, Defending the Master Race, Kindle e-book, locations 2286–2300.

9. Mike Hawkins, Social Darwinism in European and American Thought: 1860–1945 (Cambridge: Cambridge University Press, 1997), 194–198.

10. Lapouge, L'Aryen, 465–468, 474; Hawkins, Social Darwinism, 197; Spiro, Defending the Master Race, Kindle e-book, locations 2293–2308.

11. Leon Poliakov, The Aryan Myth: A History of Racist and Nationalist Ideas in Europe, trans. Edmund Howard (London: Sussex University Press, 1974), 270.

12. Jennifer Michael Hecht, "Vacher de Lapouge and the Rise of Nazi Science," Journal of the History of Ideas 61, no. 2 (2000), 285–304; Linda Clark, Social Darwinism in France (Tuscaloosa, AL: University of Alabama Press, 1984), 131.

13. Georges Vacher de Lapouge, "L'Anthropologie et la Science Politique," Revue d'Anthropologie 2 (1887), 150–151.

14. Ernst Haeckel, Gemeinverständliche Werke, Band III, Die Welträtsel; Gemeinverständliche Studien über monistische Philosophie; Alfred Kröner Verlag, Leipzig, 1924

15. Daniel Gasman, "From Haeckel to Hitler: The Anatomy of a Controversy," eSkeptic, n.d., http://www.skeptic.com/eskeptic/09-06-10/#feature.

16. Ebd.

17. John P. Jackson and Nadine M. Weidman, Race, Racism, and Science: Social Impact and Interaction (New Brunswick, NJ: Rutgers University Press, 2005), 87; Hawkins, Social Darwinism, 132–148.

18. Daniel Gasman, The Scientific Origins of National Socialism (New Brunswick: Transaction Press, 2004), 159.

19. Ernst Haeckel, Die Welträtsel, 338–339

20. R. W. M. Croughs, Het Kind in Gezin en Samenleving (Franeker, NL: Uitgeverij T. Wever B.V., 1979), 161–163, von Hans Jongsma für den Autor vom Holländischen ins Englische übersetzt.

21. Die Welträtsel, Seite 14

22. Ebd., 297.

23. Ebd., 289; Croughs, Het Kind, 161–163.

24. Ebd.

25. Spiro, Defending the Master Race, Kindle e-book, locations 2413–2430

26. Zitate aus Houston Stewart Chamberlain, Foundations of the Nineteenth Century, vol. 1, trans. John Lees (New York: John Lane Company, 1912), lxxxiii, 457; biografische Anmerkungen aus: Spiro, Defending the Master Race, Kindle e-book, locations 2143–2263.

27. Martin Gilbert, Israel: A History (London: Black Swan Books, 1999), 18.

28. Leon Poliakov, Aryan Myth, 198; Geoffrey G. Field, Evangelist of Race: The Germanic Vision of Houston Stewart Chamberlain (New York: Columbia University Press, 1981), 153; Chamberlain, Foundations, vol. 1, 327, 331.

29. Spiro, Defending the Master Race; Kindle locations 2202-2219; umfänglich zitiert aus Chamberlains The Foundations of the Nineteenth Century.

30. Chamberlain, Foundations, 328.

31. Hawkins, Social Darwinism, 185.

32. Geoffrey G. Field, Evangelist of Race: The Germanic Vision of Houston Stewart Chamberlain (New York: Columbia University Press, 1981), 2.

33. Spiro, Defending the Master Race, Kindle e-book, locations 2231--2251; Kaiser-Zitate aus Field, Evangelist of Race, 250–252.

34. Roderick Stackelberg and S. A. Winkle, eds., The Nazi Germany Sourcebook: An Anthology of Texts (London: Routeledge, 2002), 84–85.

35. William Z. Ripley, The Races of Europe: A Sociological Study (New York: D. Appleton and Co., 1899).

36. Ripley, Races of Europe, 395–396; Spiro, Defending the Master Race, Kindle e-book, locations 1884-1891.

37. Ripley, Races of Europe, 372–373.

38. Spiro, Defending the Master Race, passim.

39. The Wannsee Conference and the Genocide of the European Jews, übers. v. Dr. Caroline Pearce (Berlin: House of the Wannsee Conference Memorial and Educational Site, 2009), 32.

40. Richard S. Levy, Antisemitism: A Historical Encyclopedia of Prejudice and Persecution, vol. 1 (Santa Barbara, CA: ABC-CLIO, 2005), 700.

41. Marvin Perry and Frederick M. Schweitzer, Anti-Semitism: Myth and Hate from Antiquity to the Present (Springer, 2005), ix.

42. Gilbert, Israel: A History, 18.

Kapitel 13: Die verbotene Frucht

1. Anne Frank, Die Tagebücher der Anne Frank, 684, Eintrag für Freitag, 14. April 1944, S. Fischer Verlag, Frankfurt am Main 1988

2. "ADL Blasts Christian Supremacist TV Special & Book Blaming Darwin For Hitler," Anti-Defamation League (ADL), press release, August 22, 2006, http://archive.adl.org/nr/exeres/3e0340d2-b672-45c7-8ff1-10c9eed96f42,0b1623ca-d5a4-465d-a369-df6e8679cd9e,frameless.html; "Anti-Evolution Film Misappropriates the Holocaust," Anti-Defamation League (ADL), press release, April 29, 2008, http://archive.adl.org/nr/exeres/25a3641b-c374-4f2b-9a96-c04e93960427,0b1623ca-d5a4-465d-a369-df6e8679cd9e,frameless.html.

3. See, for example: Daniel Gasman, Haeckel's Monism and the Birth of Fascist Ideology, book 33 of Studies in Modern European History series (New York: Peter Lang, Inc.,1998); Hannah Arendt, Elements of Totalitarianism (New York: Harcourt Brace Jovanovich, 1951); Ian Kershaw, The Nazi Dictatorship: Problems and Perspectives of Interpretation, 2nd ed. (London: Edward Arnold, 1989); Michael Burleigh and Wolfgang Wipperman, The Racial State: Germany 1933–1945 (Cambridge: Cambridge University Press, 1991); Henry V. Dicks, Licensed Mass Murder: A Socio-Psychological Study of Some SS Killers (London: Heinemann, 1972); Roger Eatwell, Fascism: A History (London: Chatto and Windus, 1995); Ze'ev Sternhell, "Fascist Ideology," in Fascism: A Reader's Guide, ed. Walter Laqueur (Harmondsworth, UK: Penguin, 1976).

4. Charles Darwin, Die Abstammung des Menschen, 148.

5. Mike Hawkins, Social Darwinism in European and American Thought: 1860–1945 (Cambridge: Cambridge University Press, 1997), 216–222; Jonathan Peter Spiro, Defending the Master Race: Conservation, Eugenics, and the Legacy of Madison Grant (Burlington, VT: University of Vermont Press, 2009), Kindle e-book, locations 2413–2430.

6. Buck v. Bell, 274 U.S. 200, 208 (1927).

7. Hawkins, Social Darwinism, 242–243; Allan Chase, The Legacy of Malthus (New York: Knopf, 1980).

8. Edwin Black, "Eugenics and the Nazis: The California Connection," San Francisco Chronicle, November 9, 2003, http://www.sfgate.com/opinion/article/Eugenics-and-the-Nazis-the-California-2549771.php.

9. Jonathan Peter Spiro, Defending the Master Race: Conservation, Eugenics, and the Legacy of Madison Grant (Burlington, VT: University of Vermont Press, 2009), Kindle e-book, locations 2742–2761.

10. Ebd., Kindle e-book, locations 2943–2945.

11. Madison Grant, The Passing of the Great Race, or the Racial Basis of European History (New York: Charles Scribner's Sons, 1916), 45–47.

12. Spiro, Defending the Master Race, Kindle e-book, locations 4583–4587.

13. Black, "Eugenics and the Nazis."

14. Thomas Rink, "Racism and Hostility Towards Jews," The Wannsee Conference and the Genocide of the European Jews, übers. v. Dr. Caroline Pearce (Berlin: House of the Wannsee Conference Memorial and Educational Site, 2009), 21–24.

15. Daniel Gasman, The Scientific Origins of National Socialism: Social Darwinism in Ernst Haeckel and the German Monist League (London and New York: MacDonald and American Elsevier, 1971); Gasman, Haeckel's Monism. Siehe auch Daniel Gasman, "From Haeckel to Hitler: The Anatomy of a Controversy," n.d., eSkeptic, http://www.skeptic.com/eskeptic/09-06-10/#feature.

16. Stephen Jay Gould, Ontogeny and Phylogeny (Cambridge, MA: Belknap Press [Harvard University Press], 1977), 77–78.

17. "Ernst Haeckel (1834–1919)," University of California Museu of Paleontology, University of California, Berkeley, 2004, http://www.ucmp.berkeley.edu/history/haeckel.html.

18. Adolf Hitler, Das geheime zweite Buch, veröffentlicht auf https://archive.org/details/HitlerAdolf-DasGeheimeZweiteBuch, Erscheinungsjahr 1928

19. Hawkins, Social Darwinism, 273–274.

20. Adolf Hitler, Heinreich Heim, Werner Jochmann, Monologe im Führerhauptquartier 1941–1944, 66–67, 239, 303; Orbis Verlag 2000;

21. Hawkins, Social Darwinism, 61–62.

22. Adolf Hitler, Monologe, 58.

23. Hitler, Mein Kampf, [301–302].

24. Hitler, Mein Kampf, [305–306].

25. Ebd., [347].

26. Ebd., [305–306].

27. Hitler, Das geheime zweite Buch, Kapitel 4, Rasse, Kampf und Macht; Kapitel 17, Schlusswort.

28. Hawkins, Social Darwinism, 276.

29. Das geheime zweite Buch, Kapitel 7, Von der Reichseinigung zur Raumpolitik; Mein Kampf, [28].

30. Hawkins, Social Darwinism, 279–280.

31. Black, "Eugenics and the Nazis."

32. Hitler, Mein Kampf; [313].

33. Hawkins, Social Darwinism, 283–284.

34. Heather Pringle, The Master Plan: Himmler's Scholars and the Holocaust (New York: Hyperion, 2006); Dominic Sandbrook, "A Nordic Civilisation on the Lost Continent of Atlantis," Telegraph, March 5, 2006, http://www.telegraph.co.uk/culture/books/3650719/A-Nordic-civilisation-on-the-lost-continent-of-Atlantis.html.

35. Robert A. Pois, National Socialism and the Religion of Nature (London: Croom Helm, 1986), 109.

36. Stephen Jay Gould, "Darwinian Fundamentalism," New York Review of Books 44, no. 10 (June 12, 1997), http://www.nybooks.com/articles/1997/06/12/darwinian-fundamentalism.

37. Vishal Mangalwadi, Das Buch der Mitte, 27–28.

38. Randy J. Guliuzza, "Darwin's Sacred Imposter: Natural Selection's Idolatrous Trap," Acts & Facts, 40, no. 11 (2011), 12–15, http://www.icr.org/article/darwins-sacred-imposter-natural-selections/.

Kapitel 14: Die nächste Revolution

1. Albert Einstein, zitiert in Chris Oxlade, Nuclear Energy: Tales of Invention (Oxford: Raintree, 2012), 12.

2. Daniel Gasman, "From Haeckel to Hitler: The Anatomy of a Controversy," eSkeptic, n.d., http://www.skeptic.com/eskeptic/09-06-10/#feature.

3. Francis Fukuyama, Our Posthuman Future: Consequences of the Biotechnology Revolution (London: Profile Books, 2003), xii.

4. Peter Dickens, "Social Darwinism," New Dictionary of the History of Ideas, Encyclopedia.com, http://www.encyclopedia.com/history/dictionaries-thesauruses-pictures-and-press-releases/social-darwinism.

5. "Global Trends 2030: Alternative Worlds," National Intelligence Council, December 2012, iii, 3,https://www.dni.gov/files/documents/GlobalTrends_2030.pdf.

6. "Global Trends," 83.

7. Die US National Institutes of Health haben sehr hilfreiche Hintergrundinformationen zur Genetik und zum Human Genome Project auf ihrer Website: https://www.genome.gov/education.

8. Antonio Regalado, "Human-Animal Chimeras Are Gestating on U.S. Research Farms," MIT Technology Review, January 6, 2016, https://www.technologyreview.com/s/545106/human-animal-chimeras-are-gestating-on-us-research-farms/; Sara

Reardon, "New Life for Pig Organs," Nature 527 (November 12, 2015), 152–154, http://www.nature.com/polopoly_fs/1.18768!/menu/main/topColumns/topLeftColumn/pdf/527152a.pdf.

9. Anjana Ahuja, "Petri-dish Magic Cultivates a Modern Chimera," Financial Times, January 17, 2016, http://www.ft.com/cms/s/0/0e5b229c-bb8a-11e5-b151-8e15c9a029fb.html#axzz40vypEqlz.

10. Claudia Joseph, "Now Scientists Create a Sheep That's 15% Human," Daily Mail UK Online, March 2007, http://www.dailymail.co.uk/news/article-444436/Now-scientists-create-sheep-thats-15-human.html.

11. Tracy Staedter, "Adult Human Ear Grown on a Rat," Discovery, January 25, 2016, http://news.discovery.com/tech/biotechnology/adult-human-ear-grown-on-a-rat-160125.htm#mkcpgn=rssnws1.

12. Sara Reardon, "New Life for Pig Organs," Nature 527 (November 12, 2015), 152–154; "Global Trends 2030," 13.

13. Siehe "Comparative Genomics," National Human Genome Research Institute (letztes Update 3. November 2015), https://www.genome.gov/11509542; Bronwyn Herbert, "Frog Gene Map a Leap Forward for Humans," ABC Science, News in Science, Australia Broadcasting Corporation, April 30, 2010, http://www.abc.net.au/science/articles/2010/04/30/2886742.htm; "In the Footsteps of Darwin: Pigs DNA Sheds Light on Evolution and Selection," European Research Council, November 14, 2012, https://erc.europa.eu/projects-figures/stories/footsteps-darwin-pigs-dna-sheds-light-evolution-and-selection; Alison Abbott, "Pig Geneticists Go the Whole Hog," Nature 491 (November 15, 2012), 315–316, http://www.nature.com/news/pig-geneticists-go-the-whole-hog-1.11801; Mark Prigg, "How Animal Farm Was Right: Pigs Really Are Almost Identical to Humans, Say Scientists," Daily Mail, November 14, 2012, http://www.dailymail.co.uk/sciencetech/article-2232978/George-Orwell-right-Pigs-really-ARE-identical-humans.html.

14. "Diseases Treated with Stem Cells," Stem Cell Research Facts, Charlotte Lozier Institute, http://www.stemcellresearchfacts.org/treatment-list/.

15. "Stem Cell Information," National Institutes of Health, US Department of Health and Human Services, 2015, http://stemcells.nih.gov/info/basics/pages/basics4.aspx.

16. Linda K. Bevington, "An Overview of Stem Cell Research," Center for Bioethics and Human Dignity, Trinity International University (letztes Update August 2009), https://cbhd.org/stem-cell-research/overview.

17. Zur Ethikdiskussion über Stammzellenforschung an menschlichen Embryonen siehe auch: Bevington, "Overview of Stem Cell Research"; Sarah Chan, "The Ethics of Changing Genes in the Embryo," EuroStemCell, November 4, 2015, http://www.eurostemcell.org/commentanalysis/ethics-changing-genes-embryo; Kristina Hug, "Embryonic Stem Cell Research: An Ethical Dilemma," EuroStemCell, http://www.eurostemcell.org/factsheet/embryonic-stem-cell-research-ethical-dilemma; Thomas Baldwin, "Morality and Human Embryo Research," EMBO reports 10, no.

4 (April 2009), The European Molecular Biology Organization, 299–300, https://www.ncbi.nlm.nih.gov/pmc/articles/PMC2672902/.

18. Alice Park, "The Gene Machine: What the CRISPR Experiments Mean for Humanity," Time, July 4, 2016, 42–48.

19. Ian Sample, "GM Embryos: Time for Ethics Debate, Say Scientists," Guardian, September 2, 2015, https://www.theguardian.com/science/2015/sep/01/editing-embryo-dna-genome-major-research-funders-ethics-debate.

20. Ian Sample, "Scientists Genetically Modify Human Embryos in Controversial World First," Guardian, April 23, 2015, https://www.theguardian.com/science/2015/apr/23/scientists-genetically-modify-human-embryos-in-controversial-world-first.

21. Nina Liss-Schultz, "We Are This Close to 'Designer Babies,'" Mother Jones, February 8, 2016, http://www.motherjones.com/politics/2016/02/genome-embryo-crispr-designer-babies.

22. Robin Holliday, "The Extreme Arrogance of Anti-aging Medicine," Biogerontology 10, no. 2 (April 2009), 223–228, http://link.springer.com/article/10.1007%2Fs10522-008-9170-6.

23. Maria Konovalenko, "Third International 'Genetics of Aging and Longevity' Conference," Institute for Ethics and Emerging Technologies, May 28, 2014, http://ieet.org/index.php/IEET/more/konovalenko20140528.

24. Andrew Pollack, "A Genetic Entrepreneur Sets His Sights on Aging and Death," New York Times, March 4, 2014, http://www.nytimes.com/2014/03/05/business/in-pursuit-of-longevity-a-plan-to-harness-dna-sequencing.html; Craig Ventor, "On the Verge of Creating Synthetic Life," TED Talks video, http://ieet.org/index.php/IEET/more/konovalenko20140305; Nicholas Wade, "Researchers Say They Created a 'Synthetic Cell,'" New York Times, May 20, 2010, http://www.nytimes.com/2010/05/21/science/21cell.html.

25."A Reimagined Research Strategy for Aging," SENS Research Foundation, n.d, http://www.sens.org/research/introduction-to-sens-research.

26. "Cloning," National Human Genome Research Institute, fact sheet, https://www.genome.gov/25020028/cloning-fact-sheet/.

27. Donald Melanson, "DoD Establishes Institute Tasked with Regrowing Body Parts," Engadget, April 22, 2008, http://www.engadget.com/2008/04/22/dod-establishes-institute-tasked-with-regrowing-body-parts/.

28. Fukuyama, Our Posthuman Future, 57.

29. "Transhumanist FAQ," h+ Magazine, http://hplusmagazine.com/transhumanist-faq/.

30. Vernor Vinge, "The Coming Technological Singularity," Whole Earth Review, Winter 1993. Der Link http://www.ugcs.caltech.edu/~phoenix/vinge/vinge-sing.html ist nicht mehr öffentlich zugänglich. Zugang zu Vinge's Originalversion unter https://edoras.sdsu.edu/~vinge/misc/singularity.html.

31. Nick Bostrom, "How Long Before Super-intelligence?" International Journal of Futures Studies 2 (1998).

32. Nick Bostrom, "Existential Risks: Analyzing Human Extinction Scenarios and Related Hazards," Journal of Evolution and Technology 9 (2002), http://www.nickbostrom.com/existential/risks.html.

33. Peter Rothman, "Biology is Technology—DARPA Is Back in the Game with a Big Vision and It Is H+" h+ Magazine, February 15, 2015, http://hplusmagazine.com/2015/02/15/biology-technology-darpa-back-game-big-vision-h/; "Anatomy of a Microchip That Communicates Directly Using Light," Defense Advanced Research Projects Agency (DARPA), press release, February 19, 2016, http://www.darpa.mil/news-events/2016-02-19; "Work Begins to Support Self-Healing of Body and Mind," DARPA, press release, October 5, 2015, http://www.darpa.mil/news-events/2015-10-05; Dr. Eric Van Gieson, "Electrical Prescriptions (ElectRx)," DARPA, program information, n.d, http://www.darpa.mil/program/electrical-prescriptions; "Targeted Electrical Stimulation of the Brain Shows Promise as a Memory Aid," DARPA, press release, September 11, 2015, http://www.darpa.mil/news-events/2015-09-11a.

34. Ray Kurzweil, The Singularity Is Near: When Humans Transcend Biology (New York: Viking Penguin, 2005).

35. Ebd. 275

36. Matthew Bailey, "The Technological Singularity as Religious Ideology," h+ Magazine, April 14, 2011, http://hplusmagazine.com/2011/04/14/the-technological-singularity-as-religious-ideology/.

37. C.S. Lewis, Pardon, ich bin Christ, 60.

Kapitel 15: Der gerechte Überrest

1. William J. Seymour, http://www.christianquotes.info/quotes-by-author/william-j-seymour-quotes/.

2. David Parsons, "Ephraimite Theory an Unsound Doctrine," Jerusalem Post Christian Edition, October 2010, 29–30.

3. "The Future of World Religions: Population Growth Projections, 2010–2050," Pew Research Center, April 2, 2015, http://www.pewforum.org/2015/04/02/religious-projections-2010-2050/.

4. Tony Cauchi, "The First Great Awakening in Europe—Moravians," The Revival Library, May 2006, http://www.revival-library.org/index.php/pensketches-menu/historical-revivals/1st-great-awakening-moravians.

5. Jack Hayford, The Charismatic Century (New York: Warner Faith, 2000); Aaron Earls, "10 Key Trends in Global Christianity," Facts & Trends, LifeWay,

December 12, 2016, https://factsandtrends.net/2016/12/12/10-key-trends-in-global-christianity-for-2017/; George Weigel, "World Christianity by the Numbers," February 25 2015, https://www.firstthings.com/web-exclusives/2015/02/world-christianity-by-the-numbers.

6. Philip Jenkins, The Next Christendom: The Coming of Global Christianity, 3rd ed. (Oxford: Oxford University Press, 2011).

7. Todd M. Johnson, PhD, and Brian J. Grimm, PhD, eds., World Religion Database, Brill Publishing and The Institute on Culture, Religion, and World Affairs (CURA), Boston University, http://www.worldreligiondatabase.org/wrd_default.asp.

8. Todd Nettleton, Iran: Desperate for God (Bartlesville, OK: Voice of the Martyrs, and Bartlesville, OK: Living Sacrifice Book Company, 2011); Jürgen Bühler, "Revival Springs from Arab Winter," Jerusalem Post Christian Edition, February 2012, 38–41.

9. Johnson and Grimm, World Religion Database.

10. Ebd.; "America's Changing Religious Landscape," Pew Research Center, May 12, 2015, http://www.pewforum.org/2015/05/12/americas-changing-religious-landscape/; "The Future of World Religions: Population Growth Projections, 2010–2050," Pew Research Center, April 2, 2015, http://www.pewforum.org/2015/04/02/religious-projections-2010-2050/.

11. "2015 Sees Sharp Rise in Post-Christian Population," Barna Research Group, August 12, 2015, https://www.barna.org/barna-update/culture/728-america-more-post-christian-than-two-years-ago#.VsIQbrR96Uk.

12. "Changing Attitudes on Gay Marriage," Pew Research Center, July 29, 2015, http://www.pewforum.org/2015/07/29/graphics-slideshow-changing-attitudes-on-gay-marriage/.

13. "Abortion Viewed in Moral Terms," Pew Research Center, August 15, 2013, http://www.pewforum.org/2013/08/15/abortion-viewed-in-moral-terms/.

14. "Religion in Latin America," Pew Research Center, 2015, http://www.pewforum.org/2014/11/13/religion-in-latin-america/.

Kapitel 16: Der Aufbau Zions

1. David Ben-Gurion, Israels Gründungs-Premierminister, in einem Interview mit CBS, 5. Oktober 1956, http://virtualjerusalem.com/culture.php?Itemid=12793.

2. Strong's Concise Bible Dictionary, Eintrag H314.

3. Strong's Concise Bible Dictionary, Eintrag H6725; siehe z. B. seine Verwendung als „Wegzeichen" in Jeremiah 31:21

4. Der immer noch existierende Palestine Exploration Fund hat eine Website unter http://www.pef.org.uk/history/.

5. Michael B. Oren, Power, Faith and Fantasy: America in the Middle East, 1776 to the Present (New York: W. W. Norton & Company, 2007), 122–148; John Black, "The Humble Origins of Israel's Amazing 'Green Thumb': The Saga of the Christians Who Taught Jews How to Farm Again," Jerusalem Post Christian Edition, June 2012, 26–29; Jerry Klinger, "Lt. Col. John Henry Patterson: The Christian Godfather of the Israeli Army," Jewish American Society for Historic Preservation, n.d., http://www.jewish-american-society-for-historic-preservation.org/images/Patterson_-_JASHP-1.pdf; Aaron Hecht, "The Legend Behind the Wingate Institute," Jerusalem Post Christian Edition, June 2008.

Kapitel 17: Vernunft und Offenbarung

1. John C. Sanford, Genetic Entropy and the Mystery of the Genome (Lima, NY: Elim Publishing, 2005), v.

2. Francis S. Collins, The Language of God: A Scientist Presents Evidence for Belief (New York: Simon & Schuster, 2006).

3. Francis S. Collins, "Why This Scientist Believes in God," CNN, commentary, April 6, 2007, http://edition.cnn.com/2007/US/04/03/collins.commentary/index.html?eref=rss_tops.

4. Stephen C. Meyer, "Pro-Darwin Consensus Doesn't Rule Out Intelligent Design," CNN, commentary, November 24, 2009, http://edition.cnn.com/2009/OPINION/11/23/meyer.intelligent.design/."

5. "Evolution, Creationism, Intelligent Design," Gallup News, May 2014, http://www.gallup.com/poll/21814/evolution-creationism-intelligent-design.aspx.

6. "Timeline: From Darwin and Mendel to the Human Genome Project," National Human Genome Research Institute, https://www.genome.gov/25019887/online-education-kit-timeline-from-darwin-and-mendel-to-the-human-genome-project/; Stephanie Pappas, "Unraveling the Human Genome: 6 Molecular Milestones," Live Science, September 5, 2012, http://www.livescience.com/22956-human-genome-milestones.html.

7. Daniel James Devine, "Debunking junk," World, October 6, 2012, http://www.worldmag.com/2012/09/debunking_junk.

8. Gina Kolata, "Bits of Mystery DNA, Far from 'Junk,' Play Crucial Role," New York Times, September 5, 2012, http://www.nytimes.com/2012/09/06/science/far-from-junk-dna-dark-matter-proves-crucial-to-health.html?_r=0; Casey Luskin, "Junk No More: ENCODE Project Nature Paper Finds 'Biochemical Functions' for 80% of the Genome," Evolution News, September 5, 2012, http://www.evolutionnews.org/2012/09/junk_no_more_en_1064001.html.

9. Nicholas Wade, "Long-Held Beliefs Are Challenged by New Human Genome Analysis," New York Times, February 12, 2001, http://www.nytimes.com/2001/02/12/us/long-held-beliefs-are-challenged-by-new-human-genome-analysis.html.

10. Stephen C. Meyer, Signature in the Cell: DNA and the Evidence for Intelligent Design (San Francisco, CA: HarperOne, 2009); see http://www.signatureinthecell.com/.

11. John C. Sanford, Genetic Entropy and the Mystery of the Genome (Lima, NY: Elim Publishing, 2005).

12. Ebd., v–viii, 1–4, 15–27, 33–41, 45–64, 115–120.

13. Michael J. Behe, Darwin's Black Box: The Biochemical Challenge to Evolution (New York: Free Press, 2006); Michael J. Behe, The Search for the Limits of Darwinism (New York: Free Press, 2008).

14. https://de.wikisource.org/wiki/Entstehung_der_Arten/Sechstes_Kapitel

15. Ann Gibbons, "Calibrating the Mitochondrial Clock," Science 279, no. 5347 (January 2, 1998), 28–29; Thomas J. Parsons, David S. Muniec, Kevin Sullivan, Nicola Woodyatt, Rosemary Alliston-Greiner, Mark R. Wilson, Dianna L. Berry, et. al, "A High Observed Substitution Rate in the Human Mitochondrial DNA Control Egion," Nature Genetics 15 (1997), 363–368, http://www.nature.com/ng/journal/v15/n4/abs/ng0497-363.html; Brian Thomas, "Mother of All Humans Lived 6,000 Years Ago," Institute for Creation Research, September 7, 2010, https://www.icr.org/article/5657/; Bert Thompson and Brad Harrub, "How Many Times Does 'Mitochondrial Eve' Have to Die?" Apologetics Press, In the News, n.d., http://espanol.apologeticspress.org/articles/2332.

16. Ewen Callaway, "Genetic Adam and Eve Did Not Live Too Far Apart in Time: Studies Re-date 'Y-Chromosome Adam' and 'Mitochondrial Eve,'" Nature, August 6, 2013, http://www.nature.com/news/genetic-adam-and-eve-did-not-live-too-far-apart-in-time-1.13478.

17. Douglas L. T. Rohde, Steve Olson, and Joseph T. Chang, "Modelling the Recent Common Ancestry of All Living Humans," Nature 431, no, 7008 (2004), 562–566.

18. Jerry Bergman and Jeffrey Tomkins, "The Chasm Between the Human and Chimpanzee Genomes: A Review of the Evolutionary Literature," in Proceedings of the Seventh International Conference on Creationism, ed. M. Horstemeyer, Pittsburgh, PA, 2013, Creation Science Fellowship, Institute for Creation Research, http://www.icr.org/i/pdf/technical/Chasm-Between-Human-Chimp-Genomes.pdf; Jeffrey P. Tomkins, "New Research Evaluating Similarities Between Human and Chimpanzee DNA," Institute for Creation Research, n.d., http://www.icr.org/i/pdf/technical/Research-Evaluating-Similarities-Human-Chimp-DNA.pdf; "Comparative Genomics," National Human Genome Research Institute (last updated November 3, 2015), https://www.genome.gov/11509542/.

19. Alasdair Wilkins, “How Mitochondrial Eve Connected All Humanity and Rewrote Human Evolution,” io9 Backgrounder, January 24, 2012, http://io9.gizmodo.com/5878996/how-mitochondrial-eve-connected-all-humanity-and-rewrote-human-evolution.

20. Strong's Concise Bible Dictionary, entry numbers H1254 and H3335.

21. Eric Metaxas, “Science Increasingly Makes the Case for God,” Wall Street Journal, December 25, 2014, http://www.wsj.com/articles/eric-metaxas-science-increasingly-makes-the-case-for-god-1419544568.

22. Ebd.

Fazit

1. Carl C. Gaither and Alma E. Cavazos-Gaither, eds., Gaither's Dictionary of Scientific Quotations (Berlin, Germany: Springer Science & Business Media, 2008), 1035.

BIBLIOGRAFIE

Bücher:

Aischylos, Prometheus in Fesseln, Neue Thalia, 1792–93, 1792, Zweyter Band, herausgegeben von Friedrich Schiller, G. J. Göschen'sche Verlagsbuchhandlung, Leipzig 1792, veröffentlicht auf https://de.wikisource.org/wiki/Prometheus_in_Fesseln#cite_note-1

Arendt, Hannah. Elements of Totalitarianism, New York: Harcourt Brace Jovanovich, 1951.

———. The Origins of Totalitarianism, London: Andre Deutsch, 1986.

Baltzer, Klaus, ed. Hermeneia—A Critical and Historical Commentary on the Bible. Minneapolis, MN: Fortress, 2001.

Barlow, Nora, ed. The Autobiography of Charles Darwin 1809–1882. London: Collins, 1958.

Barton, Carlin A. The Sorrows of the Ancient Romans: The Gladiator and the Monster. Princeton University Press, 1993.

Behe, Michael J. Darwin's Black Box: The Biochemical Challenge to Evolution. New York: Free Press, 2006.

———. The Search for the Limits of Darwinism, New York: Free Press, 2008.

Bellamy, H.S. Moons, Myths and Man. A Reinterpretation. London: Faber & Faber, 1936.

Bittner, Jobst. Breaking the Veil of Silence, Tübingen, Germany: TOS Publishing, 2013.

Boggess, Steve. The Search for Noah's Ark, Mustang, OK: Tate Publishing and Enterprises, 2009. https://books.google.co.il/books?id=KTTPtlWrSdsC&printsec=frontcover&source.

Brown, Francis, Samuel Rolles Driver, and Charles Augustus Briggs. Enhanced Brown-Driver-Briggs Hebrew and English Lexicon. Oak Harbor, WA: Logos Research Systems, 2000.

———, eds. A Hebrew and English Lexicon of the Old Testament [based on the Hebrew lexicon of Wilhelm Gesenius as translated by Edward Robinson], 1st ed. Oxford: Clarendon Press, 1906.

Budin, Stephanie Lynn. The Ancient Greeks: New Perspectives. Santa Barbara, CA: ABC-CLIO, LLC, 2004.

Burleigh, Michael, and Wolfgang Wipperman. The Racial State: Germany 1933–1945. Cambridge University Press, 1991.

Burton, Judd H. Interview with the Giant: Ethnohistorical Notes on the *Nephilim*. Burton Beyond Press, 2009.

Cathcart, Kevin, Michael Maher, and Martin McNamara, eds. The Aramaic Bible: The Targum Onqelos to Genesis. Vol. 6. Translated by Bernard Grossfeld. Collegeville, MN: The Liturgical Press, 1990.

Chamberlain, Houston Stewart. Foundations of the Nineteenth Century, Foundations of the Nineteenth Century, vol. 1. Translated by John Lees. New York: John Lane Company, 1912.

Chambers, Robert. Natürliche Geschichte der Schöpfung des Weltalls, der Erde und der auf ihr befindlichen Organismen: begründet auf die durch die Wissenschaft errungenen Thatsachen, Vieweg. 1851; veröffentlicht auf https://books.google.ch/books?id=TmI7AAAAcAAJ&hl=de

Charles, Robert Henry, ed., Pseudepigrapha of the Old Testament, vol. 2. Bellingham, WA: Logos Bible Software, 2004.

Charlesworth, James H. The Old Testament Pseudepigrapha. 2 vols. New York: Yale University Press, 1983.

Chase, Allan. The Legacy of Malthus. New York: Knopf, 1980.

Chronik der Ludwig-Maximilians-Universität München 1965/1966, München: 1967

Clark, Linda. Social Darwinism in France. Tuscaloosa, AL: University of Alabama Press, 1984.

Clarke, John R. Looking at Lovemaking: Constructions of Sexuality in Roman Art 100 B.C.–A.D. 250. Berkeley, CA: University of California Press, 1998, 2001.

Clontz, T. E. and J. Clontz. The Comprehensive New Testament. Mineral Springs, AR: Cornerstone Publications, 2009.

Collins, Francis S. The Language of God: A Scientist Presents Evidence for Belief. New York: Simon & Schuster, 2006.

Croughs, R. W. M. Het Kind in Gezin en Samenleving (Franeker, NL: Uitgeverij T. Wever B.V., 1979). Für den Autor von Hans Jongsma aus dem Holländischen ins Englische übersetzt.

Darwin, Charles R., Über die Entstehung der Arten durch natürliche Zuchtwahl oder die Erhaltung der begünstigten Rassen im Kampfe um's Dasein; E. Schweizerbart'sche Verlagshandlung (E. Koch), Stuttgart 1876; veröffentlicht auf https://de.wikisource.org/wiki/Entstehung_der_Arten_(1876).

———. Die Abstammung des Menschen, Fourier Verlag, 3. Auflage, Wiesbaden 1966 in der Fassung von 1874

———. The Voyage of the Beagle. Hayes Barton Press, 1950.

Darwin, Francis, ed. The Life and Letters of Charles Darwin, vol. 2. London: John Murray, 1887.

Desmond, Adrian, and James Moore. Darwin's Sacred Cause: How a Hatred of Slavery Shaped Darwin's Views on Human Evolution. Boston: Houghton Mifflin, 2009.

Dickens, Charles, Eine Geschichte von zwei Städten, Gutenberg-Verlag, Hamburg, veröffentlicht auf https://gutenberg.spiegel.de/buch/eine-geschichte-von-zwei-stadten-7744/3

Dicks, Henry V. Licensed Mass Murder: A Socio-Psychological Study of Some SS Killers. London: Heinemann, 1972.

Eatwell, Roger. Fascism: A History. London: Chatto and Windus, 1995.

Enns, Peter. The Evolution of Adam: What the Bible Does and Doesn't Say about Human Origins. Grand Rapids, MI: Baker Books, 2012.

Frank, Anne. Die Tagebücher der Anne Frank, 684, Eintrag für Freitag, 14. April 1944, S. Fischer Verlag, Frankfurt am Main 1988

Freedman, David Noel, ed. The Anchor Bible Dictionary. New York: Doubleday, 1997.

Field, Geoffrey G. Evangelist of Race: The Germanic Vision of Houston Stewart Chamberlain. New York: Columbia University Press, 1981.

Flowers, R. Barri. Street Kids: The Lives of Runaway and Thrownaway Teens. Jefferson, NC: McFarland, 2010.

Fukuyama, Francis. Our Posthuman Future: Consequences of the Biotechnology Revolution. London: Profile Books, 2002.

Gaither, Carl C., Alma E. Cavazos-Gaither, eds. Gaither's Dictionary of Scientific Quotations. Berlin, Germany: Springer Science & Business Media, 2008.

Galton, Francis. Hereditary Genius: An Inquiry into Its Laws and Consequences. London: Macmillan & Co., 1869.

———. On English Men of Science: Their Nature and Nurture. London: Macmillan & Co., 1874.

Garrett, Duane A. Rethinking Genesis: The Sources and Authorship of the First Book of the Pentateuch, Grand Rapids, MI: Baker Publishing Group, 1991.

Gasman, Daniel. Haeckel's Monism and the Birth of Fascist Ideology. Book 33 of Studies in Modern European History series. New York: Peter Lang, Inc.,1998.

———. The Scientific Origins of National Socialism: Social Darwinism in Ernst Haeckel and the German Monist League. London and New York: MacDonald and American Elsevier, 1971.

———. The Scientific Origins of National Socialism. New Brunswick: Transaction Press, 2004.

Gerstenfeld, Manfred. The War of a Million Cuts: The Struggle Against Delegitimization of Israel and the Jews, and the Growth of New Anti-Semitism. Jerusalem Center for Public Affairs, 2015.

Gerwarth, Robert: Reinhard Heydrich: Biographie. Siedler, München 2011, Zitiert in https://de.wikipedia.org/wiki/Reinhard_Heydrich#cite_ref-47

Gesenius, Friedrich Wilhelm. Hebrew-Chaldee Lexicon of the Old Testament Scriptures. London: Samuel Bagster and Sons, 1846.

Gilbert, Martin. Israel: A History. London: Black Swan Books, 1999.

Gilgamesch, Aus dem Babylonischen übersetzt und mit einem Nachwort versehen von Stefan M. Maul, C.H. Beck, München 2007

Girdlestone, Robert Baker. Synonyms of the Old Testament. Peabody, MA: Hendrickson Publishers, 2000.

Gobineau, Arthur de. The Inequality of Human Races. Übers. v. Adrian Collins. New York: G.P. Putnam's Sons, 1915.

Godawa, Brian. When Giants Were Upon the Earth: The Watchers, the *Nephilim*, and the Biblical Cosmic War of the Seed. Embedded Pictures Publishing, Kindle e-book, 2014.

Gold, Dore. The Fight for Jerusalem: Radical Islam, the West, and the Future of the Holy City. Washington, D.C.: Regnery Publishing, 2009.

Gould, Stephen J. Ontogeny and Phylogeny. Cambridge, MA: Belknap Press [Harvard University Press], 1977, 1985.

Grant, Madison. The Passing of the Great Race, or the Racial Basis of European History. New York: Charles Scribner's Sons, 1916.

Gulston, Charles. Jerusalem: The Tragedy and the Triumph, Grand Rapids, MI: Zondervan Publishing House, 1978.

Haeckel, Ernst. Freedom in Science and Teaching. London: C. Kegan Paul & Co., 1879.

———. The Evolution of Man: A Popular Exposition of the Principal Points of Human Ontogeny and Phylogeny. 2 vols. London: C. K. Paul & Company, 1879. http://biodiversitylibrary.org/item/59315#page/41/mode/1up.

———. The History of Creation: Or the Development of the Earth and Its Inhabitants by the Action of Natural Causes. 2 vols. New York: D. Appleton, 1880, https://www.biodiversitylibrary.org

———. The Riddle of the Universe at the Close of the Nineteenth Century. Übers. v. Joseph McCabe. London: Watts & Company, 1901.

———. Natürliche Schöpfungsgeschichte, Erster Vortrag, veröffentlicht auf http://caliban.mpiz-koeln.mpg.de/haeckel/natuerliche/kapitel_01.html

———. Natürliche Schöpfungsgeschichte, Elfter Vortrag, veröffentlicht auf http://caliban.mpiz-koeln.mpg.de/haeckel/natuerliche/kapitel_11.html

———. Gemeinverständliche Werke, Natürliche Schöpfungsgeschichte, Zweiter Teil, Alfred Kröner Verlag, Leipzig, 1924

———. Stammesgeschichte des Menschen, Siebenundzwanzigster Vortrag, in Gemeinverständliche Werke, Natürliche Schöpfungsgeschichte, Zweiter Teil, 345, Alfred Kröner Verlag, Leipzig, 1924

———. Gemeinverständliche Werke, Band III, Die Welträtsel; Gemeinverständliche Studien über monistische Philosophie; Alfred Kröner Verlag, Leipzig, 1924

Hamilton, Victor P. The Book of Genesis, Chapters 1—17. The New International Commentary on the Old Testament. Grand Rapids, MI: Wm. B. Eerdmans Publishing Co., 1990.

Hawkins, Mike. Social Darwinism in European and American Thought, 1860–1945. Cambridge: Cambridge University Press, 1997.

Hayford, Jack. The Charismatic Century, New York: Warner Faith, 2000.

Hedding, Malcolm. Understanding Revelation, Nashville, TN: Intend Publishing, 2013.

Herzl, Theodor. The Jewish State, New York: Dover Publications, Inc., 2008 (Basierend auf der englischen Übersetzung, veröffentlicht vom American Zionist Emergency Council, 1946.)

Hitler, Adolf. Das geheime zweite Buch, veröffentlicht auf https://archive.org/details/HitlerAdolf-DasGeheimeZweiteBuch, Erscheinungsjahr 1928

———, Heim, Heinrich, Jochmann, Werner. Monologe im Führerhauptquartier 1941-1944, Orbis Verlag 2000.

———. Mein Kampf, Eine kritische Edition, Band I, Im Auftrag des Instituts für Zeitgeschichte München - Berlin 2016.

Horowitz, Wayne. Mesopotamian Cosmic Geography. Winona Lake, IN: Eisenbrauns, 1998.

Hubbard, Thomas K. Homosexuality in Greece and Rome: A Sourcebook of Basic Documents. Berkeley, CA: University of California Press, 2003.

Irwin, Mary. The Unsolved Mystery of Noah's Ark. Bloomington, IN: WestBow Press, 2012.

Jackson, John P., and Nadine M. Weidman. Race, Racism, and Science: Social Impact and Interaction. New Brunswick, NJ: Rutgers University Press, 2005.

Jenkins, Philip. The Next Christendom: The Coming of Global Christianity, 3rd ed. Oxford: Oxford University Press, 2011.

Kang, C. H., and Ethel R. Nelson. The Discovery of Genesis. St. Louis: Concordia Publishing House, 1979.

Katz, Shmuel. Battleground: Fact and Fantasy in Palestine. New York: Bantam, 1977.

Kelly, Alfred. The Descent of Darwin: The Popularization of Darwin in Germany, 1860–1914. Chapel Hill, NC: University of North Carolina Press, 1981.

Kershaw, Ian. The Nazi Dictatorship: Problems and Perspectives of Interpretation, 2nd ed. London: Edward Arnold, 1989.

Kirby, Peter, ed. Early Jewish Writings: Wisdom of Solomon, 2017. www.earlyjewishwritings.com.

Küntzel, Matthias. Germany and Iran: From the Aryan Axis to the Nuclear Threshold. Translated by Colin Meade. Candor, NY: Telos Press Publishing, 2014.

Kurzweil, Ray. The Age of Spiritual Machines: When Computers Exceed Human Intelligence. New York: Viking Penguin, 1999.

———. The Singularity Is Near: When Humans Transcend Biology. New York: Viking Penguin, 2005.

Lamoureux, Denis O. Evolutionary Creation: A Christian Approach to Evolution. Eugene, Oregon: Wipf & Stock, 2008.

Langlands, Rebecca. Sexual Morality in Ancient Rome. Cambridge: Cambridge University Press, 2006.

Lapouge, Georges Vacher de. L'Aryen: Son Rôle Social. Paris: Albert Fontemoing, 1899.

Laqueur, Walter, ed. Fascism: A Reader's Guide. Harmondsworth, UK: Penguin, 1976.

Lerner, Richard. Final Solutions: Biology Prejudice and Genocide. University Park, PA: Pennsylvania State University Press, 1982.

Levy, Richard S. Antisemitism: A Historical Encyclopedia of Prejudice and Persecution. Vol. 1. Santa Barbara, CA: ABC-CLIO, 2005.

Lewis, C.S., Pardon, ich bin Christ, Brunnen Verlag, Basel, 1997

Maher, Michael, trans. Targum Pseudo-Jonathan: Genesis. Vol. 1. Collegeville, MN: The Liturgical Press, 1992.

Mangalwadi, Vishal, Das Buch der Mitte – Wie wir wurden, was wir sind: Die Bibel als Herzstück der westlichen Kultur, 2. Auflage 2015, Fontis – Brunnen Basel

Marshall, Paul, Lela Gilbert and Nina Shea. Persecuted: The Global Assault on Christians. Nashville, TN: Thomas Nelson, 2013.

Mattingly, David J. Imperialism, Power, and Identity: Experiencing the Roman Empire. Princeton, NJ: Princeton University Press, 2011.

May-Chahal, C., and M. Herczog. Child Sexual Abuse in Europe. Strasbourg, France: Council of Europe Publishing, 2003.

McGinn, Thomas A. Prostitution, Sexuality and the Law in Ancient Rome. Oxford: Oxford University Press, 1998.

———. The Economy of Prostitution in the Roman World. Ann Arbor, MI: University of Michigan Press, 2004.

McNamara, Martin, übers. Targum Neofiti 1: Genesis. Vol. 1. Collegeville, MN: The Liturgical Press, 1992.

Meyer, Stephen C. Signature in the Cell: DNA and the Evidence for Intelligent Design. San Francisco, CA: HarperOne, 2009.

Montgomery, David. The Rocks Don't Lie: A Geologist Investigates Noah's Flood. New York: W.W. Norton & Company, Inc., 2012.

Moran, Rachel. Paid For: My Journey Through Prostitution. Dublin, Ireland: Gill & MacMillan, 2013.

Neinstein, Lawrence S., ed. in chief; Catherine M. Gordon, Debra K. Katzman, David S. Rosen, and Elizabeth R. Wood, assoc. eds., Adolescent Health Care: A Practical Guide. Philadelphia: Lippincott Williams & Wilkins, 2007.

Nettleton, Todd. Iran: Desperate for God. Voice of the Martyrs and Living Sacrifice Book Company, 2011.

Nissen, Henri. Noah's Ark: Ancient Accounts and New Discoveries. übers. (aus Dän.) v. Tracy Jay Skondin, et al. Copenhagen: Scandinavian Publishing House, 2012. https://books.google.co.il/books?id=ygFrBgAAQBAJ&printsec=frontcover&source.

Nietzsche, Friedrich. Also sprach Zarathustra, Nikol Verlagsgesellschaft, Hamburg 2011.

Oren, Michael B. Power, Faith and Fantasy: America in the Middle East, 1776 to the Present. New York: W. W. Norton & Company, Inc., 2007.

Oxlade, Chris. Nuclear Energy: Tales of Invention. Oxford: Raintree, 2012.

Parrot, Friedrich. Journey to Ararat. New York: Harper and Bros., 1846.

Pawson, J. David. Unlocking the Bible. London: HarperCollins Publishing, 2007.

———. Schlüssel zum Alten Testament, Anchor Recordings, 2019.

Perry, Marvin, and Frederick M. Schweitzer. Anti-Semitism: Myth and Hate from Antiquity to the Present. Springer, 2005.

Pois, Robert A. National Socialism and the Religion of Nature. London: Croom Helm, 1986.

Poliakov, Leon. The Aryan Myth: A History of Racist and Nationalist Ideas in Europe. Translated by Edmund Howard. London: Sussex University Press, 1974.

Potter, David S., ed. A Companion to the Roman Empire. Chichester, West Sussex, UK: Blackwell, 2006.

Pringle, Heather. The Master Plan: Himmler's Scholars and the Holocaust. New York: Hyperion, 2006.

Rabinbach, Anson, and Sander L. Gilman. The Third Reich Sourcebook. Berkley, CA: University of California Press, 2013.

Richards, Robert J. The Tragic Sense of Life: Ernst Haeckel and the Struggle Over Evolutionary Thought. Chicago, IL: University Of Chicago Press, 2009.

Richlin, Amy. The Garden of Priapus: Sexuality and Aggression in Roman Humor. Oxford: Oxford University Press, 1983, 1992.

Ripley, William Z. The Races of Europe: A Sociological Study. New York: D. Appleton and Co., 1899.

Ross, Allen. Creation & Blessing: A Guide to the Study and Exposition Of Genesis. Grand Rapids, MI: Baker Books, 1988.

Rüpke, Jörg, ed. A Companion to Roman Religion. Chichester, West Sussex, UK: Blackwell Publishing, 2007.

Ryan, William, and Walter Pitman. Noah's Flood: The New Scientific Discoveries About the Event That Changed History. New York: Simon & Schuster, 2000.

Sailhamer, John H. The Meaning of the Pentateuch: Revelation, Composition and Interpretation. Downers Grove, IL: Intervarsity, 2009.

Sanford, John C. Genetic Entropy and the Mystery of the Genome. Lima, NY: Elim Publishing, 2005.

Secord, James A. Victorian Sensation: The Extraordinary Publication, Reception, and Secret Authorship of Vestiges of the Natural History of Creation. Chicago, University of Chicago Press, 2000.

Shuchat, Alfred. Noah, the Flood and the Failure of Man According to the Midrash Rabbah, Jerusalem: Urim Publications, 2013.

Skinner, Marilyn B., ed. A Companion to Catullus. Chichester, West Sussex, UK: Blackwell, 2007.

———. Introduction to Roman Sexualities. Princeton, NJ: Princeton University Press, 1997.

Spiro, Jonathan Peter. Defending the Master Race: Conservation, Eugenics, and the Legacy of Madison Grant. Burlington, VT: University of Vermont Press, 2009.

Sproul, R.C. Unseen Realities: Heaven, Hell, Angels, and Demons. Fearn, Tain, Ross-shire, Scotland: Christian Focus Publications, 2011, CBDReader e-book.

Stackelberg, Roderick, and S. A. Winkle, eds. The Nazi Germany Sourcebook: An Anthology of Texts, London: Routeledge, 2002.

Stark, Rodney. For the Glory of God: How Monotheism Led to Reformations, Science, Witch-Hunts and the End of Slavery. Princeton, NJ: Princeton University Press, 2003.

Strong, James. The New Strong's Exhaustive Concordance of the Bible. Nashville: Thomas Nelson Publishers, 1996.

———. The New Strong's Concise Dictionary of the Words in the Greek Testament and the Hebrew Bible. Oak Harbor, WA: Logos Research Systems, Inc., 2009.

Tucker, Aviezer, ed. A Companion to the Philosophy of History and Historiography: Blackwell Companions to Philosophy. Chichester, UK: Wiley-Blackwell, 2008.

Toorn, K. van der, Bob Becking, and Pieter Willem van der Horst, eds. Dictionary of Deities and Demons in the Bible, rev. ed. Grand Rapids, MI: Wm. B. Eerdmans Publishing, 1999.

US Supreme Court. Buck v. Bell, 274 U.S. 200, 208 (1927).

Walton, John H. The Lost World of Genesis One: Ancient Cosmology and the Origins Debate. Downers Grove, IL: InterVarsity Press, 2009.

Wannsee Conference and the Genocide of the European Jews. Translated by Dr. Caroline Pearce. Berlin: House of the Wannsee Conference Memorial and Educational Site, 2009.

Ward, Peter, and Donald E. Brownlee. Rare Earth: Why Complex Life Is Uncommon in the Universe. New York: Copernicus Books, 2000.

Wells, Jonathan. The Myth of Junk DNA. Seattle, WA: Discovery Institute Press, 2011.

Wenham, Gordon J. Genesis 1–15, vol. 1 of Word Biblical Commentary, gen. eds., David A. Hubbard and Glenn W. Barker; ed., Old Testament, John D. W. Watts. Waco, Texas: Word Inc., 1987.

———. Word Biblical Commentary, Vol. 1: Genesis 1–15. Nashville, TN: Thomas Nelson Publishers, 1998.

Whiston, William, trans. The Complete Works of Josephus. Grand Rapids, MI: Kregel Publishing, 1981.

Whiston, William, trans. The Complete Works of Josephus. Grand Rapids, MI: Kregel Publications, 2000.

Whitcomb, Jr., John C., and Henry M. Morris. The Genesis Flood: The Biblical Record and Its Scientific Implications. Philadelphia, PA: Presbyterian and Reformed Publishing Co., 1961.

Whitherington III, Ben, with Darlene Hyatt. Paul's Letter to the Romans: A Socio-Rhetorical Commentary. Grand Rapids: Eerdmans Publishing Co, 2004, Kindle e-book.

Widlanski, Michael. Battle for Our Minds: Western Elites and the Terror Threat. New York, NY: Threshold Editions, 2012.

Williams, Craig. Roman Homosexuality. Oxford: Oxford University Press, 1999, 2010.

Wilson, Ian. Before the Flood: The Biblical Flood as a Real Event and How It Changed the Course of Civilization. New York: St Martin's Griffin, 2004.

Wiseman, P. J., and D. J. Wiseman, eds. Ancient Records and the Structure of Genesis: A Case for Literary Unity. Nashville, TN: Thomas Nelson Publishers, 1985.

Woolf, Greg. Ancient Civilizations: the Illustrated Guide to Belief, Mythology, and Art. New York: Barnes & Noble, 2007.

Wright, Archie T. The Origin of Evil Spirits: The Reception of Genesis 6:1–4 in Early Jewish Literature, rev. ed. Minneapolis, MN: Fortress Press, 2015.

Wulf, Andrea. The Invention of Nature: Alexander von Humboldt's New World. New York: Knopf, 2015.

Young, Robert M. Darwin's Metaphor: Nature's Place in Victorian Culture. Cambridge: Cambridge University Press, 1985.

Zangwill, Israel. The Melting Pot: Drama in Four Acts. New York: Macmillan Company, 1920.

Artikel, Aufsätze und veröffentlichte Dokumente:

Abbott, Alison. "Pig Geneticists Go the Whole Hog," Nature 491 (November 15, 2012).

Ahuja, Anjana. "Petri-dish Magic Cultivates a Modern Chimera." Financial Times, January 17, 2016.

American Psychological Association. "APA Resolution Opposing Child Sexual Abuse," adopted May 1999, in Frank V. York and Robert H. Knight, "Homosexual Behavior & Pedophilia." Family Research Council, 2000.

———. "Marriage & Divorce," American Psychological Association, n.d. http://www.apa.org/topics/divorce/.

Amnesty International, "Global Movement Votes to Adopt Policy to Protect Human Rights of Sex Workers." Amnesty International, press release, August 11, 2015.

Anti-Defamation League. "ADL Blasts Christian Supremacist TV Special and Book Blaming Darwin for Hitler." Anti-Defamation League, press release, August 22, 2006.

———. "Anti-Evolution Film Misappropriates the Holocaust." Anti-Defamation League, press release, April 29, 2008.

Arnold, Bill T., and David B. Weisberg. "A Centennial Review of Friedrich Delitzsch's 'Babel und Bibel' Lectures." Journal of Biblical Literature 121, no. 3 (Autumn, 2002).

Bacon, Brittainy. "Stolen Innocence: Inside the Shady World of Child Sex Tourism." ABC News, July 27, 2007.

Bailey, Matthew. "The Technological Singularity as Religious Ideology." h+ Magazine, April 14, 2011. http://hplusmagazine.com/2011/04/14/the-technological-singularity-as-religious-ideology/.

Baldwin, Steve. "Child Molestation and the Homosexual Movement." Regent University Law Review 14 (2001–2002).

Baldwin, Thomas. "Morality and Human Embryo Research." EMBO reports 10, no. 4 (April 2009), The European Molecular Biology Organization. https://www.ncbi.nlm.nih.gov/pmc/articles/PMC2672902/.

Barna Research Group. "2015 Sees Sharp Rise in Post-Christian Population." Barna Research Group, August 12, 2015. https://www.barna.org/barna-update/culture/728-america-more-post-christian-than-two-years-ago#.VsIQbrR96Uk.

———. "Year in Review: Barna's Top 10 Findings in 2015." Barna Research Group, December 16, 2015. https://www.barna.com/research/year-in-review-barnas-top-10-findings-in-2015/.

Barry, Rebecca Rego. "Charles Darwin Letter Repudiating the Bible Heads to Auction." Guardian (US edition), September 16, 2015. https://www.theguardian.com/books/2015/sep/15/charles-darwin-letter-auction-religion-bible-creationism.

Bergman, Jerry, and Jeffrey Tomkins. "The Chasm Between the Human and Chimpanzee Genomes: A Review of the Evolutionary Literature." In Proceedings of the Seventh International Conference on Creationism, edited by M. Horstemeyer, Pittsburgh, PA, 2013, Creation Science Fellowship, Institute for Creation Research. http://www.icr.org/i/pdf/technical/Chasm-Between-Human-Chimp-Genomes.pdf.

Ben-Gurion, David. Interview with CBS News, October 5, 1956. Accessed at http://virtualjerusalem.com.

Berman, Lazar. "Iran Militia Chief: Destroying Israel Is 'Nonnegotiable.'" Times of Israel, March 31, 2015. http://www.timesofisrael.com/iran-militia-chief-destroying-israel-nonnegotiable/.

Bevington, Linda K. "An Overview of Stem Cell Research." Center for Bioethics and Human Dignity, Trinity International University, letztes Update August 2009. https://cbhd.org/stem-cell-research/overview.

Black, Edwin. "Eugenics and the Nazis: The California Connection." San Francisco Chronicle, November 9, 2003. http://www.sfgate.com/opinion/article/Eugenics-and-the-Nazis-the-California-2549771.php.

Black, John. "The Humble Origins of Israel's Amazing 'Green Thumb': The Saga of the Christians Who Taught Jews How to Farm Again." Jerusalem Post Christian Edition, June 2012.

Blankley, Bethany. "What US Pastors Can Expect Soon: It's Going to Get Ugly." Charisma News, February 10, 2016.

Bono, Agostino. "John Jay Study Reveals Extent of Abuse Problem." Catholic News Service, n.d.

Booth, Robert. "Whitehall Study Wanted Age of Consent lowered to 14 and Sentences for Sex Cut." Guardian, July 8, 2014. http://www.theguardian.com/uk-news/2014/jul/08/lower-age-consent-14-1979-home-office-report.

Bostrom, Nick. "Existential Risks: Analyzing Human Extinction Scenarios and Related Hazards." Journal of Evolution and Technology 9 (2002). http://www.nickbostrom.com/existential/risks.html.

———. "How Long Before Super-intelligence?" International Journal of Futures Studies 2 (1998).

Bower, Peter J. "The Changing Meaning of 'Evolution.'" Journal of the History of Ideas 36 (1975).

Boyle, Alan. "Noah's Ark Found? Not So Fast." NBC News, April 27, 2010. http://www.nbcnews.com/science/noahs-ark-found-not-so-fast-6C10404024.

British Broadcasting Corporation. "PM Rejects Call to Lower Age of Consent to 15." BBC News, November 17, 2013. http://www.bbc.com/news/health-24976929.

Brodsky, Phyllis L. "Where Have All the Midwives Gone?" Journal of Perinatal Education 17, no.4 (Fall 2008). http://www.ncbi.nlm.nih.gov/pmc/articles/PMC2582410.

Bühler, Jürgen. "Revival Springs from Arab Winter." Jerusalem Post Christian Edition, February 2012.

Callaway, Ewen. "Genetic Adam and Eve Did Not Live Too Far Apart in Time: Studies Re-date 'Y-Chromosome Adam' and 'Mitochondrial Eve.'" Nature, August 6, 2013. http://www.nature.com/news/genetic-adam-and-eve-did-not-live-too-far-apart-in-time-1.13478.

Castella, Tom de, and Tom Heyden, "How Did the Pro-paedophile Group PIE Exist Openly for 10 Years?" BBC News Magazine, February 27, 2014. http://www.bbc.com/news/magazine-26352378.

Carnahan, Timothy R. "Book 1: Watchers." Academy for Ancient Texts. http://www.ancienttexts.org/library/ethiopian/enoch/1watchers/watchers.htm.

Cauchi, Tony. "The First Great Awakening in Europe—Moravians." The Revival Library, May 2006. http://www.revival-library.org/index.php/pensketches-menu/historical-revivals/1st-great-awakening-moravians.

Chan, Sarah. "The Ethics of Changing Genes in the Embryo." EuroStemCell, November 4, 2015. http://www.eurostemcell.org/commentanalysis/ethics-changing-genes-embryo.

Charlotte Lozier Institute. "Diseases Treated with Stem Cells." Stem Cell Research Facts, Charlotte Lozier Institute. http://www.stemcellresearchfacts.org/treatment-list/.

"Child Abuse." The Canadian Encyclopedia. www.thecanadianencyclopedia.ca.

Collins, Francis S. "Why This Scientist Believes in God." CNN, commentary, April 6, 2007. http://edition.cnn.com/2007/US/04/03/collins.commentary/index.html?eref=rss_tops______.

Cooper, Keith, "Villain in Disguise: Jupiter's Role in Impacts on Earth," Astrobiology, March 12, 2012. http://www.astrobio.net/news-exclusive/villain-in-disguise-jupiters-role-in-impacts-on-earth/.

Coxon, P. W. "*Nephil*im." In Dictionary of Deities and Demons in the Bible, rev. ed., edited by. K. van der Toorn, Bob Becking, and Pieter Willem van der Horst. Grand Rapids, MI: Wm. B. Eerdmans Publishing, 1999.

Crimmins, Carmel. “Biden Urges U.S. Business in Davos to Lean on Anti-gay States.” Reuters News Agency, January 20, 2016.

Crouse, Bill. “Ron Wyatt: Are His Claims Bonafide?” noahsarksearch.com, no. 17 (May–June 1988).

Defense Advanced Research Projects Agency (DARPA). “Anatomy of a Microchip that Communicates Directly Using Light.” DARPA, press release, February 19, 2016. http://www.darpa.mil/news-events/2016-02-1.

———. “Targeted Electrical Stimulation of the Brain Shows Promise as a Memory Aid.” DARPA, press release, September 11, 2015. http://www.darpa.mil/news-events/2015-09-11a.

———. “Work Begins to Support Self-Healing of Body and Mind.” DARPA, press release, October 5, 2015. http://www.darpa.mil/news-events/2015-10-0.

Devine, Daniel James. “Debunking Junk.” World, October 6, 2012. http://www.worldmag.com/2012/09/debunking_junk.Dickens, Charles. A Tale of Two Cities, London: Chapman & Hall, 1859.

Dickens, Peter. “Social Darwinism.” In New Dictionary of the History of Ideas. Encyclopedia.com. http://www.encyclopedia.com/history/dictionaries-thesauruses-pictures-and-press-releases/social-darwinism.

Djinn, Anna. “What Amnesty Did Wrong.” The Feminista Hood, August 24, 2015, accessed through Prostitution Research and Education. http://prostitutionresearch.com/wp-content/uploads/2012/01/What-Amnesty-did-wrong.pdf.

Dube, Shanta R., Robert F. Anda, Charles L. Whitfield, David W. Brown, Vincent J. Felitti, Maxia Dong, and Wayne H. Giles. “Long-Term Consequences of Childhood Sexual Abuse by Gender of Victim.” American Journal of Preventive Medicine 28, no. 5 (2005). http://www.jimhopper.com/pdfs/Dube_(2005)_Childhood_sexual_abuse_by_gender_of_victim.pdf.

“Ernst Haeckel (1834–1919).” University of California Museum of Paleontology, University of California, Berkeley, 2004. http://www.ucmp.berkeley.edu/history/haeckel.html.

European Research Council. “In the Footsteps of Darwin: Pigs DNA Sheds Light on Evolution and Selection.” European Research Council, November 14, 2012.

https://erc.europa.eu/projects-figures/stories/footsteps-darwin-pigs-dna-sheds-light-evolution-and-selection.

Fagan, Patrick F. “The Effects of Pornography on Individuals, Marriage, Family and Community.” Family Research Council, n.d.

Farley, Melissa, and Victor Malarek. “The Myth of the Victimless Crime.” New York Times, March 12, 2008. http://www.nytimes.com/2008/03/12/opinion/12farley.html.

Freeman, R. B. "Journal of Researches." The Complete Works of Darwin Online, 1977, http://darwin-online.org.uk/EditorialIntroductions/Freeman_JournalofResearches.html.

Fukuyama, Francis. "The End of History?" National Interest, Summer 1989. https://www.embl.de/aboutus/science_society/discussion/discussion_2006/ref1-22june06.pdf.

———. "Second Thoughts: The Last Man in a Bottle." National Interest 56 (Summer 1999). https://www.embl.de/aboutus/science_society/discussion/discussion_2006/ref2-22june06.pdf.

Gallup News, "Evolution, Creationism, Intelligent Design," Gallup News, May 2014. http://www.gallup.com/poll/21814/evolution-creationism-intelligent-design.aspx.

Galton, Francis. "Hereditary Talent and Character." Macmillian's Magazine, June and August 1865.

———. "Letter to the Editor." Times (London), June 5, 1873.

Gasman, Daniel. "From Haeckel to Hitler: The Anatomy of a Controversy." eSkeptic, n.d. http://www.skeptic.com/eskeptic/09-06-10/#feature.

"Gendercide: The War on Baby Girls." Economist, March 4, 2010. http://www.economist.com/node/15606229.

Gibbons, Ann. "Calibrating the Mitochondrial Clock." Science 279, no. 5347 (January 2, 1998).

Gibson, Owen. "Migrant Workers Suffer 'Appalling Treatment' in Qatar World Cup Stadiums, Says Amnesty." Guardian, March 31, 2016.

Gieson, Dr. Eric Van. "Electrical Prescriptions (ElectRx)," DARPA, program information, n.d. http://www.darpa.mil/program/electrical-prescriptions.

Gorman, Christine. "Tissue Mash-up: A Q&A with Juan Carlos Izpisua Belmonte." Scientific American, January 25, 2016.

Gould, Stephen Jay. "Darwinian Fundamentalism." New York Review of Books 44, no. 10 (June 12, 1997). http://www.nybooks.com/articles/1997/06/12/darwinian-fundamentalism.

Graham, Georgia. "Patricia Hewitt Called for Age of Consent to Be Lowered to Ten." Telegraph (London), February 28, 2014. http://www.telegraph.co.uk/news/politics/labour/10666875/Patricia-Hewitt-called-for-age-of-consent-to-be-lowered-to-ten.html.

Gray, Richard. "Growing Human Organs in Pigs and Sheep Takes a Step Closer: New Guidelines Will Allow Research on Human-animal Hybrids." Daily Mail, February 11, 2016

Greene, J. M., S. T. Ennett, and C. L. Ringwalt. "Prevalence and Correlates of Survival Sex Among Runaway and Homeless Youth." American Journal of Public Health 89, no. 9 (1999).

Greenwald, Edwin B. "Turk Reports 'Ship' Atop Mt. Ararat." Associated Press, November 13, 1948. http://www.noahsarksearch.com/reshit.htm.

Guliuzza, Randy J. "Darwin's Sacred Imposter: Natural Selection's Idolatrous Trap." Acts & Facts 40, no.11 (2011). http://www.icr.org/article/darwins-sacred-imposter-natural-selections/.

Guttmacher Institute. "Abortion: Worldwide Levels and Trends." Guttmacher Institute, for the World Health Organization, October 2009. PDF version downloaded from www.guttmacher.org.

———. "Induced Abortion Worldwide." Guttmacher Institute, for the World Health Organization, November 2015. www.guttmacher.org.

Hecht, Aaron. "The Legend Behind the Wingate Institute." Jerusalem Post Christian Edition, June 2008.

Hecht, Jennifer Michael. "Vacher de Lapouge and the Rise of Nazi Science." Journal of the History of Ideas 61, no. 2 (2000).

Hedding, Malcolm. "Christian Zionism in Balance." Jerusalem Post Christian Edition, June 2011.

Heller, Steven. "The 20th Century Was for Kids." Atlantic, July 19, 2012.

Herbert, Bob. "Today's Hidden Slave Trade." New York Times, October 27, 2007.

Herbert, Bronwyn. "Frog Gene Map a Leap Forward for Humans." ABC Science, News in Science, Australia Broadcasting Corporation, April 30, 2010. http://www.abc.net.au/science/articles/2010/04/30/2886742.htm.

Hess, Richard. "*Nephil*im." In The Anchor Bible Dictionary, vol. 4. Hrsg. v. David Noel Freedman. New York: Doubleday, 1997.

Holliday, Robin. "The Extreme Arrogance of Anti-aging Medicine." Biogerontology 10, no. 2 (April 2009). http://link.springer.com/article/10.1007%2Fs10522-008-9170-6.

Hopper, Jim. "Child Abuse Statistics." www.jimhopper.com (updated 2016).

Horovitz, David, "The Unfolding Farce of Obama's Deal with Iran," Meinungskommentar. The Times of Israel, April 8, 2015. http://www.timesofisrael.com/the-unfolding-farce-of-obamas-deal-with-iran.

Hug, Kristina. "Embryonic Stem Cell Research: An Ethical Dilemma." EuroStemCell. http://www.eurostemcell.org/factsheet/embryonic-stem-cell-research-ethical-dilemma.

Hunt, Harold, with Russell Grigg. "The Sixteen Grandsons of Noah." Creation Ministries International, n.d. http://creation.com/the-sixteen-grandsons-of-noah.

Iacurci, Jenna. "Vast Underwater Ocean Trapped Beneath Earth's Crust." Nature World News, June 13, 2014. http://www.natureworldnews.com/articles/7560/20140613/vast-underwater-ocean-trapped-beneath-earths-crust.htm.

Isaac, E. "A New Translation and Introduction." In The Old Testament Pseudepigrapha. Vol. 1. Edited by James H. Charlesworth. New York, London: Yale University Press, 1983.

Jensen, Thor. "Deisel Engine: Great Inventions That Debuted at the World's Fair." http://www.tested.com/tech/454861-inventions-debuted-worlds-fair/item/diesel-engine-1900/.

Jewish Telegraphic Agency. "August Rohling Upholder of Ritual Murder Charge Against Jews Dies Aged 92." Jewish Telegraphic Agency, January 28, 1931.

Johnson, Todd M., and Brian J. Grim, eds. World Religion Database, Brill Publishing and The Institute on Culture, Religion, and World Affairs (CURA), Boston University. http://www.worldreligiondatabase.org/wrd_default.asp.

Jones, Jeff, and Lydia Saad. "Gallup Poll Social Series: Values and Beliefs: Final Topline." Gallup News Service (May 8–11, 2014). http://www.gallup.com/file/poll/170798/Moral_Acceptability_140530.pdf.

Joseph, Claudia. "Now Scientists Create a Sheep That's 15% Human." Daily Mail UK Online, March 2007. http://www.dailymail.co.uk/news/article-444436/Now-scientists-create-sheep-thats-15-human.html.

Klinger, Jerry. "Lt. Col. John Henry Patterson: The Christian Godfather of the Israeli Army," n.d. Jewish American Society for Historic Preservation. http://www.jewish-american-society-for-historic-preservation.org/images/Patterson_-_JASHP-1.pdf.

Kolata, Gina. "Bits of Mystery DNA, Far from 'Junk,' Play Crucial Role." New York Times, September 5, 2012. http://www.nytimes.com/2012/09/06/science/far-from-junk-dna-dark-matter-proves-crucial-to-health.html.

Konovalenko, Maria. "Third International 'Genetics of Aging and Longevity' Conference." Institute for Ethics and Emerging Technologies, May 28, 2014. http://ieet.org/index.php/IEET/more/konovalenko20140528.

Kraft, Dina. "Israelis Pioneer Stem-cell Research." Jewish Telegraphic Agency, June 15, 2005. https://www.jta.org/2005/06/15/life-religion/features/israelis-pioneer-stem-cell-research.

Lapouge, Georges Vacher de. "L'Anthropologie et la Science Politique." Revue d'Anthropologie 2 (1887).

Lalor, Kevin, and Rosaleen McElvaney. "Overview of the Nature and Extent of Child Sexual Abuse in Europe." School of Social Sciences and Law, Dublin Institute of Technology, n.d.

Leonard, Thomas C. "Mistaking Eugenics for Social Darwinism: Why Eugenics Is Missing from the History of American Economics." Supplement to History of Political Economy 37 (2005).

Lewis, Aidan. "Looking Behind the Catholic Sex Abuse Scandal." BBC News, May 4, 2010. http://news.bbc.co.uk/2/hi/8654789.stm.

Lewis, Bernard. “The Periodization of History—Excerpts.” Gatestone Institute, International Policy Council, February 16, 2009. https://www.gatestoneinstitute.org/323/the-periodization-of-history---excerpts.

Lewontin, Richard. “Billions and Billions of Demons.” Review of The Demon-Haunted World: Science as a Candle in the Dark by Carl Sagan. New York Review, January 9, 1997.

Liss-Schultz, Nina. “We Are This Close to ‘Designer Babies.’” Mother Jones, February 8, 2016. http://www.motherjones.com/politics/2016/02/genome-embryo-crispr-designer-babies.

Lovgren, Stefan. “Noah's Ark Quest Dead in Water—Was It a Stunt?” National Geographic News, September 20, 2004. http://news.nationalgeographic.com/news/2004/09/0920_040920_noahs_ark.html.

Lugo, Luis. “Spirit and Power—A 10-Country Survey of Pentecostals.” Pew Research Center, October 5, 2006.

Luskin, Casey. “Junk No More: ENCODE Project Nature Paper Finds ‘Biochemical Functions’ for 80% of the Genome.” Evolution News September 5, 2012. http://www.evolutionnews.org/2012/09/junk_no_more_en_1064001.html.

Manwell, Elizabeth. “Gender and Masculinity.” In A Companion to Catullus, hrsg. v. Marilyn B. Skinner. Chichester, West Sussex, UK: Blackwell, 2007.

Mayell, Hillary. “Noah's Ark Found? Turkey Expedition Planned for Summer.” National Geographic News, April 27, 2004. http://news.nationalgeographic.com/news/2004/04/0427_040427_noahsark.html.

McCarthy, Eugene M. “Ape to Human Evolution: A History of the Idea,” n.d. http://www.macroevolution.net/ape-to-human-evolution.html.

McCormack, Sam. “Refugees Are Becoming the Face of Modern Slavery in the Middle East.” Huffington Post, June 20, 2014. http://www.huffingtonpost.com/sammccormack/refugees-are-becoming-the_b_5515801.html.

McGrath, Cam. “Underage Girls Are Egypt's Summer Rentals.” Inter Press Service, August 5, 2013. http://www.ipsnews.net/2013/08/underage-girls-are-egypts-summer-rentals/.

Melanson, Donald. “DoD Establishes Institute Tasked with Regrowing Body Parts.” Engadget, April 22, 2008. http://www.engadget.com/2008/04/22/dod-establishes-institute-tasked-with-regrowing-body-parts/.

Metaxas, Eric. “Science Increasingly Makes the Case for God.” Wall Street Journal, December 25, 2014. http://www.wsj.com/articles/eric-metaxas-science-increasingly-makes-the-case-for-god-1419544568.

Meyer, Cordula, Conny Neumann, Filelius Schmid, Petra Truckendanner, and Steffen Winter. “Unprotected: How Legalizing Prostitution Has Failed.” Translated by Christopher Sultan. Der Spiegel, May 30, 2013. http://www.spiegel.de/international/germany/human-trafficking-persists-despite-legality-of-prostitution-in-germany-a-902533-5.html.

Meyer, Stephen C. "Pro-Darwin Consensus Doesn't Rule Out Intelligent Design." CNN, commentary, November 24, 2009. http://edition.cnn.com/2009/OPINION/11/23/meyer.intelligent.design/.

Miller, Emily McFarlan. "Methodist General Conference to Discuss LGBT issues—Again." Religion News Service, May 6, 2016. http://religionnews.com/2016/05/06/methodist-general-conference-to-discuss-lgbt-issues-again/.

Minor, Jack. "'Gay' Laws Set Stage for Pedophilia 'Rights.'" World Net Daily, July 18, 2013.

Mitchell, Andre. "Experts to Present New evidence on Noah's Ark on Oct. 15 in Special Christian eEvent." Christianity Today, October 11, 2015. http://www.christiantoday.com/article/experts.to.present.new.evidence.on.noahs.ark.on.oct.15.in.special.christian.event/67195.htm.

Montgomery, David R. "Biblical-Type Floods Are Real, and They're Absolutely Enormous." Discover, July-August 2012. http://discovermagazine.com/2012/jul-aug/06-biblical-type-floods-real-absolutely-enormous.

Morris, Henry M. "Why Christians Should Believe in a Global Flood." Institute for Creation Research, Acts & Facts 27, no. 8 (1998). https://www.icr.org/article/842/.

"Mount Ararat Photo Album." noahsarksearch.com, n.d. http://www.noahsarksearch.com/LeeElfred/LeeElfred.htm.

National Human Genome Research Institute. "Cloning." National Human Genome Research Institute, fact sheet. https://www.genome.gov/25020028/cloning-fact-sheet/.

———. "Comparative Genomics." National Human Genome Research Institute (last updated November 3, 2015). https://www.genome.gov/11509542.

———. "Timeline: From Darwin and Mendel to the Human Genome Project," National Human Genome Research Institute. https://www.genome.gov/25019887/online-education-kit-timeline-from-darwin-and-mendel-to-the-human-genome-project/.

National Intelligence Council. "Global Trends 2030: Alternative Worlds." National Intelligence Council, December 2012. https://www.dni.gov/files/documents/GlobalTrends_2030.pdf.

"New Evidence for Oceans of Water Deep in the Earth." Northwestern University, Pressemitteilung 12. Juni 2014. http://www.eurekalert.org/pub_releases/2014-06/nu-nef061114.php.

Newman, Robert C. "The Ancient Exegesis of Genesis 6:2, 4." Grace Theological Journal 5, no. 1 (1984).

Northwest Creation Network. "Flood Legends from Around the World." Northwest Creation Network. http://nwcreation.net/noahlegends.html.

Nickelsburg, George W. E. "1 Enoch: A Commentary on the Book of 1 Enoch." In Hermeneia: A Critical and Historical Commentary on the Bible, edited by Klaus Baltzer. Minneapolis, MN: Fortress Press, 2001.

United States Department of State. "Office to Monitor and Combat Trafficking in Persons, Trafficking in Persons Report: Russia Country Narrative." United States Department of State, 2014.

Oakley, Francis. "Christian Theology and the Newtonian Science: The Rise of the Concept of the Laws of Nature." Church History 30 (1961). The American Society of Church History.

O'Malley, J. P. "World Must Confront Jihadism's Roots in Islamic Doctrine, Says Author." The Times of Israel, May 30, 2015.

Orlin, Eric. "Urban Religion in the Middle and Late Republic." In A Companion to Roman Religion, hrsg. v. Jörg Rüpke. Chichester, West Sussex, UK: Blackwell Publishing, 2007.

Overbye, Dennis. "Jupiter: Our Cosmic Protector?" New York Times, July 25, 2009. http://www.nytimes.com/2009/07/26/weekinreview/26overbye.html.

Pappas, Stephanie. "Unraveling the Human Genome: 6 Molecular Milestones." Live Science, September 5, 2012. http://www.livescience.com/22956-human-genome-milestones.html.

Park, Alice. "The Gene Machine: What the CRISPR Experiments Mean for Humanity." Time, July 4, 2016.

Parsons, David. "Covering for Islamic Cruelty: MECC Conference Downplays Muslim Persecution of Christians, Blames Region's Ills on Israel." Jerusalem Post Christian Edition, July 2013.

———. "The Cross-pollination of Jew Hatred." Jerusalem Post Christian Edition, May 2012.

———. "Ephraimite Theory an Unsound Doctrine." Jerusalem Post Christian Edition, October 2010.

———. "From Munich to Mushroom Clouds: Is It Really 1938 Again?" Charisma News, April 28, 2015.

———. "Hooray for the Golden Agers!" Jerusalem Post Christian Edition, December 2102.

———. "Is the Worst Over?" Jerusalem Post Christian Edition, November 2012.

———. "Under Siege: The Sad Plight of Middle East Christians." Jerusalem Post Christian Edition, February 2011.

———. "Unmasking the Real Obama Doctrine." Jerusalem Post, April 12, 2015.

———. "Wannsee Revisited: Germany Grapples with the Toxic Pull of Nazi Nostalgia." Jerusalem Post Christian Edition, January 2012.

Parsons, Thomas J., David S. Muniec, Kevin Sullivan, Nicola Woodyatt, Rosemary Alliston-Greiner, Mark R. Wilson, Dianna L. Berry, et. al. "A High Observed

Substitution Rate in the Human Mitochondrial DNA Control Region." Nature Genetics 15 (1997). http://www.nature.com/ng/journal/v15/n4/abs/ng0497-363.html.

Pew Research Center. "Abortion Viewed in Moral Terms." Pew Research Center, August 15, 2013. http://www.pewforum.org/2013/08/15/abortion-viewed-in-moral-terms/.

———. "America's Changing Religious Landscape." Pew Research Center, May 12, 2015. http://www.pewforum.org/2015/05/12/americas-changing-religious-landscape/.

———. "Changing Attitudes on Gay Marriage." Pew Research Center, July 29, 2015. http://www.pewforum.org/2015/07/29/graphics-slideshow-changing-attitudes-on-gay-marriage.

———. "The Future of World Religions: Population Growth Projections, 2010–2050." Pew Research Center, April 2, 2015. http://www.pewforum.org/2015/04/02/religious-projections-2010-2050/.

———. "Gay Marriage Around the World." Pew Research Center, fact sheet, June 26, 2015. http://www.pewforum.org/2015/06/26/gay-marriage-around-the-world-2013.

———. "Religion in Latin America." Pew Research Center, 2015. http://www.pewforum.org/2014/11/13/religion-in-latin-america.

Pollack, Andrew. "A Genetic Entrepreneur Sets His Sights on Aging and Death." New York Times, March 4, 2014. http://www.nytimes.com/2014/03/05/business/in-pursuit-of-longevity-a-plan-to-harness-dna-sequencing.html.

Prigg, Mark. "How Animal Farm Was Right: Pigs Really Are Almost Identical to Humans, Say Scientists." Daily Mail, November 14, 2012. http://www.dailymail.co.uk/sciencetech/article-2232978/George-Orwell-right-Pigs-really-ARE-identical-humans.html.

"Profits and Poverty: The Economics of Forced Labour." International Labour Organization, 2014. http://www.ilo.org/global/publications/ilo-bookstore/order-online/books/WCMS_243391/lang--en/index.htm.

Radford, Tim. "Evidence Found of Noah's Ark Flood Victims." Guardian, September 14, 2000. https://www.theguardian.com/science/2000/sep/14/internationalnews.archaeology.

Reardon, Sara. "New Life for Pig Organs." Nature 527, November 12, 2015. http://www.nature.com/polopoly_fs/1.18768!/menu/main/topColumns/topLeftColumn/pdf/527152a.pdf.

Regalado, Antonio. "Human-Animal Chimeras Are Gestating on U.S. Research Farms." MIT Technology Review, January 6, 2016. https://www.technologyreview.com/s/545106/human-animal-chimeras-are-gestating-on-us-research-farms.

"Regional Overview for the Middle East, and North Africa: MENA Gender Equality Profile." United Nations Children's Fund (UNICEF) Egypt, 2011. http://www.unicef.org/gender/files/REGIONAL-Gender-Eqaulity-Profile-2011.pdf

"Regulation of Stem cell research in Europe." EuroStemCell, n.d. https://www.eurostemcell.org/regulation-stem-cell-research-europe.

"A Reimagined Research Strategy for Aging." SENS Research Foundation, n.d. http://www.sens.org/research/introduction-to-sens-research.

Richlin, Amy. "Sexuality in the Roman Empire." In A Companion to the Roman Empire, edited by David S. Potter. Chichester, West Sussex, UK: Blackwell, 2006.

Richter, Elihu, and Alex Barnea. "Tehran's Genocidal Incitement Against Israel." Middle East Quarterly, Summer 2009. Accessed at http://www.genocidewatch.org/images/Iran_09_SummerTehran_s_Genocidal_Incitement_Against_Israel.pdf.

Rohde, Douglas L. T., Steve Olson, and Joseph T. Chang. "Modelling the Recent Common Ancestry of All Living Humans." Nature 431, no, 7008 (2004).

Riffkin, Rebecca. "New Record Highs in Moral Acceptability." Gallup News (May 30, 2014). http://www.gallup.com/poll/170789/new-record-highs-moral-acceptability.aspx.

Right to Life of Michigan. "Abortion Is Not the Most Common Medical Procedure." Right to Life of Michigan, October 30, 2017. http://www.nationalrighttolifenews.org/news/2017/10/abortion-not-common-medical-procedure/.

Rothman, Peter. "Biology is Technology—DARPA Is Back in the Game with a Big Vision and It Is H+." h+ Magazine, February 15, 2015. http://hplusmagazine.com/2015/02/15/biology-technology-darpa-back-game-big-vision-h/.

Rummel, Rudolph J. "20th Century Democide." Powerkills website. http://www.hawaii.edu/powerkills/20TH.HTM.

Ruscillo, Deborah. "When Gluttony Ruled!" Archaeology 54, no. 6 (November/December 2001). http://archive.archaeology.org/0111/abstracts/romans.html.

"Russia, China Continue to Allow Human Trafficking." Washington Post, June 23, 2013.

Sample, Ian. "GM Embryos: Time for Ethics Debate, Say Scientists." Guardian, September 2, 2015. https://www.theguardian.com/science/2015/sep/01/editing-embryo-dna-genome-major-research-funders-ethics-debate.

———. "Scientists Genetically Modify Human Embryos in Controversial World First." Guardian, April 23, 2015. https://www.theguardian.com/science/2015/apr/23/scientists-genetically-modify-human-embryos-in-controversial-world-first.

Sandbrook, Dominic. "A Nordic Civilisation on the Lost Continent of Atlantis." Telegraph, March 5, 2006. http://www.telegraph.co.uk/culture/books/3650719/A-Nordic-civilisation-on-the-lost-continent-of-Atlantis.html.

Schaffer, Michael D. "Sex-abuse Crisis Is a Watershed in the Roman Catholic Church's History in America." Philadelphia Inquirer, June 25, 2012.

Schmandt, Brandon, Steven D. Jacobsen, Thorsten W. Becker, Zhenxian Liu, and Kenneth G. Dueker. "Dehydration Melting at the Top of the Lower Mantle." Science 344, no. 6189 (June 13, 2014). http://science.sciencemag.org/content/344/6189/1265.

Scholz, Birte, and Estera Wieja. "Marching for Life: German Pastor Healing Wounds by Confronting Nazi Past." Jerusalem Post Christian Edition, January 2012.

Snelling, Andrew A. "Coal Beds and Noah's Flood." Answers in Genesis, June 1, 1986.

———. "Geologic Evidences for the Genesis Flood." Answers in Genesis, September 18, 2007.

Spoerl, Joseph S. "Review of 'Matthias Küntzel, Germany and Iran: From the Aryan Axis to the Nuclear Threshold.'" Jerusalem Center for Public Affairs, May 24, 2016.

Staedter, Tracy. "Adult Human Ear Grown on a Rat." Discovery, January 25, 2016. http://news.discovery.com/tech/biotechnology/adult-human-ear-grown-on-a-rat-160125.htm#mkcpgn=rssnws1.

Stein, G. J. "Biological Science and the Roots of Nazism." American Scientist, 76 (1988).

"Stem Cell Information." National Institutes of Health, US Department of Health and Human Services, 2015. http://stemcells.nih.gov/info/basics/pages/basics4.aspx.

Sternhell, Ze'ev. "Fascist Ideology." In Fascism: A Reader's Guide, hrsg. v. Walter Laqueur. Harmondsworth, UK: Penguin, 1976.

Streett, Daniel R. "As It Was in the Days of Noah: The Prophets Typological Interpretation of Noah's Flood." Criswell Theological Review 5 (Fall 2007). http://scholar.googleusercontent.com/scholar?q=cache:bzmMNLO5gy4J:scholar.google.com/+days+of+Noah+Hebrew+%22Isaiah+54%22&hl.

Stricherz, Vince. "Vince Stricherz, "New Book Explores Noah's Flood; Says Bible and Science Can Get Along." UWNews, University of Washington, August 14, 2012. http://www.washington.edu/news/2012/08/14/new-book-explores-noahs-flood-says-bible-and-science-can-get-along/.

Thomas, Brian. "Mother of All Humans Lived 6,000 Years Ago," Institute for Creation Research, September 7, 2010. https://www.icr.org/article/5657/.

Thompson, Bert, and Brad Harrub. "How Many Times Does 'Mitochondrial Eve' Have to Die?" Apologetics Press, In the News, n,d. http://espanol.apologeticspress.org/articles/2332.

"Thousands Forced into Sex Slavery to Satisfy Perverted Fantasies of the Rich." Express Gazeta (Kosovo). Translated into English by Pravda, June 25, 2007. http://www.pravdareport.com/society/stories/25-06-2007/93968-sex_slavery-0/.

Tigay, Chanan. "Ex-Colleague: Expedition Faked Noah's Ark Find," AOL News, April 29, 2010.

Titova, Nadya, and Frank Brown. "Stem Cell Rip-Off." Newsweek, November 8, 2004.

Tomkins, Jeffrey P. "New Research Evaluating Similarities Between Human and Chimpanzee DNA." Institute for Creation Research, n.d. http://www.icr.org/i/pdf/technical/Research-Evaluating-Similarities-Human-Chimp-DNA.pdf.

"Transhumanist FAQ," h+ Magazine. http://hplusmagazine.com/transhumanist-faq/.

Trefil, James. "Evidence for a Flood," Smithsonian, April 1, 2000. http://www.smithsonianmag.com/science-nature/evidence-for-a-flood-102813115/.

Trimarchi, Maria. "Was There Really a Great Flood?" How Stuff Works, n.d. http://science.howstuffworks.com/nature/climate-weather/storms/great-flood.htm.

United Nations. "World Report on Violence Against Children." United Nations, 2006.

US Department of State, Office to Monitor and Combat Trafficking in Persons. "The Facts About Child Sex Tourism", February 29, 2008.

Viegas, Jennifer. "Infanticide Common in Roman Empire," Discovery News, May 5, 2011. http://www.seeker.com/infanticide-common-in-roman-empire-1765237924.html#news.discovery.com.

Vinge, Vernor. "The Coming Technological Singularity." Whole Earth Review, Winter 1993. See https://edoras.sdsu.edu/~vinge/misc/singularity.html3.

Voice of the Islamic Republic of Iran. "Rafsanjani's Quds Day Speech." Voice of the Islamic Republic of Iran, Tehran, December 14, 2001. Translated by BBC Worldwide Monitoring.

Volokh, Eugene. "Statutory Rape Laws and Ages of Consent in the U.S." Washington Post, May 1, 2015.

Wade, Nicholas. Long-Held Beliefs Are Challenged by New Human Genome Analysis," New York Times, February 12, 2001. http://www.nytimes.com/2001/02/12/us/long-held-beliefs-are-challenged-by-new-human-genome-analysis.html.

———. "Researchers Say They Created a 'Synthetic Cell.'" New York Times, May 20, 2010. http://www.nytimes.com/2010/05/21/science/21cell.html.

Warner, Brian. "Charles Darwin and John Herschel," South African Journal of Science 105 (November/December 2009). http://www.sajs.co.za/sites/default/files/publications/pdf/147-583-1-PB.pdf.

Walker, Tas. "Whale Fossil Graveyard in Chile Formed Late in Noah's Flood," Biblical Geology, n.d. http://biblicalgeology.net/blog/whale-fossil-graveyard-chile/.

Weber, Jeremy, and Ted Olsen. "Wheaton College, Larycia Hawkins to 'Part Ways.'" Christianity Today, February 6, 2016.

Wyhe, John van. “Charles Darwin: Gentleman Naturalist,” 2008, The Complete Works of Darwin Online, John van Wyhe, ed. 2002–. http://darwin-online.org.uk/darwin.html.

Wilkins, Alasdair. “How Mitochondrial Eve Connected All Humanity and Rewrote Human Evolution.” io9 Backgrounder, January 24, 2012. http://io9.gizmodo.com/5878996/how-mitochondrial-eve-connected-all-humanity-and-rewrote-human-evolution.

Wilkins, John S. “Darwin.” In A Companion to the Philosophy of History and Historiography: Blackwell Companions to Philosophy, hrsg. v. Aviezer Tucker. Chichester, UK: Wiley-Blackwell, 2008.

Wingert, Pat. “Priests Commit No More Abuse than Other Males.” Newsweek, April 8, 2010. http://europe.newsweek.com/priests-commit-no-more-abuse-other-males-70625?rm=eu.

———. “Sex Abuse in the Church: Girls Also Victimized.” Newsweek, April 14, 2010. http://www.newsweek.com/sex-abuse-church-girls-also-victimized-70741.

Zoll, Rachel. “Letters: Catholic Bishops Warned in ’50s of Abusive Priests.” Associated Press. Published in USA Today, March 31, 2009.

Zylstra, Sarah Eekhoff. “John Kerry: ISIS Is Responsible for Genocide Against Christians.” Christianity Today, March 17, 2016.

ÜBER DEN AUTOR

David R. Parsons ist Autor, Rechtsanwalt, Journalist, ordinierter Theologe und Nahost-Experte. Er arbeitet als Vizepräsident und leitender Pressesprecher der Internationalen Christlichen Botschaft Jerusalem. Seit 20 Jahren lebt er in Jerusalem, wo er seither für die Öffentlichkeitsarbeit der Christlichen Botschaft und die Kontakte zum israelischen und internationalen Presse-Korps zuständig ist. Unter anderem koordiniert und redigiert er auch die unterschiedlichen Publikationen der Botschaft.

1981 erwarb Parsons einen BA in Geschichte, 1986 schloss er sein juristisches Studium an der Wake Forest University mit einem Doktortitel ab. Nachdem er fünf Jahre lang in seiner Heimat North Carolina als Rechtsanwalt tätig war, arbeitete er von 1991 bis 1995 als Justitiar und Pro-Israel-Lobbyist für die christliche „Israel Public Action Campaign" in Washington, DC.

Seit 1995 ist er für die Internationale Christliche Botschaft in Jerusalem tätig. Nach seiner Ernennung zum Pressesprecher der Botschaft im Jahr 1997 hat er Hunderte von Interviews mit Zeitungs- und Fernsehjournalisten aus der ganzen Welt geführt. Seine Kommentare und sonstigen Artikel wurden von Zeitungen und Zeitschriften in vielen Ländern veröffentlicht.

Parsons war acht Jahre lang Mitherausgeber der Monatszeitschrift „The Jerusalem Post Christian Edition". Zehn Jahre lang fungierte er zudem als Produzent und Co-Moderator von „Front Page Jerusalem", der führenden christlichen Radio-Talk-Show aus Israel.

2008 wurde er ehrenhalber vom Gemeindeverband „Liberty Christian Fellowship" in Dallas, Texas, zum Theologen ordiniert.

David Parsons stammt ursprünglich von den Outer Banks in North Carolina und lebt mit seiner Frau Josepha und seinem Sohn Yonathan Amos in Jerusalem.